课程与知识的专门化：
教育社会学研究

[英]麦克·扬（Michael Young）

[南非]约翰·穆勒（Johan Muller）　　著

许　甜　译

华东师范大学出版社

·上海·

图书在版编目（CIP）数据

课程与知识的专门化：教育社会学研究／（英）麦克·扬，（南非）约翰·穆勒著；许甜译.—上海：华东师范大学出版社，2021
ISBN 978-7-5760-1879-0

Ⅰ.①课… Ⅱ.①麦… ②约… ③许… Ⅲ.①教育社会学-研究 Ⅳ.①G40-052

中国版本图书馆 CIP 数据核字（2021）第 118625 号

课程与知识的专门化
——教育社会学研究

著　　者　[英]麦克·扬　[南非]约翰·穆勒
译　　者　许　甜
策划编辑　王冰如
责任编辑　王丹丹
责任校对　杨　丽　时东明
装帧设计　刘怡霖

出版发行　华东师范大学出版社
社　　址　上海市中山北路 3663 号　邮编 200062
网　　址　www.ecnupress.com.cn
电　　话　021-60821666　行政传真 021-62572105
客服电话　021-62865537　门市（邮购）电话 021-62869887
地　　址　上海市中山北路 3663 号华东师范大学校内先锋路口
网　　店　http://hdsdcbs.tmall.com/

印　刷　者　上海华顿书刊印刷有限公司
开　　本　787×1092　16 开
印　　张　17.5
字　　数　268 千字
版　　次　2021 年 7 月第 1 版
印　　次　2021 年 7 月第 1 次
书　　号　ISBN 978-7-5760-1879-0
定　　价　58.00 元

出版人　王　焰

译者序

2014—2015 年,因从事博士论文的研究,我在英国伦敦大学学院教育学院 (Institute of Education, University of London)跟随本书的作者之一,英国教育社会学家麦克·扬(Michael Young)教授进行了半年的访学,其间系统了解了其思想发展的脉络与英国学界有关教育知识问题的论辩的前世今生。作为世界知名的教育社会学家,麦克·扬为西方及中国学界所熟知的是其 20 世纪 70 年代掀起的"新"教育社会学风潮——它以"社会建构主义"之名被整个西方教育界认同,与美国的麦克·阿普尔(Michael Apple)遥相呼应,共同构成了批判教育学谱系中不可或缺的部分。正是因为他,教育知识的权威、真理、不可动摇的"虚伪面具"被揭开,教材中、课堂中、学校中隐匿的权力和控制与"知识"这一迷惑性极强的词语之间的天然耦合关系被拆解开来,呈现在了大家的面前。随着《知识与控制》 (*Knowledge and Control*)一书的出版,西方教育社会学的研究开始从宏观转入中微观,开始从关注教育与社会阶层流动转向聚焦教室与课堂,开始批判课堂知识中暗流涌动的权力关系。麦克·扬早期思想的影响力一直延续到了今天,提起社会建构主义的教育理论,大家一定会想到他的名字。但中国读者可能不太了解的是,从 20 世纪八九十年代开始,麦克·扬本人的思想经历了较大的波动,转向关注职业教育、中等与高等教育的衔接,以及国家资格认证体系等与教育政策密切相关的话题;到了 21 世纪又彻底"翻转",从社会建构主义转向了社会实在论,开始强调教育过程与课程教学中不只存在权力关系,知识本身的性质和规律也在发挥着作用。[1] 这一思想集中体现在其 2008 年出版的专著《把知识带回来》(*Bring*

---

1 许甜(2018).从社会建构主义到社会实在论:麦克·扬教育思想转向研究.北京:清华大学出版社.

Knowledge Back in）[1]中。

作为一位勤奋多产的学者,麦克·扬一直密切关注着世界各地的教育思想与实践,勤于思考,笔耕不辍,耄耋之龄还在往返世界各地讲学交流。他也曾多次到访过中国多所高校与研究机构,2019年4月,85岁高龄的他还亲自飞往北京参加了《把知识带回来》中译本的新书发布会。多年来,他从来没有停止过思考与写作,一直敢于反驳、接受、吸纳不同的批评意见,或力争、或修正、或扩展自己的学术立场。2008年《把知识带回来》一书出版之后,面对世界各地学术界、教育界同仁的质疑与批判之声,他没有退缩,坚持将自己的全新思考呈现给大家,即使它们可能与几十年前的观点大相径庭,即使它们可能与目前被接受的主流理念背道而驰。孔子有言:"知者不惑,仁者不忧,勇者不惧。"麦克·扬可以说是一位真正忠于自己内心的"不惑""不忧""不惧"的学者。

本书就是他持续思考和写作的最新产物,是继《把知识带回来》之后的又一力作,集结了他与另一位并肩战斗多年的南非同事约翰·穆勒(Johan Muller)教授最近几年的学术思考。书中有他个人、穆勒个人的文章,也有二人的合作文章,但都是对《把知识带回来》一书所构架出的社会实在论的知识观的拓展和延续,是对该书提出的强有力知识理念的完善与补充。通过阅读本书,大家可以更深入地了解其在《把知识带回来》一书中提出的对课程知识的全新认识视角(如本书第十章可以结合《把知识带回来》的第五章、第六章来阅读),也可以从更多的理论视角来解释一些内涵意义较为晦涩的概念[比如本书第十四章莫罗(Morrow)的观点可以有效补充涂尔干(Durkheim)与维果茨基(Vygotsky)的有关知识的社会实在性的理论],甚至可以从更为实用和应用的角度解决上一本书遗留的一些问题(比如本书的第七章、第十三章集中讨论了高等教育中的知识分类问题,弥补了《把知识带回来》一书的应用研究部分没有专门分析高等教育的遗憾)。

即使没有系统阅读过麦克·扬的前几部作品,本书也将会是一部极佳的有关

1　此书中译本已由教育科学出版社出版。

知识与教育的密切关系的系统读物：谈论教育问题，尤其是课程问题，离不开对知识的探究；只从社会关系、权力分配、控制与反控制的角度来理解课程问题，将会使教育之路走偏。作者开篇第一部分介绍了讨论教育知识的缘起，指出了社会建构主义存在的问题，以及走向社会实在论的必要性。第二部分则呼吁，无论通过怎样的方式、开展怎样的论辩，我们一定要正视教育的未来问题，而教育的未来中必须要有知识的身影。第三部分集中论述了中小学阶段［英国语境中的"school"（学校）指的是中小学；而麦克·扬提出的"强有力知识"尤为针对中学］中知识的形式与分类，重点论述了专门化知识与一般化知识的区分（也就是中小学常见的分科知识与综合知识的区分）的理论依据，为"强有力知识"这一概念作了很好的系统阐释。在第四部分，基于进一步的对知识类型的拆解——日常知识与科学知识、程序性知识与原则性知识、专业知识与职业知识、"知道如何"与"知道什么"等，作者又分析了高等教育中常见的围绕知识而来的课程与教育问题，比如大学中的分科从何而来、知识与技能的区别在哪里、"专业"（profession）意味着什么，等等。四个部分构成了一套论证课程与知识问题，尤其是知识的专门化问题——分科、学科、领域、专业等都是专门化的表现形式——的完整体系。

当前，我国中小学课程与教学改革的步伐不断加快，综合实践活动课程、学科实践活动、统整课程、主题课程、跨学科/超学科课程等实践领域的新名词层出不穷，给一线老师们带来了不少的困惑，学术界在把握变革方向时也时常偏航，究其原因，就在于没有对综合课程与分科课程、活动课程与学科课程这两对概念背后的理论内涵进行深刻把握，对于真理与知识、知识与技能、统整与专门化背后的理论问题没有进行深入剖析。同样，当前高等教育在学科专业设置、课程教学改革方面的很多问题也亟需重新审视与理解教育系统中的最重要的要素——知识及其形态。因此，不管你是大学的研究者，或者是教育政策制定者，抑或是一线教师，相信这样一本兼具理论高度与实用价值的专著都可以解答你心中的部分疑惑，当然，前提是静下心来阅读。

最后，身为译者、课程理论的研究者，我在此向广大读者朋友们提示两个阅读

要点:

一是要理解本书中反复出现的"话语"的意涵,它不是指日常意义上的被我们每个人说出来、写出来的具体的语句,而是指一套有着被共同认可的价值意蕴的话术体系。它通常在一段时间内被广泛接受、广为流行,即使身处其中的人并不太了解其具体内涵,也感到不得不使用它,往往具有一定的从众或群体压迫意味。比如在"变教为学"的全球大背景下,教师的"教"被认为忽视或压制了学生的"学",因而"学习话语"甚嚣尘上,媒体、大众、学界最终到教师的日常用语中都开始大量使用"学"(learn)、避免使用"教"(teach)这样的词语;又如,在技术理性主义与雇佣经济的催化下,"技能话语"大流行,教育领域开始避谈知识,普遍使用"能力""技能""胜任力"等词语来表达自己的理念与做法,即使现实中并非如此。我们也可以用"话语"的概念来反思自身:在当下,核心素养、学科素养、五育并举、创新能力、高阶思维……是否也成为了控制我们的"话语",使得我们不去深究其内涵,不去审视学校的实践,人云亦云地用来包装自己?

二是要理解同样多次出现的"赋权"(empowerment)的含义。因为"权"字,我们容易将之误解为一个法律或者政治概念,但它的实际含义更为生动和宽泛,它指的是将某种"力量"赋予、提供给某人。力量的类型是多种多样的,可以是政治或法律权利,可以是人的自主与主动性、思维的深度与自由度、内心的韧性与可能性,当然也可以是我们常提及的"知识就是力量"。从这个意义上,本书作者不断呼吁"为知识赋权""赋权知识""将知识权赋予所有人"……就是在理论角度明确了知识的"力量"之所在:为何知识的力量要强于社会身份或政治分配的力量?它的来源到底在哪里?作者给出的答案是"超越":"一些知识比其他知识'更好'——从认识论上、道德上,或者美学上,并且它们代表着什么是真、什么是美、什么是善(我们应该怎样对待人类同伴和非人类世界)的更具普遍性的标准。"(见本书第九章)因而具有带领普通人,尤其是弱势社会背景的人超越其自身生活局限的力量。而这一点,也应是我们教育人的终身追求。德国教育哲学家底特利希·本纳(Dietrich Benner)曾指出,教育思想和行动的基本原则,是确保教育系统成为开放的系统:把人培养成他还不是的那种人,确保个体对自身开放;同时还要确保个体向社会开放,避免教育受制于社会要求或脱离社会要求成为孤岛。[1]从某种意义上,麦克·扬与约翰·穆勒的思想与之有异曲同工之处:我们不能忽视知识与课程的社会性,需要确保教育系统顺应社会施加于自身的限制、呼应社会对自身的需求,但另一方面,我们必须看到知识本身的规律与价值,看到在人的成长道路上,以好的知识来强化主体性养成的重要性。毕竟,教育的一大功能是人的解放:不是在人身自由层面的解放,而是从权威中的理性解放,是因教育而获得独立和自主,能够从自己的角度思考问题,能够做出自己的判断、得出自己的结论、选择自己的人生、面对未知的风浪。

希望我们每一个受过教育的个体,都能拥有这种"力量"、善用这种"力量";希望我们每一位教育工作者,都能重视这种"力量"、传递这种"力量"。

许 甜

2021 年 2 月 2 日于北京

---

1 〔德〕底特利希·本纳.彭正梅,徐情,张可创,译(2006).普通教育学——教育思想和行动基本结构的系统的和问题史的引论.上海:华东师范大学出版社.

目 录

致　谢

以下同事均以不同方式启发了两位作者，在此谨表谢意：

斯蒂芬妮·阿莱斯(Stephanie Allais)、赫莲娜·阿罗约(Helena Araujo)、保罗·阿斯温(Paul Ashwin)、约翰·贝克(John Beck)、西里尔·坎农(Cyril Cannon)、查米安·坎农(Charmian Cannon)、詹妮·卡斯(Jenni Case)、妮可·克卢蒂(Nico Cloete)、克里斯汀·康塞尔(Christine Counsell)、扎因·戴维斯(Zain Davis)、简·德里(Jan Derry)、宝拉·恩索(Paula Ensor)、罗杰·弗思(Roger Firth)、艾莉森·富勒(Alison Fuller)、珍妮·甘布勒(Jeanne Gamble)、安帕罗·托梅·冈萨雷斯(Amparo Tome Gonzalez)、杰拉尔德·格雷斯(Gerald Grace)、大卫·吉勒(David Guile)、麦克·汉德(Michael Hand)、苏西·哈里斯(Suzy Harris)、丹尼斯·海耶斯(Dennis Hayes)、厄休拉·霍德利(Ursula Hoadley)、韦恩·雨果(Wayne Hugo)、凯伦·詹森(Karen Jensen)、彼得·卡拉维(Peter Kallaway)、本·寇兹(Ben Kotzee)、大卫·兰伯特(David Lambert)、休·兰德(Hugh Lauder)、雪莉·劳斯(Shirley Lawes)、伯里维·罗瓦娜(Peliwe Lolwana)、英格丽德·伦特(Ingrid Lunt)、彼得·马森(Peter Maassen)、托比·马歇尔(Toby Marshall)、安娜·莫雷斯(Ana Morais)、安东尼奥·弗拉维奥·莫雷拉(Antonio Flavio Moreira)、约翰·摩根(John Morgan)、理查德·诺斯(Richard Noss)、蒂姆·奥茨(Tim Oates)、大卫·伯克斯(David Perks)、约翰·波莱塞尔(John Polesel)、金姆·夸伊(Kim Quy)、伊丽莎白·拉塔(Elizabeth Rata)、麦克·瑞思(Michael Reiss)、露西欧拉·桑托斯(Luciola Santos)、大卫·司各特(David Scott)、雅艾尔·沙勒姆(Yael Shalem)、苏伦·谢伊(Suellen Shay)、保罗·斯坦迪什(Paul Standish)、尼克·泰勒(Nick Taylor)、罗娜·恩维

(Lorna Unwin)、彭妮·温杰沃德(Penny Vinjevold)、菲利普·维塔莱(Philippe Vitale)、利萨·惠拉汉(Leesa Wheelahan)、杰夫·惠迪(Geoff Whitty)、克里斯·温奇(Chris Winch)、克劳迪亚·加利安(Claudia Gallian)、许甜(Tian Xu)、林恩·耶茨(Lyn Yates)。

我们也想特别纪念我们的同事罗伯·摩尔(Rob Moore)、杰克·基廷(Jack Keating)与彼得·梅德韦(Peter Medway),他们在本书筹备过程中已经令人悲伤地故去了。

我们也要感谢琳恩·特谢拉(Lynne Teixeira)帮助我们细致、精确地将手稿汇总在一起。

我们要向安娜·克拉克森(Anna Clarkson)及其劳特里奇(Routledge)出版社的同事们致以衷心的感谢,他们在多年间一直支持我们的工作。

本书的研究是基于南非国家研究基金会(National Research Foundation of South Africa)的部分资助而完成的。经费资助方已认可研究取得的见解、发现、结论或表达的建议均属于作者所有。

Curriculum

第一部分

背　景

第一章　简　介

本书汇集了过去十年我们(麦克·扬与约翰·穆勒)共同或独立写作的教育社会学文章。它指出了知识在教育中的日益增长的重要性,不只在中小学课程中,而且在大学课程与未来的专业和其他行业成员的教育中。我们呼吁一种拓展到中小学教育之外的知识的社会学取向;这不仅仅是因为高等教育与专业教育项目在塑造中小学课程上承担着主要的角色,也是因为它们的课程本身值得研究。

知识社会或知识经济等理念的重要性日益攀升,预示着未来社会中最可能存在的职业就是知识本位(而不是技术本位或惯例本位)的工作。为回应这一问题,本书试图将课程理论及其研究现代化——通过从我们对中小学、学院与大学课程的早期研究转为在教育中发展一个"关于知识的知识"的取向,尤其是它采取的分化的、专门化的形式。

作为教育社会学家,我们的出发点是吸收知识社会学的经典思想——尤其是那些并不总是在更宽泛的学科中被给予应有的重要地位、但对于教育者们面临的知识问题有着独特的显著作用的理论家们的思想。在本书中,我们吸收了知识社会学的概念,描绘了变革的知识图景及其对所有学生的影响——如果他们要在当今的全球化世界中成为富有生产力的、人生完满的公民的话。

自从上世纪之交课程研究在美国出现以来,它就一直被学校管理者、课程专家与校长们面临的问题所主导(见第十章)。我们并不是要轻视这些学校面临的问题;它们为广大年轻人掌握超越自身经验的知识提供着独特的、通常是唯一的机会。然而,我们聚焦于课程作为一种适合传递专门知识的形式,将我们引向了课程理论很大程度上忽略的两个问题。第一是学校课程不只来自大学中的专门性的学科知识,而且也非常重要地被它们的如下角色所塑造——为学生进入大学和专业项目做准备。第二个常常被课程理论忽略的问题是,中小学并不是唯一的拥有课程并因此面临着课程问题的机构。因此,在本书的第二部分和第四部分,我们将讨论拓展到了大学和专业教育中的课程上。

在介绍这本我们的文集（里面既有我们联合写作的文章，也有单独署名的文章）之前，有必要解释其起源，说一说我们希望它能达成些什么。首先，我们曾经各自都想编辑一本近期发表文章的文集，但很快就发现，我们都想纳入的五篇文章是联合署名的。其次，我们也意识到，我们独自署名的一些文章也是来自我们的持续讨论的。尽管我们作为教育社会学家的学术简历并不一样，且是在两个非常不同的国家从事着学术研究，但我们各自的很多文章都是在讨论我们共同关心的问题。这些问题与我们早期成功合作的经历［2014 年合著的《知识、专长与专业》（*Knowledge*，*Expertise and the Professions*；Young 和 Muller，2014）］使我们决定将我们的单独及联合署名的文章在同一本书里编纂出版。这么做的一个好处是，尽管我们在基本的理论假设上是一致的，本书中的文章在其理论意涵上却有很重要的差异。这意味着，我们希望，这些章节能不止被"各自"阅读，而是也能作为相互之间的启迪，有时也可形成对话，为读者带来新的问题。出于此考虑，我们决定保留那些可能有重复的段落，维持之前发表的每一章的连贯性。我们希望读者们能够宽容这一点。

本书希望能够为教育社会学作出独特的贡献，发展并拓宽源自第一位教育社会学家埃米尔·涂尔干（Emile Durkheim），并由他的卓越的当代阐释者——巴兹尔·伯恩斯坦（Basil Bernstein）发扬光大的教育社会学子学科。我们收入的这些文章写作于 2006 年到 2014 年间，尽管它们并不是以写作时间的顺序呈现的，但这个文集整体上仍体现出了我们自己思想上的变化，以及这个研究领域的发展。还有在很多案例中，它们都介入了英格兰和南非的政策论辩。

我们先前的著作（Muller，2000；Young，2008；Young 和 Lambert，2014）以及已故的罗伯·摩尔（Rob Moore，2004，2009；我们都和他合作写过文章）的影响深远的文章，是对教育社会学家将知识问题作为子学科的一个核心问题的早期尝试的一种批判性的回应。我们合作的第二章——《教育知识社会学中的真理与真实性》最好可以被理解为一篇"过渡文章"。它总结了之前教育社会学领域围绕真理与相对主义的重要的认识论论辩，同时提出了超越它们的道路（参见第九章）。通过对比涂尔干对杜威（Dewey）和威廉·詹姆士（William James）的早期实用主义理念的回应,以及摩尔和其他人对 20 世纪 70 年代的"新"教育社会学的社会建构主义的批评,它再现了这些论辩。第二章建立在摩尔的论点之上——知识的社会性不仅解释了它的偏差,也能解释它的客观性。我们通过涂尔干对师范生的讲座稿及伯恩斯坦对它们的阐释来探讨此观点,同时指出,知识的社会哲学家恩斯特·卡西尔(Ernst Cassirer)的观点可以提供另外一条道路。

第二章的那篇文章写作完成之时,所有知识在某种程度上都是"社会性建构的",同时又都拥有自身的"浮现的"真实性的观点,已经被教育社会学界广泛接纳了——至少是"理论上"。教育社会学接下来面临的问题是:"然后呢?"本书其他章节就是我们对此的回答。

第二部分包括了与当前政策及其假设相关的几章,它们不仅表达了批评,也尝试了发展一些替代方案。第二章之后的转变可以视为知识社会学从关注真理这一认识论问题转向关注如下问题——"我们如何探究'关于知识的知识'?"第二章中归纳的早期研究为我们提供了基础,使我们可以超越知识社会学之前对相对主义争论的关注,转而关注知识在生产过程中、在课程里是如何分化、专门化的。

我们的社会学主张与持续弱化知识本身的重要性、优先考虑一般化的与技能导向形式的课程规定的政策发展方向背道而驰。第二部分也涉及到课程政策的变迁,特别是英格兰 1988 年发布新的基于学科的国家课程之后。

第三部分的几章检视了教育社会学作为课程理论的基础的潜力,并讨论了"强有力知识"的概念、潜力与局限;而第四部分将讨论延伸到了大学和专业教育领域。

第一部分：背景

第二章处理了任何严肃对待知识问题的教育社会学都会遇到的最基本的问题。它是否不可避免地会导致相对主义——是否因其解放的乐观主义,导致它无力提供任何建设性的替代方案?回答此问题的过程中,我们重新检视了在过去十年中我们关注的问题。如果要论证课程是将知识赋予所有儿童的渠道,那么我们就需要论证:凭什么宣称存在着"较好的"、更可靠的、更值得的、所有儿童都应有权利获得的知识？更进一步，我们该如何反驳如下结论：知识社会学的主流传统——知识总是受到外在活动与利益的限制，因此探寻是否存在客观上"更好的"知识根本毫无意义？

全球性的教育扩张政策所基于的假设是它们将为社会生产越来越多的博学多知的公民；而在这样的社会中，知识本位的工作将越来越多、越来越重要。另一方面，在"知识本位的""知识社会"等理念中，以及在这样的未来社会所假定的课程中所暗含的知识的概念仍然很大程度上被无视了。还有，知识问题在国际组织以及越来越多的政府的政策中被讨论，它被认为是一般化的、可以被表达为"学习结果"那样的形式。我们将在第二部分的第三章讨论这些问题。

第二部分：知识与课程的未来

第三章《教育、全球化与"知识的声音"》是麦克·扬为经济与社会研究委员会（Economic and Social Research Council，ESRC）在巴斯大学举办的有关知识经济与教育的系列研讨会所作的。它建立在从涂尔干到伯恩斯坦的知识社会学的理论传统上，并推进了如下观点：一个知识本位的课程的原则必须建基于下述知识概念——（1）视它为浮现于其生产情境的；（2）它是位于新知识生产的条件之中的。

第二部分的其他章探讨了这些条件之一的内涵及意义。第四章《知识社会的几种教育未来》最初是麦克·扬为 2009 年的欧洲教育研究会（European Conference on Education Research，ECER）所作的主旨发言。它聚焦欧洲教育政策的三大趋势；它们都反映了大的"一般化"的主题：（1）国家资格证书框架；（2）基于学习结果的政策；（3）知识增长的速度暗示着课程可以依赖于一般化技能、专门性学科内容与概念已不再重要的假设。

第五章《未来的三种教育图景——知识社会学给我们的启示》是麦克·扬与穆勒为卡里·杰威特（Carey Jewitt）领导的"超越当下视野"（Beyond Current Horizons）项目共同写作的。它进一步分析了三种图景，区分了它们对知识的假设。第四章分析的趋势在此被作为"过度社会性的"知识概念（也就是图景 2）的例子。它是对自己试图取代的那种静态的、精英主义的课程模型(图景 1)的矫枉过正。本章结尾部分初步描绘了第三种可能的未来(图景 3)。

第六章《课程与知识问题——麦克·高夫留下的遗产》最初是麦克·扬于 2014 年在波尔图[1]举办的 ECER 的研讨会上所作的演讲。本章在第五章所发展的"三种未来"模型的基础上,讨论了以英国前保守党为主的联合政府(在 2015 年 5 月的大选中被保守党政府取代)的教育改革。这些改革尽管是以对和本书第四章所提出的"未来 2"相似的趋势的批评为起点的,但却呈现出一种激进的不同的替代方案——试图回到某种现代版本的"未来 1"。本章一方面乐见如下事实:联合政府的政策将知识问题带回到了课程政策议程的中心,但是另一方面,也批评了其对知识概念的倒退看法及没有回应当代对创新和新知识生产的条件的关切。

第七章《科学与技术类高等教育中知识与技能的未来》是第二部分的最后一章,是约翰·穆勒受邀为一群科学技术领域的高等教育者所写的时事短评,将第六章对高中课程中的"未来 2"的发展的关注拓展到了高等教育的科学与技术课程领域。它主要聚焦南非大学里通常被视为学术发展的一些教与学的首创做法。作为"未来 2"的一个案例,这些首创做法并不寻求取代现存的本科课程,而是通过为那些在传统的"未来 1"的大学课程中,在专门化知识的学习方面存在困难的弱势学习者提供额外的支持,来提升和扩大"进路机会"。本章尽管支持这些大学课程中的扩大进路的尝试,但也从近来的哲学分析出发,指出这些支持在课程基础方面规定不足,特别是在科学和技术课程方面。本章的结论是,如果大学要推动那些缺乏(传统高等教育学生所依赖的)先前知识的学生取得进步,就必须将学术发展的角色重新专门化。

第三部分:强有力知识

第三部分直接阐释了已广为人知的"强有力知识"的概念。第八章《学校的目

---

1 译者注:葡萄牙港口城市。

的》是麦克·扬为回应教育哲学家约翰·怀特(John White)的文章而作。怀特认为,考虑课程应该从教育的目的而非知识出发。其核心观点是,一个由"有权者的知识"和"强有力知识"的核心区别所支撑的知识的动态概念必须成为思考学校教育的目的的起点。本章强调了任何课程中知识的分化与差异——尤其是日常知识与专门化知识的差异的重要性。

第九章《强有力知识的力量》是为回应对强有力知识概念的不同批评而联合写作的,注入了更强的社会学内容。本章先从三位关键的经典理论家——涂尔干、维果茨基、伯恩斯坦那里汲取理论元素,接着考量并反驳了"强有力知识仅建基于、并只能应用于自然科学与技术领域"这一批评。它先分析了专门化的困境及其对社会公平的意义,然后回到了第二章所提出的对自然和社会科学的客观性的关切。本章最后探讨了和知识相关的"力量"的不同意义及其对课程的潜在启发。

第十章《克服课程理论的危机》最初是麦克·扬2012年在"葡萄牙语—巴西课程研究会"上的发言,回应了"课程理论已经失去了和其探究对象的联系"这一关切。本章首先呈现了课程理论发展的简要历史,以及麦克·阿普尔(Michael Apple)和其他人对主要是在美国发展起来的将课程作为教学的工具主义观点的批判性回应。本章认为,在对课程作为教学这一观念进行批评的过程中,课程理论以及与之相关的批判教育学传统,丢掉了课程作为通往知识的首要进路这一角色。它吸收了前面两章的主题,阐释了一个知识本位的取向对课程来说意味着什么。最后举了英格兰一所开始践行知识本位取向的理念的学校的具体案例,并反思了这一取向可能导致的实践的、政治的与认识论的问题。

这一部分的最后一章,第十一章——《专门化知识的希望与悲怆》,最初是约翰·穆勒在2013年南非教育研究协会的创立仪式上所作的一个版块的主旨发言,后来做了大量修改。此文回应了对强有力知识理念(以及实际上所有的专门化知识形式)的一个主要的政治性批评:它不可避免地是有党派立场的、工具性的、技术主义的,并将歧视那些不同文化和阶层背景的人。此文审视了专门化知识在道德和宗教思想上的起源——这一联系似乎在19世纪、20世纪的知识世俗化进程中丢失了。最后,本章反思了专门化知识的利与弊,并推断:在教育产品的分配中长期持续存在的对平等和社会公平的关注中,可能它的道德内核——尽管是世俗化了的——仍然存在,以一种内潜的形式。

第四部分: 大学、专业与专门化知识

第四部分将全书的论点拓展到了高等教育与专业教育领域。本部分超越了经典实证主义学者内格尔(Nagel,1982)所描绘的理念:知识结构只是一堆或高或低的命题。这么做的初衷是为了把握住专门化的专业知识的复杂性以及与之相伴随的如何在一门课程里将它连贯地表达出来的问题。跟随吉尔伯特·赖尔(Gilbert Ryle),以及更近一些的克里斯托弗·温奇(Christopher Winch)的步伐,这几章试图分解构成专业性的专门化知识的不同类型。这就使我们超越了作为唯一的知识模式的命题性知识,并涉及到支撑着专业判断的基础架构的多种不同形式的推断性知识、实践性知识。它们二者也需要被理解为有着"认识论上升"性质的认识论领域——也就是说,有对课程的次序、进阶规定的需求。这并不是说所有形式的程序性知识都是专门化的,但其中一些绝对是的。

这一部分由第十二章《知识体》开启。它是约翰·穆勒为第七届巴兹尔·伯恩斯坦研讨会所作的。它展示了一种勾勒"技能话语"(skills talk)的尝试——指的是以学习者能够做什么而不是他们应该知道什么来规定课程的策略。我们探究的是:当学习者可以像专家一样做某件事时,他必须"知道"些什么?简要考察了赖尔(Ryle)对"知道什么/知道如何"的区分和罗伯特·布兰登(Robert Brandom)的推断主义之后,本章回到了伯恩斯坦,发现他的语法性(grammaticality)这一概念可以帮助我们很好地思考知识以及它如何将一般理论与特殊案例联系起来。本章最后探讨了专业知识基础面对创新的开放性与专业的社会基础的力量——其作为一门专业的强韧之处之间的关系。

第十三章《学科、技能与大学》是扬与穆勒应保罗·阿斯文(Paul Ashwin)的邀请为《高等教育》(*Higher Education*)杂志的一个特辑而写作的。它关注的也是

高等教育中的"技能话语"问题，同时也聚焦传统研究模式面临的来自所谓的"模式2"的挑战。本章将二者都视为一种向"相关性"的漂移——它挑战大学和它们所追求的知识，回应着要求展示大学知识与日常关切的"相关性"的世界性呼声。通过回顾学科在中世纪大学中的诞生史，再现伯恩斯坦对"单子"与"领域"的分析，本章展示了它们是如何回应"相关性"的——"技能话语"和"模式2"不仅对传统意义上的学科（单子的学科形态），也对当代大学赖以维系的专门化知识的概念本身构成了威胁。

第十四章《每幅图景都有故事：认识论进路与知识》是穆勒应南非"教与学"教育者（南非称为"教育发展者"）的邀请，为阐述高等教育中的知识问题而作。本章使用的"认识论进路"一词越来越多地被这些"教育发展者"们使用，以探究到底"进入大学"是为学生提供了"进入什么的"机会。本章提出如下问题："认识论进路"到底是属于"实践本位的"还是"知识本位的"视角？并得出结论：它最好属于一个正在扩张中的、联合了命题性知识形式和实践性知识形式的综合性的专长概念——"博学多知的专长"（knowledgeable expertise），或者"专家型专业知识"；因此本章试图联合"实践本位的"和"知识本位的"视角的最佳特征——这个策略在第二部分其实已经讨论过，也就是试图在一个还未完全形成的未来3的图景中联合图景1与图景2的优势。

本部分也是本书的最后一章——《迈向专业知识的社会学》，是两位作者一起主编的一本有关专业知识的著作中的第一章，也是两位合写的。此章继续透过巴兹尔·伯恩斯坦的透镜，超越"实践本位的"视角（舍恩为代表）与传统的"知识本位的"视角的二元对立，分析了专业知识的主要特征。本章拓展了论辩的条件——通过分析对专业的传统社会学研究，发现除了安德鲁·阿伯特（Andrew Abbott），绝大部分研究都限制在了对专业的社会关系的考察上，而没有关注知识关系；也就是说，它们检视的是专业的社会基础，而不是其知识基础。和上一章得出的结论一起，本章认为，专业知识体是由不同的专门化知识形式以及它们与实践领域（专业知识必须实际操作的地方）的关系组成的。由此，我们的关注点又回到了有效、有智慧的行动的领域，或者"博学多知的实践"上。

第二章　教育知识社会学中的真理与真实性

……无穷无尽的类型,多么美丽、多么奇异。

——达尔文《物种起源》的最后一句话

只有知识,确信无疑。它被人们认知,不是因其神圣气氛或者其情感吸引力,而是因其可以通过那些之前并没有投入努力要证实它的最博学者所做的最苛刻的审查。由此理解出发,会产生一种群体间的——不是左派或右派的——政治。如果知识只通过同行评议就可以被认证,我们就应该尽一切努力,培植不妥协的专家共同体。这意味着积极反对权威主义、学术小集团、对待过失的双重标准,以及对客观性概念的蔑视。

——克鲁伊斯(Crewes,2006:5)

一、引言

在巴纳德·威廉姆斯(Bernard Williams)的著作《真理与真实性》(*Truth and Truthfulness*;Williams,2002)中,他指出,在当今社会学思潮中,"对真实性的坚守"(commitment to truthfulness)是一种核心趋势,它可以追溯到启蒙运动时期,目前已从哲学与人文领域延伸到了"历史理解、社会科学,甚至自然科学对探索和研究的阐释中"(Williams,2002:1)。他描述这种趋势为"一种透过表象看到其背后的真实结构与动机的渴望"(Williams,2002:1)。然而,他认为这种"坚守真实性"越来越与一种并不少见的普遍现象并行:"对真理本身的怀疑""是否存在这样一种叫做(真理)的事物……它是否能比相对的或主观的或此类事物更多"(Williams,2002:1)。他认为,后者(相对的、主观的事物)正在很无情地侵蚀前者(真实性)。

在威廉姆斯看来,这两种趋势,即朝向真实性的趋势与反抗真理观念的趋势,并不像许多人认为的那样只是社会学家或哲学家必须与之共处的一个矛盾或张力。相反,他将接受真理观念视为严肃坚守真实性的一个条件。本章将以威廉姆斯的观点作为论证起点,重新检视知识社会学(以及更宽泛的教育研究)正在从事何种活动。请记住,知识社会学在大部分形式下都是一种对真理持怀疑论的范例。

威廉姆斯比较了知识社会学与新闻界的丑闻揭发,发现二者有相似之处。它们都寻求真实性,但常常只是揭穿内幕。新闻界的丑闻揭发和知识社会学的一些分支几乎从不怀疑真理是什么、真理蕴于何处——它就位于对掌权者不端行为的揭示中。这是道德自律(self-righteousness)与绝对确定性(absolute certainty)趋势产生的基础,我们可以在一些参加竞选的新闻业者身上发现它们。一些教育社会学家试图以同样的方式解决真理与真实性之间的张力,通常是假定识别出了无权者或特定弱势群体就意味着自动向真理靠近了一步。这些看法通常被当作“立场论”(standpoint theories)[1],尽管认为某种立场可以作为某一理论的基础的根基还远不牢固。威廉姆斯认为,这类解决方式虽然表面上非常吸引人,却只能使我们偏离有关知识与真理的真正难题——我们不能避免这些难题,如果社会学并不只是提供一些后现代主义者宣称的“一系列故事”的话(Mendick,2006)。

威廉姆斯也指出,“科学战争”与“文化战争”的终结,以及后现代主义作为一种社会理论所拥有的可信性(credibility)的逐渐崩坍(Benson 和 Stangroom,2006),都没有致使人们产生出一种新的探索真理与真实性之间必然联系的努力。更为普遍的结果是,已经出现“一种毫无生气的愤慨批判⋯⋯它有从专业主义(professionalization)滑向一种终将祛魅的职业主义(careerism)⋯⋯的风险”(Williams,2002:3)。

本章我们将主要聚焦在教育研究中发展起来的知识社会学。一部分因为这

---

1 更多对立场论问题的讨论课参见 Nozaki,2006 与 Moore 和 Muller,1999。

是我们工作的情境；此外，将知识问题置于教育论争中将引出更多社会理论方面的基础性问题——这些问题并不经常为人所知。如涂尔干和维果茨基（以及最近的伯恩斯坦）所揭示的，正如教育中的每个理论都暗含着某一社会理论，教育学理论也通常隐含着某一知识理论（Young，2006）。

如弗劳德与赫尔希（Floud 和 Halsey，1958）很久之前指出的那样，我们教育社会学家是随着大众教育崛起，为了解决大众化教育的特定矛盾而进行的一系列努力的产物。作为现代化的一个方面，大众教育过去面临且目前依然面临着可称之为教育学根本问题的难题：克服学生试图掌握、教师试图传递的正式的、编码的、理论的、至少潜在的普遍性的课程知识，与非正式的、地方化的、经验性的和学生带到学校去的日常知识之间的断裂（有时被描述为冲突）。

当每一代人中能够进入学校的只有一小部分人群，而这群人中的大部分都共享正式课程设计与传递的潜在文化假设时，这种断裂很少被承认，更不会被视为问题，至少不会被工业化早期阶段的政策制定者视为问题：在那时，学校是大多数人进行非技术性工作前的准备场所，而掌握知识被视为只对少数人重要。然而，目前在大多数国家，大众教育的民主化、普遍化的目标，与学校教育使大多数人经历的筛选、失败、辍学之间的冲突已经不能被无视了。大众教育没有达成新兴民主运动赋予它的社会公平、正义的目标；也没有很好地满足全球化劳动力市场对高层次知识与技能的不断增长的需求。

这是 20 世纪 60 年代的背景，时值英国教育社会学被"重塑"[1]为一门社会学的分支学科，而不再作为它曾经倾向的只是社会流动与分层研究的一个方面。彼时，教育社会学的核心问题变成了（且在很大程度上至今仍是）学校文化、课程与进入学校的学生的文化之间的断裂：部分地作为对现存的入学机会与公平体系的批判，部分地聚焦深层的支撑着教育不公平的文化与政治问题，如布迪厄与伯恩斯坦发展出了对文化资本、语言编码、可教育性（educability）的早期看法

1　当然，自涂尔干为教育社会学研究做出理论探索已经过去半个多世纪了（Durkheim，1956）。在英国，1946 年卡尔·曼海姆（Karl Mannheim）被任命为首位教育社会学教授。然而，他一年之内就去世了，此后尽管有 20 世纪 50 年代简·弗劳德（Jean Floud）以及哈尔西（A. H. Halsey）等人的努力，但直到 20 世纪 60 年代末，教育社会学在英国才成为教育研究中一个独特的研究与教学领域。

(Bourdieu 和 Passeron,1977;Bernstein,1971)。他们的观点产生的结果之一便是对课程社会学的关注逐步发展成为"新教育社会学"的核心要素(Young,1971)。

尽管一开始的理论目标是将教育社会学引向知识问题,但 20 世纪 70 年代的课程社会学具有很多威廉姆斯称之为"丑闻揭发的新闻界"的特征,而非社会科学的特征。它通晓真理——权力与知识之间的联系——并试图揭示这种真理在学校课程中的表现形式。[1]

我们不是要试图无视新教育社会学"对真实性的坚守"(commitment to truthfulness),或其"深掘"课程组织与权力分配之间联系的努力。[2] 当时及目前的一项重要任务是提醒教育学者,课程及知识本身不是某种外部给定物(external given),而是历史性的人类活动的产物——是我们自己的历史的一部分。然而,不可否定的是,当时的很多课程社会学者都支持盛行的对真理与知识本身的怀疑主义态度(虽然并不总那么明显;Jenks,1977)。这导致很多人对如下观点产生质疑:致力于真理理念(the idea of truth)的课程可以"真实地"(truthfully)成为教育知识社会学的目标。结果,"新"教育社会学,用威廉姆斯的话说,始于一种对真实性的激进坚守,却因拒斥任何真理理念而走上了自掘坟墓之路。

本章的目的是在教育社会学的特殊情境中反思并探索威廉姆斯提出的问题。接下来的部分将讨论两个问题。第一,教育研究中的知识社会学及与其相关的社会建构主义取向出了什么问题? 第二,替代社会建构主义同时保持对真实性及对真理观念本身的坚守的基础在哪里? 我们接着将吸收法国社会学家、教育学家埃米尔·涂尔干的观点,提出开发这样一种替代方案的建议。涂尔干提出的与一战前实用主义崛起有关的问题(Durkheim,1983)非同寻常地呼应了 20 世纪 70 年代"新教育社会学"提出的两难问题。我们接着将重温伯恩斯坦对涂尔干观点的发展。我们将看到,尽管涂尔干具有非凡洞见,伯恩斯坦也做出了高度原创性的概念发展,但他们二人都仍囿于以下信念中,即认为自然科学仍是客观知识及知识

---

1 此类研究中可能最细致、最有影响力的例子就是美国批判课程理论学家麦克·阿普尔(Michael Apple,1975)了。
2 本章的其中一位作者本人就卷入了教育社会学的这些发展之中(Whitty 和 Young,1976)。

增长的唯一模式。这些讨论将为下一部分铺平道路：借鉴恩斯特·卡西尔（Ernest Cassirer）的观点，参照其"符号形式"，我们将提出知识的社会学取向。最后，我们将回到原点：教育研究中，借鉴卡西尔的"符号客观性"（symbolic objectivity）理念提出的知识的社会实在论取向可以在多大程度上解决真理与真实性之间的张力？这种张力被巴纳德·威廉姆斯如此清晰地论述过，且20世纪70年代的"新"教育社会学未能将其解决，甚至压根未能认识到。

我们开篇经由巴纳德·威廉姆斯展示了，如果对真理的坚守与对真理的怀疑论并行，那么后者必将侵蚀前者。结尾我们将论证，教育社会学必须与实在主义再度联合，或者与那种自然主义的（naturalistic）实在主义类型联合（像Durkheim，1983，及Moore，2004那样），依靠自然科学的客观性模式；或者与那种形式主义（formalist）的实在主义类型联合（像卡西尔及伯恩斯坦那样；尽管伯恩斯坦没那么明显）。也没有必要做出这种选择，首要的选择应该发生在客观性（objectivity）与反客观性（anti-objectivity）之间。曾有一段时间，社会科学中的客观性观念似乎与压迫（oppression）联合了起来，通往可接受的客观性的道路被政治化地阻断了。我们认为，巩固和发展教育社会学当前所取得的巨大进展的时机已经成熟，这些进展证明了教育社会学潜在的客观性（Nash，2005）。

二、教育社会学中的社会建构主义：哪里出了问题？

对"哪里出了问题"的回答首先要接受如下前提，即"新教育社会学"与其社会建构主义假设尽管确实有缺陷，但却是为课程相关论辩建立社会学基础的一种重要的尝试。较之英国对博雅教育（liberal education）毫无批判的接受（Hirst和Peters，1970），以及同期美国盛行的课程理论的技术主义传统（Apple，1975），它毫无疑问代表了一种进步。它在教育研究领域引起了相当多人的兴趣，也引起了相当多的非议；然而，它并没有为开发某种替代课程提供一个可靠基础，也没有提供有关在实践中课程是如何变革的切实理论。为何会这样呢？

首先必须认识到，20世纪70年代出现的知识与课程的社会学取向，以及背后支撑它的社会建构主义理念,都不是全新的或孤立的。这一点在两个意义上是真的。第一,尽管当时它宣称自己是新事物,但认为所有知识在某种意义上都是人类活动的产物的激进观点,以及它会导致隐含的或直接的对客观知识的怀疑主义的看法,并不是新的。它可被追溯到古希腊时期的智者学派与怀疑论者,并在 18 世纪早期维科(Vico)对日渐浮现的自然科学霸权的挑战中重获新生(Berlin, 2000),今日仍存在于如罗蒂(Richard Rorty)那些被巴纳德·威廉姆斯称为"否认真理者"之中(Williams, 2002)。非常相似的一些理念也可以在当时人文与社会科学的每门科目中找到。换句话说,我们一边在处理与当时同样的背景,一边在处理这种理应是"新"教育社会学的内容。

第二,如果"新教育社会学"有什么可称为"新"的东西的话,那就是"社会建构主义"理念被应用的教育背景,以及从下述假定中生成的特定结论:课程及教学等教育实在(educational realities)是被社会性地建构的,可以被教师改变——几乎任由教师改变(Gorbutt, 1972)。而这种"决定论"(decisionism)在所有同源的建构主义中都很典型。

对社会建构主义者来说,我们对世界的看法、我们的经验以及任何有关"世界是什么"的观念,都不存在差异。由此,"实在本身是社会性建构的"理念在教育社会学的阐释中有两个紧密相关的意涵:第一,它提供了挑战任何"既定"(givenness)或"固定"(fixity)形式(不管是政治的、社会的、制度的或文化的)的基础。它假定,与挑战传统上社会学家研究的社会规则、惯例、制度的既定性一样,挑战既定性同样适用于一般的科学或知识。[1] 第二,它可将任何形式的既定都视为随意的,因而不同的社会安排都是潜在地可变的。至于某种持续下来的既定形式,则传达着某些群体而非另一些群体的政治的、文化的或经济的利益。于是,学术之战就在社会建构主义者及其反对者之间发生了:社会建构主义者视为己任的

---

1 当时的一个例子是我编辑的一份文摘,由约翰·贝克及其同事(John Beck 等,1977)所作,其章节标题中有作为社会建构的教育、理性、能力、儿童。我们在此不是要否认这些类别是或可以被视为社会建构,而是想反对那种不管特定的背景、时段,对于什么可以、什么不可以被建构,不加丝毫限制的社会建构主义。正如伊恩(Ian Hacking, 1999)敏锐地指出的:"任何事物都是社会建构"的观点在琐碎的层面几乎永远正确;而上升到概念层面,问题就在于何种情况下它的重要性超出了琐碎层面。

是揭露现实的明显既定性并展现"它真正的样子"——遮蔽深层的专制及利益的面具；反对者则认为自己被强加了某种"事实上"是真正专制的东西。对"建构主义者"与"实在论者"的区分不可避免地会陷入过分简单化的僵局。[1] 他们之间的主要不同在于，建构主义者声称唯一的实在就是不存在超越我们的感知的任何实在。回头来看，令人困惑的是这种争辩导致的自由意志论（indeterminism，认为所有事物都是专制的）与决定论（determinism，认为所有事物都是可变的）的结合。

在教育研究中，社会建构主义的"争鸣百家"吸收了多种差异巨大甚至有时直接对立的视角。不同时期常浮现不同的理论家与理论传统。在教育社会学中，至少从 20 世纪 70 年代开始，社会建构主义所吸收的主流视角是舒茨（Schutz）、梅洛·庞蒂（Merleau Ponty）与加芬克尔（Garfinkel）的社会现象学与民族志方法论，米德（Mead）与布鲁默（Blumer）的符号互动论，伯格（Berger）与卢克曼（Luckman）的折衷社会建构主义，罗宾·霍顿（Robin Horton）及后来的克利福德·格尔茨（Clifford Geertz）的文化人类学，皮埃尔·布迪厄的新韦伯主义社会学，以及尽管不那么情愿，也吸收了法兰克福学派的批判马克思主义。如，布迪厄就视揭露专制为社会学的核心问题意识。这些学者们的共同之处（或者被阐释的共同之处）在于都呈现出某种形式的社会学化约论（sociological reductionism）。（他们认为，）因为任何事物都是社会性的存在，社会学分析可以应用于并解释任何事物——尽管社会学家对"什么是社会性的"往往不能达成共识。在 20 世纪 80 年代，这些理论传统开始扩展，囊括进了话语及文学理论（或者说很多理论传统开始被话语及文学理论所替代）。后者吸收了如德里达（Derrida）、福柯（Foucault）、利奥塔（Lyotard）等学者将社会性（social）仅仅视为另一种文本（a text）、一种话语（a discourse），或一种语言游戏（a language game）的看法。然而，化约论的逻辑却依然如故。

教育在某种意义上是社会建构主义理念的一个特殊的、甚至是理想的范例。

---

[1] "激进的社会建构主义""温和的社会建构主义"等术语常可在文献中见到。但是，从本章的观点来看，这种划分忽略了一点，即使是社会建构主义的温和形式，对"什么可被建构"也几乎没有（或只是隐晦地）限制。

这部分反映出教育研究在理论上的相对弱势，对任何出现的新理论都来者不拒（或没有能力抵拒）。另一方面，"课程社会学以及教育实在是社会地建构的"这一理念对通常专制化的、官僚化的、等级制的学校教育世界来说，也确实具有非凡的特殊吸引力。它很容易导致对现有的学校知识、科目、学科等形式及其实体化后的课程大纲的挑战（Keddie，1971；Young 和 Whitty，1976）。更根本的是，社会建构主义挑战并揭露了它视为专制的正式教育的大多数基本分类（如智识、能力、成就等方面；Keddie，1971，1973），甚至学校制度本身。尽管社会建构主义不能说出怎样变革、变革什么，但如果社会建构主义能够表明所有这些分类、规则、制度都是专制的，它就潜在地将它们推向了变革。社会建构主义理念与左翼政党（至少部分的）的联系并不令人吃惊，尽管它常常只是权宜之计。

为何这些理念在教育研究中受到了这样的束缚？为何它们后来如此轻易地被批判和抵制？这种一开始被支持后来被抵制的模式是否暗示着，将实在视为"社会性建构"的基本观点存在着某种缺陷？或者暗示着，如马克思指责黑格尔（Hegel）的那样，这些观点在某种程度上丢失了某种"理性内核"？为何这些观点对教育研究及课程社会学具有特别的诱惑力，以及，事后来看，特别地具有破坏性？

对这些问题的回答可以有两种类型。一是外部的或背景论证。它为人所熟知，相对少有争议，可以被一笔带过。它只能提醒我们特定智识领域并不存在独特之处，教育社会学也不例外。有两类值得一提的塑造教育社会学理念的外部或背景因素——一类是社会的，一类是文化的。前者是高等教育的大众化扩张与民主化进程，相应的人文与社会科学的扩张及分化，以及（至少在教育研究中）认为这些新知识类型可以改变被广泛诟病的低效、不平等的教育体系的假想。自 20世纪 80 年代起，这些发展被无所不在的全球化、市场化浪潮放大了，在教育中创造出了一种全新的智识工作的背景，它与新的、相对主义的以及理应更民主的知识理念有着相当亲密的关系。这种教育研究的全新背景带来了新的、有时原本就激进的学生与新教师，并为一系列在形塑教育社会学中扮演着某种角色的文化变革提供了肥沃土壤。（这些文化变革）包括：更具批判性且一度高度政治性的学术气氛，对民粹主义理念的亲近，对边缘及少数群体、非西方族群文化的不加批判的尊重，以及相应地，对学术界以及所有形式的权威（包括科学以及其他专门知识形态）的怀疑。所有这些发展都吸收了并潜在或直接地支持社会建构主义思想（Benson 和 Stangroom，2006）。

　　内部因素——教育研究智识领域的发展——才是本章力图关注的。从 20 世纪 70 年代早期开始，社会建构主义理念就受到了通常来自哲学家（如 Pring，1972）但有时也来自其他社会学家（Gould，1977；Demaine，1981）的挑战。然而，"新社会学家"很容易就能给它们贴上保守主义[1]、改良主义或社会民主主义[2]的标签，从而无视这些批评（Whitty 和 Young，1977）。

　　要对这种批评作出不那么肤浅的回应，教育研究中的社会建构主义者只有两条路可走（至少在它将自己设定为一种激进理论的条件下），一个方向是将建构主义理念与对边缘知识（与统治阶层或官方相对）的赋权联系起来。边缘地位可以指代劳工阶层并与马克思主义联系起来，可以指代妇女并与女权主义相联，也可以指代非白人群体，与后来的后殖民主义或底层研究联系起来。具体到教育社会学中，认同边缘地位与颂扬那些被学校拒绝、在学校中失败的群体的文化有关。这些群体的语言与他们对正式学习的抵制，被视为（至少潜在地）是在支持一种新的更激进的劳工阶层意识[3]（Willis，1977）。社会建构主义的另一个方向是尼采虚无主义（Nietzschean nihilism）的后现代版本，否定任何进步、真理及知识的可能性。这类对尼采的阐释不仅在某种程度上是不可靠的（正如巴纳德·威廉姆斯所展示的，Williams，2002：第一章），而且也没有为教育研究超越持续的、空虚的理论（或理论化）角色提供实质内容。[4]

1　哲学家们很容易就被视为仅仅是在维护自己的专业利益。后来被统统视为立场论！
2　这个"非改良主义的改良"（non reformist reform）概念从来没有太多实质内涵，但在当时却在左翼教育学者中很流行。
3　"抵制"（resistance）概念最初源自威利斯（Willis）的研究，却与之相去甚远。它有了自己的生命，并上升至一种"理论"的地位（Giroux，1983）。
4　在北美，这种"理论化"采用的是一种公然的"批判教育学"的政治形式，与彼得·麦克劳伦（Peter McLaren）及亨利·吉鲁（Henry Giroux）等学者有密切关系；而在英国，它则是一种模糊定义的"教育理论"形态，从厄舍（Usher）及爱德华兹（Edwards）等人可看出（Usher 和 Edwards，1994）。

总结上述论点就是：社会建构主义对教育学的教师与学生具有某种表面上的吸引力，但它却为他们提供了一套从根本上自相矛盾的智识工具。一方面，它提供了智识解放与通过教育获得自由的可能性——作为教师、学生或工人的我们，有发展理论，及批判与挑战科学家、哲学家及其他被称为"专家"的人的认识论权利。此外，这种所谓的自由被视为以某种不确定的方式助力改变世界。这种从知识的所有权威形式中的解放，被许多人认为与达到更平等、更公正的世界的可能性相关——这种世界对一些人（并不是所有人）来说意味着社会主义。另一方面，通过瓦解任何有关客观知识或真理的说法，社会建构主义至少在它的一些阐释方式（可能是正当方式）中，否定了任何更好的认识出现的可能性，更别说更好的世界了。然而，出于很明显的理由，教育研究者们倾向于忽视这种否定，至少大部分时候是这样的。

这种联合了解放与其不可能性的"双重捆绑"在教育中特别有问题。如果不只是课程对知识的选择，甚至教师对学生做出的排名、报告与日常判断都被认为是专制的，那么当一名教师（更别说教育研究者了）就太成问题了，除非"不敬业"。况且，这些理念已经在今日的如"引导术""小组合作""教育是对话"等时髦话语中留下了印记。所有这些教育学策略都可被视为压制等级化（或至少使其不那么明显）的尝试（Muller，2006）。教育研究中的这种新的实践语言或活动，与在线学习、移动手机与因特网等"承诺"日益结合，目前已经与我们、与市场语言都有密切关系。当然，很多人支持这种实践语言，却对教育权威的社会学批判知之甚少。

这些理念为何会延续下来、一遍又一遍地复活，每次都仿佛新事物一样？并不是因为它们是真的，除非其根本的矛盾性与随之而来的知识的不可能性成为真理。同样，"实在是社会地建构的"这一观点也不像物理及化学中产生的新观点那样，如此强有力，以至于能以一种无人能否认的方式来改变世界。最好的情况是，社会建构主义能提醒我们，不论某种观点或制度看起来多么地既定、固定，它们通常也只是人类实际活动的历史产物罢了。它们的起源并不仅仅存在于外在于我们的物质世界中；也不像笛卡尔认为的那样存在于我们的头脑中。用卡西尔的话说（本章后面部分将可以看到），理念与制度是"表现性的"（expressive）；即，它们是社会行动的一部分,既是关于客观社会世界的,也充满着主观意义(通常推动着客观的边界)。最差的情况是,社会建构主义提供了批判与挑战任何制度、任何等级、任何权威形式、任何专制知识的智识合法性。表面上的"政治正确性"与这种立场有时导致的愚蠢,已经成为博取"解放"这一小小"时刻"的沉重代价——这种解放表现在如下真理中:实在是被社会地建构的。对后一种看法(最差的情况)的一种反应是(如果说不总是被明确承认的话,至少也是被广泛承认的),拒斥教育社会学事业,尤其是拒斥应用于课程的社会学。这是政治右派的反应,即将教育社会学打上"左翼意识形态"的标签(Gould,1977)。这种立场的更实用主义、技术主义的版本被今日英国的大部分教师培训项目以及越来越多的教育研究学位项目所采纳,体系化地学习教育社会学的教师职前教育或专业发展项目越来越少见了。这种对知识社会学的拒斥,也是(并更具合法性)那些发动了科学战争(Sokal,1998) [1] 并在 20 世纪 90 年代对建构主义的明显的循环论证极度不耐烦的自然科学家们所采取的立场。很可能后者(自然科学家的立场)为前者(教师教育项目)的政策后果提供了智识合法性。

在我们看来,一个更积极的替代方案是,重拾起那些在 20 世纪 70 年代那段令人振奋的时间里甚至直到今日都被人遗忘的东西。这就是社会学本身,如所有的社会生命、制度、知识,甚至科学一样,都有其历史。我们不仅需要历史性地看待社会与教育,也要忆起社会学与教育社会学的历史,并认识到,某一代社会学家的争论常常需要回溯到前一代的争论中去。

我们已经指出,社会建构主义者是错误的。然而,我们应该看到,20 世纪早期的实用主义者如詹姆士(James)和杜威(Dewey),以及那些与他们有大量共同点的人,并不是一无是处的。他们在强调知识(因此也在强调课程)的社会—历史特性、反对盛行的知识既定性方面是正确的。回头来看,其缺陷为:(1) 没有说清楚其理论的局限性;(2) 将其首要宣称具体化了。这个理论很大程度上仍是修辞性的,举个例子,宣称"通识教育这样一种坚实观念是一种社会建构并因此不过是一

1　对此问题的更多量化评论参见 Haack,1998。

种统治手段"是一回事,但"用档案证明通识教育是一种历史性变化的现象"就是另一回事了——艾略特(Eliot)、李维斯(Leavis)与斯诺(C. P. Snow)就很不同于曾经的阿诺德(Arnorld)和纽曼(Newman)。

社会建构主义关于知识及课程的结论从根本上是错误的。知识的社会属性并不能成为质疑其真实性与客观性的理由,也不是将课程视为其他类型的政治的理由。知识的社会属性是(甚至更具真理性)它可被宣称为真理(及客观实在;Collins,1998)并因此优待某些课程原则的唯一理由。要看这种观点如何发展,我们将回到涂尔干发表在《实用主义与社会学》(*Pragmatism and Sociology*;Durkheim,1983)一书中的那些至今还少为人知的演讲中。

涂尔干的演讲中最值得注意的一点是,在对詹姆士(以及在较小程度上对杜威)的实用主义的阐述中,涂尔干遇到了与20世纪70年代的教育社会学引入的几乎完全一致的问题。他认为实用主义是对当时理性主义及经验主义的发展,正如社会建构主义是对将课程与知识视为"非社会性的既定"观点的发展一样。与此同时,他也看到,实用主义的人性化或社会化的知识与真理,如果不受限制,将导致比它宣称要解决的问题更严重的问题。本章接下来的部分将大量吸收涂尔干(Durkheim,1983)的观点,展示应该怎样发展一种替代教育社会学中的社会建构主义的方案。

三、从社会建构主义到社会实在论:涂尔干带给我们的启示

我们在本章中对20世纪70年代成为教育社会学一部分的社会建构主义思想的宣战,与涂尔干对60年前席卷法国学界的实用主义思潮的宣战有明显的相似之处,但不是完全一样。我们对力图找到一种替代社会建构主义的方案的兴趣,在某种程度上不同于涂尔干对实用主义的兴趣。正如许多学者评论的(最有名的是Lukes,1972),涂尔干写作的时代是法国社会剧变的一段时期,而这种剧变很大一部分由对天主教会的武力反抗而引发。他将实用主义及它对所有客观理性概念的敌意、将真理与其后果联系起来的做法,视为对这种混乱局势的推波助澜,对

他而言，它没有提供任何可以支撑起社会公正秩序的共识的基础。因此，他主要关心的是为可构成一种全新共识的道德价值发展一种客观基础。真理与知识的观念对于涂尔干来说之所以重要，主要不是因其自身重要，而是由于它们的道德作用：它们将个人联结为社会成员。我们并不否认知识与真理的道德角色，但我们的关注点与涂尔干非常不同，我们关心的是：课程的智识基础、知识的本质，以及经由社会建构主义的相对主义意蕴，前者怎样被削弱、后者如何被回避。

知识的实用主义与社会建构主义取向都是对现存认识论——理性主义以及经验主义的弱点的回应。理性主义与经验主义都导致对知识及其与世界的关系的静止与二元假设。涂尔干认为，在试图克服这种二元论，并试图通过将知识定位于"世界中"而将之"人性化"时，实用主义（含蓄地说，是社会建构主义）将概念与经验世界视为一个无缝实在的一部分。换句话说，它们假定知识与人类经验是一致的。相反，涂尔干则认为，知识的人性只能位于社会之中，位于如下必要性之中，即概念既要是"关于世界的"（包含社会及物质世界），又要是有别于我们的经验的。对于涂尔干而言，社会是"客观的"，至少是因为它排除了自我的主观性，以及个体行动与经验等世俗世界。

涂尔干同意实用主义者不将知识或真理视为在某种程度上独立于人类社会与历史的观点。但正如詹姆士所论，这并不意味着真理就是主观的——或者说与人们的感觉、情感无异。真理与知识有既定性，但它是历史与社会的既定性。涂尔干认为，我们创造知识，正如我们创造制度；在前代人的发现与创造的基础上，以一种与自身历史有关的方式创造知识。

可能对有些非常关心共识的人而言，令人吃惊的是，竟是涂尔干为一种创新的社会理论打下了基础，而非那些痴迷于问题解决，并认识到在"知识作为一种社会既定"与"这种既定性是历史性形成的"之间存在着张力的实用主义者们。由罗伯特·默顿（Robert Merton，1973）开创的科学社会学回答了这个问题。此外，正是在对"神圣"（内部一致的概念世界）与"世俗"（程序与实践的模糊且矛盾的连续体）的区分中，涂尔干发现了科学的社会基础，以及思辨思维的根源（Muller，2000）。

另一个被涂尔干举例论证的实用主义与社会建构主义的相似之处是，实用主义诉诸于一种有关真理的工具主义理论，即他所指的逻辑功利主义。对于实用主义者而言，知识是真的只是因为它满足了某种需求。相似地，社会建构主义，尽管并没有直接关心需求的满足，但也强调所有知识的情境性，因此将知识定位在实践之中（这就是社会理论中"实践转向"的来源）。更进一步地，社会建构主义也非常强调知识与社会相关的重要性——而知识与社会相关即是一种勉强隐藏在道德正当性之下的功利主义。正如涂尔干所指出的，满足某种需求永远不能解释真理本质上的非人格性，即它不与任何特定的个人、立场、利益或需求相关的特性。

对涂尔干来说，与实用主义相关的一个问题是，如果真理只能被其结果所证实——即后验论——它将只能依赖于可能（或不可能）发生的事。如他所指出的，一些事情不能基于可能发生什么而被逻辑判断为"真"；这就如依赖希望或美好愿望一样，是一种纠缠着很多马克思主义者的趋势。认为因为某件事发生了，它便是真实的，是试图混淆（或模糊）两个不同的东西——真理与有用性。如果某一事物因为"发生了"而成为真实的，它或者依赖于一种潜在的主观看法，一种对"发生了"的先验标准；或者它需要如下一种审慎思考："发生了"意味着什么、是对谁而言的，而这种思考本身并不能告诉我们什么。涂尔干指出，真理必须是先验的——不是康德意义上的那种严格而抽象于人类生活的先验，而是一种社会性意义上的先验——先于、依赖于被证实是真实的社会。而社会建构主义与之类似，认为知识与真理位于"知者"（knowers）及其利益之中。[1] 正如实用主义留给我们的是后果，社会建构主义只给我们带来了利益。在这两种情况下，知识与真理都不复存在。

涂尔干对实用主义的强烈反对是由于它忽视了他视之为真理的独有特性：外在的、有约束的、强制性的，以及对他而言，具有道德力量的。用于社会建构主义时，涂尔干强调了社会性（对他而言即"社会"）对我们建构社会实在的能力所施加的限制。正是这些局限——伯恩斯坦称之为"边界"——解放了我们，使我们得以

---

1 当然，这是前述立场"理论"的前提。野崎（Nozaki, 2006）很好地描述了（如果说他没能解决的话）这种知识取向面临的困境。

探寻真理。涂尔干认为，我们时常感觉到真理施予我们的压力；即使不喜欢，我们也不能否认它。满足某种需求，或与某种利益相关，从根本上说都是主观标准，永远不足以作为真理的标准。有时真理所为与满足需求截然相反，或者它并不符合哪一群体的利益；但这并不阻碍其真实性。

总结本部分，我们已经指出，在涂尔干对实用主义的批评中，他提供了一种替代社会建构主义的方案（至少是开端），即保留知识具有社会基础这一理念，但并不将"社会性"的理念化约为利益群体、活动或权力关系。同时，在他对**作为分离客观概念与实践性主观实在的基础**的神圣世界/世俗世界的区分中，以及在他对现代社会神话真理（mythological truths）与科学真理（scientific truths）的连续性的体认中，其理论都看到了知识的社会分化（social differentiation）的极端重要性。

最后，先前的讨论仍存在一些问题。对涂尔干而言，社会是道德性的，是有关价值的。由于知识（以及课程）是社会性的，它们对涂尔干来说也首要是道德议题。这使得其框架很难用于探讨知识内容与结构问题，这些问题被社会建构主义的化约论所规避掉了。涂尔干将社会甚至知识问题都等同于道德是正确的吗？或者，我们可以想象出一种非道德性的社会概念吗？我们认为后一个问题的答案是肯定的；更进一步，**如果我们想要发展出一种替代社会建构主义的知识社会学的话**，一种兼具认知性与道德性的有关社会的概念是非常必要的（Moore 和 Young，2001；Schmaus，1994）。

涂尔干似乎更多聚焦在知识客观性所依赖的共享价值，而非知识本身的性质上。此点可从他对先验主义的康德传统的继承上看出。在与其侄子马塞尔·莫斯（Marcel Mauss）的短著中（Durkheim 和 Mauss，1967），涂尔干明确指出，他所关注的并不是"我们关于这个世界知道些什么"的知识，而是这些知识的基础——它何以成为可能。换句话说，他感兴趣的是如逻辑、因果等概念**的社会基础**，没有这些概念，知识将无从谈起。对涂尔干而言，道德与逻辑有着同样的客观性基础：社会。

保罗·福克纳（Paul Fauconnet）在介绍涂尔干的《教育与社会》（*Education*

and Sociology；Durkheim，1956)时，对涂尔干的教育社会学进行了阐释，尤其注意他对智识(或认知)的关注。在评论涂尔干对实用主义的功利性教育概念的抵制时，他写道：

> 从教师到学生的[知识]传递，儿童对一门学科的吸收，似乎对他[涂尔干]而言是**真正智识形成的条件**……[扬加重]。一个人不能通过自己的个人经验重新创造科学，因为[科学]是社会性的，不是个体性的；他只能学习科学。
>
> ——涂尔干(Durkheim，1956：48)

类似"作为科学家(或理论家)的学生"等流行于社会建构主义者(如 Driver，1982)中的观念可以终止了。福克纳又论道：

> [心智的]形式不能经由空白来传递。涂尔干和孔德(Comte)一样，认为有必要学习东西、掌握知识。
>
> ——涂尔干(Durkheim，1956：48)

因此，对我们来说，尽管涂尔干强调社会的道德基础，课程社会学的核心仍必须是知识的结构与内容问题。尽管福克纳提出涂尔干准备了一些专家教育学方面的演讲，如数学、物理、地理及历史等，但并没有文本资料留存下来。涂尔干留给我们的，只是一些非常一般性的对于知识及其分化的社会基础的论述。然而，正是"分化"这一对于课程社会学至关重要的主题，使英国社会学家巴兹尔·伯恩斯坦做了大量工作，不仅体现在其早期有关分类与架构的文章中，甚至在其生命即将结束时出版的一篇论文中，他仍在介绍垂直性与水平性知识结构的区别。因此，下面我们将转入伯恩斯坦的观点。

四、伯恩斯坦的知识分类体系

本节首先简要介绍伯恩斯坦关于知识分化的观点。他在讨论符号系统(或知识)的形式时果断插入了对它们的建构及其社会基础的内部原则的描绘

（Bernstein，2000：155）。他区分了现已广为人知的两种形式的话语：垂直话语（vertical）与水平话语（horizontal）；在垂直话语里又区分了两种知识结构：等级化的（hierarchical）与水平化的（horizontal）。

对伯恩斯坦来说，知识结构有两种区分方式。第一种是垂直性方面。垂直性与理论发展方式有关，在等级化知识结构中，它是通过将命题整合为更具普遍性的命题而进行的。正是这种发展轨迹使得等级化知识结构呈现单一的三角形形态。相反，水平化知识结构不是单一的，而是多元的，包含一系列平行的、不可通约的语言（或概念系列）。水平化知识结构中的垂直性不是通过整合实现的，而是通过介绍一种新的语言（或概念系列）实现的，这种新语言或概念系列可以建构"一种全新的视角、一套新问题、一套新概念，以及明显地，一种新的问题意识，还有最重要地，一系列新的发言人（speakers）"（Bernstein，2000：162）。因为这些"语言"是不可通约的，它们不肯并入一种更具普遍性的理论中。[1] 因此，在水平化知识结构中，整合的层次、在具有更广的普遍性意义上的知识进步的可能性以及由此而来的更宽的解释范围，都受到了严格限制。

在我们讨论语法性（grammaticality）——第二种知识变化的形式之前，有必要再谈一谈垂直性问题。首先，它巧妙地吸收并概括了哲学与科学社会学界有关逻辑实证主义（logical positivists）与非实在论（non-realists）之间的激烈争论。伯恩斯坦隐含地认为逻辑实证主义者（或实在论者）是正确的，但只在等级化知识结构中是正确的；而非实在论者［库恩（Kuhn）及其追随者］同样也正确，但只在水平性知识结构中正确。换句话说，编码入伯恩斯坦的垂直性原则中是这场科学哲学论辩的条件。

其次，我们注意到水平化知识结构覆盖的范围令人吃惊地广泛；不仅包括社会学、人文科学，也包括逻辑学及数学。异常地是，在后一种水平化知识结构的例子中，有一种垂直性形式，几乎等同于等级化知识结构中的形式。于是，适合的问

1　这并不是说，水平化知识结构（如社会学）没有尝试过这种合并。从马克斯·韦伯、塔尔科特·帕森斯（Talcott Parsons）起，社会学理论中就遍布着大量不成功的将各种概念整合进一个独立整体概念中的努力。

题就不再是什么在阻碍所有水平化知识结构的进步了,而是变为什么内在特征区分出了这些水平化知识结构——如使语言不断增殖的社会科学与使语言增殖受阻的数学? 正是在寻找这一问题的社会学答案,并试图提供一种替代布迪厄的社会化约论(sociological reductionism)的解释时(Bernstein,1996),伯恩斯坦开始了对垂直性与水平性知识结构的区分。

我们现在转入第二种知识变化的形式或语法。我们已经指出,垂直性与理论如何在内部发展有关(伯恩斯坦后来称之为理论描述的内部语言)。与之相反,语法则涉及到理论如何处理这个世界、理论性论述如何处理其经验预测物(empirical predicates;他后来称之为理论描述的外部语言;Bernstein,2000)。一门语言的语法越强,它就越能稳定地与经验相关,也越清晰,因为它更有限定(restricted),它本身就是它所指的领域。语法越弱,理论稳定指向某种经验对应物的能力就越弱,也越模糊,因为它更加宽泛,它成为了它所指的领域。因此弱语法的知识结构失去了产生进步(或新知识)的首要方式,被称为"经验性失证"(empirical disconfirmation)。如伯恩斯坦所说:"经验描述的弱力量移除了对于发展或拒绝一种特定语言来说都很关键的资源,因而加强了其作为一种冻结形式的稳定性。"(Bernstein,2000:167-8)总结来看,语法决定了一个理论通过与世界的相互确证而进步的能力,而垂直性决定着一个理论通过解释性思辨而进步的能力。结合二者,我们可以说,这两个标准决定着某一特定知识结构的进步能力。

然而,可以说,因其刻板性、暗喻性,这种分析只是一个开端。它提供了对各种知识变体的研究,但我们必须承认,两极远比中间区域清晰多了。这部分是因为,垂直性与语法的精确内涵尚不清晰,且二者的关系也不清晰。我们可做出如下猜测:垂直性秉承分类原则(categorical principle);它将知识结构归入理论整合类型或理论增殖类型。而语法是一个定序原则(ordinal principle),在(上述)每个类型中,或在整个谱系内,建构出了一个连续体。虽然伯恩斯坦有时将语法描述为一种只针对水平化知识结构的特征(Bernstein,2000:168),但在另一场合他又称物理(垂直性的范式)拥有"强语法"(Bernstein,2000:163)。这意味着,伯恩斯坦有时也使用"语法"隐喻来指涉内部语言,尽管大多数时候它指的是外部语言。

　　然而,即使我们认可这一猜测,异常仍存在,尤其是在数学中。在伯恩斯坦看来,数学是一种强语法的水平化知识结构,但是,强语法的首要标准——理论如何与世界相关——并不适合数学。伯恩斯坦也让步道(Bernstein,2000:163),数学并不像物理那样依靠经验确证来进步。它是一个演绎系统,其语法似乎是纯粹内部的。这将数学刻画为一种有着强的内部描述语言、弱的外部描述语言的知识结构——后者在分类时与社会科学相近。然而,数学的历史则指出,这种刻画很不恰当。如潘若斯(Penrose,2006)在其非凡著作《通向实在之路》(*The Road to Reality*;Penrose,2006)中多次指出的,数学概念具有非比寻常的抽象水平(他举的一个例子是素数的结构),同时与物质世界没有明显关系,但却是我们理解宇宙结构与物体结构不可或缺的(也可参见 Cassirer,1943)。这些例子并不是"弱的外部描述语言"的证据,但可能提示我们,需要以一种更具发展性的观念来看待"语法"的内涵。可能如凯·哈洛伦(Kay O'Halloran,2006)所论,数学是经验科学用来在自己的内部语言中生成垂直性的必备语言。如果是这样的,那么它缺乏外部语言就不再奇怪了。

　　社会学与数学之间的区别突出体现在摩尔与梅顿(Moore 和 Maton,2001)所举的费马大定理的例子中。它展示出了认识论上的连续性:

> (费马大定理的)故事异常显著的是其波及到的历史、地域、文化范围的规模。它使一个 20 世纪晚期的英国数学家高效地与路易十四时期的一位法国法官对话,并通过他与三千年前的巴比伦人交流。它代表着一种认识论共同体超越时间与空间的延伸性的存在,在这个共同体中,过去即是现在,逝去的某位共同体成员将依序成为未来成员心心念念的鲜活存在。

> ——摩尔与梅顿(Moore 和 Maton,2001:172)

　　而社会学的情况则完全不一样。[1] 文学也与数学一样都具有这种现世特征。

1　或者,它们可能一样吗? 在"过去存在于现在"(the past is in the present)的社会学中,有一个认识论共同体不是假定,处于 21 世纪第一个十年的我们,正在直面涂尔干的"失范"、韦伯的"官僚主义"概念吗?

吉尔吉·马库斯(Gyorgy Markus, 2003：15)评论说艺术中的"传统"是"永远扩充的""极具时间纵深"的,而科学的传统则是"短期的",因为它永远在"进化"。哪些知识形式之间更相近呢？某种意义上的数学与科学,以及另一种意义上的数学、文学与社会学？事实是,哪些形式构成知识范围的中间部分根本就不清楚,比如,与生物学相比,地理学与物理学更接近吗？何以如此？我们可以计算出它们各自的语言数量吗？实证研究无疑将帮助我们阐明这一理论,但也可能是,此理论本身还有待更详尽的阐释。

五、迈向社会科学与人的科学的逻辑

正如我们前面所看到的,伯恩斯坦发展出了一种描述知识结构的各类变体的语言,为我们提供了讨论社会科学的变体的工具,但目前这种讨论还很少,可能除兰德尔·柯林斯(Collins, 1998)之外。伯恩斯坦的主要意图是发展一种路径以讨论不同的符号体系(symbolic ensembles)是怎么被社会性地分配的,只是在这么做的同时,不得不遇到知识是如何发展进步的这一古老问题。垂直性与语法概念的极度简洁使得我们在朝着这些目标前进时走了相当长的一段路。此外,物理理想主义(physicalist idealism)为我们的此项尝试投下了长长的阴影,正如它在哲学与社会思潮的历史中投下的其他所有阴影一样。每到紧急时刻,伯恩斯坦的知识进步模型不可避免地总是关于物理学的,或更精确地,如卡西尔所说,是关于与自然相关的数学科学的。于是,社会科学的周而复始的问题再次出现：只有一种客观性的理想形式,即物理学的形式吗？或者还有其他形式？

伯恩斯坦确实努力区分了等级化知识结构与水平化知识结构的进步形式,但后者的名字显然给他带来了困难。伯恩斯坦认为,后者的进步是通过发展平行的理论语言,即"水平化地"产生的。不难看出,这种描述虽然可以解释知识如何被阐述,却不能解释知识如何增长。当我们考虑到伯恩斯坦尝试为社会科学发展一种更垂直的、更有力的描述语言而艰苦努力时,这种描述就显得更加凄凉了。然而,根据他自己对社会科学知识是如何发展的这一论述,他的努力至多只是贡献了另一种平行语言而已。虽没有明确表述出来，但很难避免如下结论，即除非并且只有社会科学加强垂直性、发展更有力的"与世界的相互确证"——即变得更像物理学——社会科学知识才能进步。

我们不可避免地回到了前面引出的两难困境之中（Muller，2006）。我们认为伯恩斯坦对等级化知识增长的描绘与逻辑实证主义者的描述方式相近，而水平化知识的增长则遵循库恩及建构主义者的论述。这实际上排除了社会科学中的进步或增长的可能性。因此，我们被留在了一个接近实用主义与建构主义的相对主义的不舒服的位置上，而从伯恩斯坦的意图来看，他并没有将自己摆在这种位置上。正如我们在本章开篇所提到的，对于巴纳德·威廉姆斯来说，这两种观点——一方面坚守垂直性或真实性，另一方面对其实现与否持怀疑态度——并不能和谐共存。后者必定侵蚀前者。

打破这种僵局的出路至少可以从另一位伯恩斯坦最爱引用的作者（第一位是涂尔干）——卡西尔那里看到一些轮廓。卡西尔的创作集中在两次世界大战之间，当时，自然科学特别是物理学正处于创造力迸发的巅峰，人文科学有些没落，哲学则至少在德国"衰弱无力，并缓慢削弱了可能抵制现代政治迷思的力量"［卡西尔此处指的是海德格尔（Heidegger）对纳粹主义的隐晦支持；Cassirer，1943］。一边，数学提供着组织起勃勃萌生的自然知识的元语言（O'Halloran，2006），而另一边，从笛卡尔（Descartes）和康德（Kant）起就扮演着类似的组织人文科学角色的哲学，则很大程度上在"生机论"（vitalisms）与柏格森（Bergson）、海德格尔、尼采（Nietzsche），及本章之前提到的实用主义者们的联合作用下，开始分崩离析。对"生机论"者而言，物理学与数学世界已与"生命"隔绝了，哲学也一直充斥着对"逻辑"的无机的抽象（逻辑实证主义），这种无机性正在威胁"生命"本身。

不仅人文科学内部不再受一个统一的哲学元语言的约束而逐渐分裂（用伯恩斯坦的话说，增殖平行语言），而且它们也义无反顾地与自然科学分道扬镳了。卡西尔和在他之前的黑格尔、胡塞尔（Husserl）一样，感觉到了如下必要性：回归第一法则；重申人"既是自然的一部分，又独立于自然的其他部分"的整体性；因此，在给予每个知识分支独特性的同时重申所有知识的整体性。

卡西尔的基本态度是抵制生机论与实用主义,强调在所有文化中,知识从根本上看都是正式的,因为它以符号为必要中介(being necessarily symbolically mediated)。为了理解某种知识形式,一个人必须理解构成它的符号的逻辑结构。卡西尔在其四卷本著作《符号形式的哲学》(*The Philosophy of Symbolic Forms*;Cassirer,1996)中区分了三种知识的主要形式。这种三分法令人联想到伯恩斯坦的水平话语、等级化知识结构、水平化知识结构。但伯恩斯坦主要是按照它们分配的潜在可能性来区分这些知识形式的内部结构的,卡西尔则更侧重它们的功能,即每种知识形式分布是怎样将符号与其客体联系起来的。在第一种符号的表达功能(expressive function of symbols;以神话为范例)中,符号与其客体的关系是仿拟;符号与客体间有一种整体性,二者未区分。因此,只存在不同的神话,并不存在更好的神话。在第二种符号的表征功能(representational function of symbols;范例是语言)中,该关系是类比;符号与客体间是绝对分离的,用隐喻的方式将符号范畴(symbol-categories)与个例世界(the world of particulars)远远拉开距离。在第三种符号的概念功能(conceptual function of symbols;范例是科学)中,符号与客体之间是完全的符号(或概念)关系。客体被视为符号的一种建构物。它将符号范畴解放为普遍形态,不与任何单一个例或确定情境相联,符号因而可以作为整个个例群的能指(Verene,1969:38)。只有符号范畴与个例之间相脱离,我们才可能产出稳定的对世界(它并不依赖于其某个部分而存在)的概念性描述——这是任何客观描述的条件(Habermas,2001:18)。这种从个例中抽象出的符号系统是有代价的:失去了"生命体"(living body),越来越依赖语义本质(a semanticised nature)。在卡西尔看来,只有第四种符号形式——艺术(前三种是神话、语言、科学),成功地平衡了自由与抽象。其他都或多或少付出了"笛卡尔的代价"(Descartes' price),失去了直接获得更大普及性的力量(O'Halloran,2006)。

在此我们可以比伯恩斯坦的例子更清楚地看到,卡西尔借鉴了对意识的来源与发展的传统进化论式的区分,将它外推为一种"系统维度",从解释发展阶段扩充为区分不同的逻辑结构。用另一种方式可表述为,卡西尔的文明理论认为,符号范畴与其客体领域之间的距离越来越繁复,而这种代价在艺术的再统整力量下有所缓和。[1] 二者对概念的推演是一样的。有意思的是,我们也可以在涂尔干那里看到一种相似论证,从神话或宗教思想那里推出科学思想的轮廓。不过卡西尔警觉地意识到了不能陷入"将科学(或至少是物理科学)作为所有知识的原型,将精确逻辑作为所有形式的人类精神的互通的原型(如黑格尔那样)"的泥沼中。

> 卡西尔将其符号范畴的哲学视为开创一种超越黑格尔体系中内在的逻辑趋势的尝试。
>
> ——韦伦尼(Verene,1969:35)

卡西尔试图使用本章中呈现的那些术语,使自己的体系提供一种对垂直性(普遍/个例关系)的解释,不再将所有知识进步化约为物理学的垂直性要求。所以,涂尔干试图用一种纯粹概念性的手段抨击实用主义的"向怀疑主义化约"的首要前提,卡西尔则试图避免陷入生机论的文化悲观主义的同源困境,避免哲学上将精神从属于逻辑,而这种做法在我们同时代的生机论者(建构主义者及实用主义者都是)正力图摆脱的逻辑实证主义那里达到了顶峰。卡西尔的努力是以不同知识形式的分化的内部结构为基础的,伯恩斯坦及涂尔干[在《宗教生活的基本形式》(*Elementary Forms of Religious Life*;Durkheim,1995)中]也同样如此。伯恩斯坦的分析是以结构性差异(金字塔与平行语言)的结果为基础的,接着再解释这些结构性差异的不同分配;而卡西尔的分析目标是建构这些差异的原则,为此他依据客体化的分化方式将不同的"概念—客体"关系进行了理论化。

卡西尔首先描绘了两大类科学概念:一种是对事物的概念组织化的感知(the conceptual organized perception of things),它们被组织成一系列有机形式,构成了自然科学;一种是对表达的概念组织化的感知(the conceptual organized perception of expressions),它们被组织成一系列符号形式,即关于文化的科学。有机形式(或自然概念)与符号形式的不同之处在于其影响的客体化形式。在有机形式中,客体可通过数学化(mathematicization)被自然概念完全解释(或完全代入自然概念)。这是一种可以用正式的数学术语表达的代入。自然概念被理想

---

[1] 这与韦伯更消极的"祛魅"(disenchantment)观点有共鸣之处。

化地表达为一项法则,(在理论上)允许其对客体进行完整演绎。而相反,在符号形式(或文化概念)中,概念及其属性塑造但并不(不精确地)决定客体。

卡西尔此处将两类概念的核心逻辑区别设定为个例代入某种结构法则的可能性:

> 只有当我们澄清了一种科学将个例代入其中并达到普遍性的方式时,我们才能了解它的逻辑结构。
>
> ——引自译者对卡西尔的简介(Cassirer,2000:xxxv)

自然科学的目标是完美代入(perfect subsumption),指向一种"存在的统一性"(概念与个例统一),文化科学的目标则是不完美代入(imperfect subsumption),指向一种"方向的统一",概念指示着特定个例的特征但并不穷尽其语义内涵。"不完美"此处不能理解为某种缺陷,相反,文化科学的主要客体——表达(expressions)——展示了一种自然客体所不具有的自由,因为文化客体总是以自然客体所没有的方式被某种特定的自我意识或反思介入。换句话说,自然科学产出了"事物的概念"(concepts of things),文化科学则产出了"概念的概念"(concepts of concepts)。这使得文化科学中那些宣称普遍性的概念进行个例代入时受到了严格限制。结果是,文化科学中的描述可以表达出包含所有真理轮廓的规律,但却不能体现在任何特定个例的完整细节中。个例按照普遍性来分类,但并不从属于普遍。

卡西尔引用了布克哈特(Burkhardt)提出的"文艺复兴人"(Renaissance man)概念的例子,它是一种普遍化的描述,但不能在任何一个特定文艺复兴人物身上找到此描述的所有侧面。伯恩斯坦的垂直与水平话语及知识结构本身也是这种概念的例子,社会学中还有其他例子,尽管在教育社会学中很少。

我们可以看到,卡西尔此处最终承认了维科(Vico)与生机论者提出的对科学自然主义(scientific naturalism)的批评,即数学普遍主义(mathesis universalis)或数学化(mathematicization)解释不了文化客体(cultural objects)。换句话说,对卡西尔而言,科学自然主义是一种特殊案例,不是普遍案例。但它是针对什么的特殊案例? 卡西尔给出了令人吃惊的答案:它是形成客观性(objectivity)的一种特殊案例。完美代入是一种(只是其中一种)形成客观性的形式,不完美代入也是形成客观性的一种形式。它们指向同一目的——使概念最大限度地"吸收"客体(考虑到一些有问题的客体类型可能会以特定形式抵抗)。因此可得到两个结论:文化客体不像自然客体那样可分析;但这丝毫不意味着文化科学可被豁免获得真理的责任——真理的目的是,在与研究客体的本质相一致的情景中,获取最大限度的抽象或客观化可能。涂尔干应该不会如此这般妥协于实用主义者,但有意思的是,结果却是相同的:涂尔干与卡西尔都认为,关于社会的知识要成为知识,必须具有客观性。

卡西尔在我们的分析中的位置应该已经越来越清晰了。涂尔干宣告社会(社会事实)的客观性,但他并没有在其他方法论讨论中展示客观性在"社会事实"与在"自然事实"中的形成方式有何不同;对涂尔干而言二者主要的、共同的特征是其外在性。因为这个疏漏——其对实用主义的讨论清楚表明这是一个疏漏——导致他仍被视为一位实证主义者(在很小的圈子里)。伯恩斯坦则展示了卡西尔所说的"概念形式主义"——它无疑是片面的,这无可厚非,但他较迟才把它置于更宽泛的方法论框架中(以他对内部与外部描述语言的讨论)。因为这个无心之失,他也(在同样的较小圈子里)仍被视为一位"结构主义者"。

在其《文化科学的逻辑》(The Logic of the Cultural Sciences)的第四项研究中,卡西尔(Cassirer,2000)走出了可能是他最大胆的一步:他认为,形式解释(formal explanations)与因果解释(causal explanations)是被人为分开的,不仅在后牛顿(post-Newtonian)科学摒除了亚里士多德形式主义之后的自然科学[1]中如此,在文化科学中也如此。这两种科学分支都需要重新整合,但不逆转自然主义又怎么能理解这种整合?卡西尔要做的正是这个。

他区分了四种形式的分析,共同构成了走向文化科学的一般路径。第一种是"作品分析"(analysis of work;譬如文化作品),指的是对文化科学中待研究的客体类型的一种大概的经验分类。分离出客体类型——文化的不同实体类别

---

[1] 这种"摒除"指的是,有一些论点被"现代"量子物理学修正了。

(material classes)，如艺术、宗教、教育学等——之后，可进行第二种分析，即形式分析，它是对结构、功能等的不同形式的语态学（morphology）分析。[1] 建立了某种文化形式的核心形式属性后，卡西尔认为我们需要接着探讨这些形式的内容是怎样在社会群体和某一时段中变化的，这被称为因果分析——对形式构成的社会及历史变化的因果分析。最后，这种分析模式只能归于一种行动分析，即对构成文化形式的主体经验的性情、习惯的分析。这展示了一种假定的分析次序，将描述的、概念的、因果的、阐释的分析步骤视为一个整体分析策略的不同部分。有两点值得强调，一是各个步骤共同组成了一种客观的分析行为；二是因果的与形式的步骤并不一一对应于有机形式与符号形式。文化科学中的所有科学分析在原则上都可以包含所有这些分析方法。凭此，知识的统一性得以再次维系。

尽管上述路径可能比较粗糙，但却展示出了卡西尔的核心贡献，即通过提出打破科学自然主义（解释统一性的主导体系）创造的僵局的路径，他阐述了概念探究（conceptual inquiry）在本质上的统一性。同时，他以最文雅的方式展示了为何建构主义/生机论的替代方案是一种伪反击。事实上，自然科学不能适切地处理文化现象并不能成为拒绝文化科学或社会科学的理由。换句话说，卡西尔同时为自然科学及社会科学中的科学客观主义提供了哲学正当性的轮廓。

六、教育研究中的知识社会学：未来之路

本章从哲学家巴纳德·威廉姆斯提出的真实性与真理之间的张力出发，经过四步力图为教育研究中的知识社会学找到一种适切的基础。首先，我们陈述了 20 世纪 70 年代出现且至今仍存在（很少改变，并很少受到挑战；Weiss，McCarthy 和 Dimitriadis，2006；Young，2006）的社会建构主义立场的缺陷。为此，我们借鉴了涂尔干对实用主义缺陷的诊断与 20 世纪 70 年代社会建构主义引发的问题的相似之处。第二步，我们拓展了对涂尔干的讨论，提出了他对知识社会学的两个基本

---

1 卡西尔指出这类分析的例子是伯恩斯坦著名的关于符码定位与教学（code orientation and pedagogy）的语态学分析。

洞见。一是知识的社会性并不损害其客观性及真理的可能性，反而是客观性及真理的条件。二是他赋予分化（他区分了神圣与世俗知识）以核心角色，视其为思辨思维与知识增长的起源。尽管有这些洞见，但涂尔干还是更关心知识得以可能的条件——表达为社会学术语的康德主义问题——胜过关心知识本身的发展。因为康德的真理模式是欧氏几何，所以对涂尔干而言（真理）是自然科学。这就限制了涂尔干的知识社会学提供某种充分替代实用主义与社会建构主义的方案的可能性。

我们第三步转向当代涂尔干主义的领袖巴兹尔·伯恩斯坦高度原创性的对知识结构及其变化的分析。伯恩斯坦将涂尔干的洞见发展到了无人能及的高度。然而，他如涂尔干一样，陷入了物理学代表所有知识增长模式的假定中。讽刺的是，这使得他也无法为自己的理论所做的（知识）进步提供（解释）基础。我们第四步讨论了鲜少为社会学家所知的德国哲学家恩斯特·卡西尔。他没有区分不同的知识结构，而是根据知识形式的概念与其客体间的关系，区分了不同类型的客观性。这一点至关重要，它使得社会学得以从与数学科学的比较中脱身，同时又不因此放弃客观的社会科学知识存在的可能性。在卡西尔看来，自然科学只是客观化的一种独特案例，而不是客观性本身的模式。

我们认为，卡西尔超越了伯恩斯坦，将知识进步的源泉——客观化——根据两种不同的代入形式进行了理论化。简单地说，伯恩斯坦虽然尽了最大努力，但只给我们留下了一个对社会科学知识进步的不太令人满意的分析——解释为一种新话语的横向扩张，而卡西尔则按客体领域的被表达程度对社会学知识增长的不同前景进行了解释。可以认为，伯恩斯坦向怀疑论者妥协了太多，在对社会学进步的分析中，只涉及到了水平增殖，没有垂直增殖；而卡西尔则允许我们在一种不同的垂直性层面上重新审视社会学的前景。另外，卡西尔的分析暗示了可以以他的四模式来检视社会科学："作品""形式""因果""行动"。他认为这些模式同样适用于所有知识形式。我们没有着手探讨本章这些分析对教育社会学的意涵，但可以说，它将带领我们远离社会建构主义的善意的天真。

应该清楚的是，（广义的）社会学在卡西尔的第四模式（主观压倒客观的阐释模式)与第一模式(个例可勉强代入某个普遍概念框架,或者根本不能代入)方面太过丰裕了,而薄弱的部分是第二模式与第三模式,即概念分析与因果分析。这显然是我们最应该努力的方向。

再次回到威廉姆斯:他以最巧妙的方式,提出从对真理的坚守中"修剪下来"的对真实性的坚守最终带来了一种假意维持的"真诚",这是最被形象行业(image industry)看重的原则。为了设想这种真诚,可能我们这个时代的主要幻觉就是,即使没有相匹配的对外部的自然或社会世界的了解,我们对内在自我的了解也是可持续的。如哈里·法兰克福(Harry Frankfurt)在其始料未及的振奋人心的短篇畅销书《论胡说》(*On Bullshit*)中谈到的:

> 当前,胡话的大量增殖也有其深层根源,即各种形式的否定任何我们可以获得客观实在的路径的怀疑主义……(它们导致)一种替代性的对理想化的"真诚"的追求……事实上,我们的本质是难以捉摸的非实体性的——众所周知,比其他事物的本质更不稳定。在这样的情况下,"真诚"本身就是胡说八道。
>
> ——法兰克福(Frankfurt,2005:64-7)

超出"胡说八道"的世界才是值得探究的。而且,它也是(或应该是)与教育相关的世界。这个世界的本质,及它形塑课程的条件,界定着教育知识的社会学。

第二部分

知识与课程的未来

第三章 教育、全球化与"知识的声音"

一、引言

本章发起于一个"矛盾"问题：一方面，"知识"毫无疑问已经成为国际组织及许多国家政府的教育政策中的主要分类范畴。全球性的共同点越来越明显：不管是表达为知识本身、知识社会、知识劳动者，还是挪威中等教育改革提到的"知识提升"(The Knowledge Promotion)[1]。另一方面，"知识"范畴却几乎完全是在修辞的意义上被使用的，知识的内涵往好了说只是隐晦涉及[2]，往坏了说则完全缺失。这些政策的一个后果是它否认或摒弃了如下理念：获得知识的机会是教育总体目的的核心——它强烈地涉及知识的可靠性声明。因此，我在本章中所称的作为一种塑造教育政策的独特因素的"知识的声音"(Moore，2007)已经丢失了。如果我对这个趋势的识别是准确的，而且它仍在继续的话，那么我们留给下一代的遗产就太成问题了——也就是说，没有什么明显的足够重要的知识可以被"传递"给下一代，不管是环境危机或可持续性危机，都没有看到知识在解决这些问题中的基础性地位。

本章的目标是探讨这个明显的矛盾，并着手发展一种严肃对待"知识的声音"的替代方案。我触碰到的一个问题是，社会科学（特别是社会学）的各个重要分支可能成为否认知识的"声音"这个洪流的一部分，而不是作为提供一个可靠的未来替代方案的基础（见本书第二章、第五章）。

本章包含五个部分。第一部分提供了一系列知识如何在国际教育政策中被阐释的案例，并提出了如下问题：为何是知识？当前的教育政策如此聚焦于知识有何目的？我所举的案例来自国际组织如世界银行的教育政策及新的国家课程和国家教育政策（挪威和英格兰）。我也简要提到了一位批评全球化的引领者、葡

1　http：//www.utdanningsdirektoratt.no/templates/udir/TM_Artikkel.aspx？id=2376。
2　正如在如下例子中：一个律师的新职位被称作"知识首领"(Head of Knowledge)。

萄牙社会学家桑托斯(de Sousa Santos)的观点,以展示全球化者和反全球化者的有关教育和知识经济的争论的基调。我的观点是,虽然国际及国家性的政策制定者及其批评者们将知识作为一个主要的组织范畴来对待,但他们都绕过了我(借鉴罗伯·摩尔)所说的"知识的声音"。

第二部分首先明确了"知识的声音"理念在教育政策中的可能意义。它从摩尔的一篇文章(Moore,2006)出发,在这篇文章中,摩尔吸收了科学哲学中的批判实在论传统,建立了教育中"知识的声音"理念的认识论基础。然而,在我看来,尽管批判实在论有一定力量,但它并不能在教育政策中为知识提供一个更适切的概念性角色。

第三部分建立在摩尔的观点上,认为知识的实在主义理论背后所隐含的核心理念是**知识的分化**。这一点将通过对法国哲学家贾思顿·巴切拉(Gaston Bachelard)的观点的简要分析[1]得到进一步阐述。

第四部分将引用涂尔干、维果茨基和伯恩斯坦的观点,指出知识的社会分化的理念的教育启示。最后一部分建立在前面部分的基础上,探讨五种知识分化的形式运用于课程的情形。本章的结论部分将回到"知识的声音"对教育政策的潜在影响上。

二、知识作为新的全球性叙事

一个令人吃惊的事实是,国际组织及各国政府的许多有关知识和知识经济的出版物并不觉得有必要探讨以下问题:"我们正在谈论的知识到底是什么?"知识的内涵被简单地忽略了。苏珊·罗伯森(Susan Robertsom,2007)在一篇文章中问道:"谁能反对知识呢?"因此,毫不奇怪,"知识的理念既被左翼也被右翼表达"。在英国,这种对"知识"的应用正是典型的新工党或"第三条道路"的反映——它包含了所有,听起来很进步(或至少很现代),但并没有说明任何实质内容。

1　我借鉴了诺里斯(Christopher Norris)对巴切拉观点的完美阐释(Norris,2000,2005)。

　　在新的教育政策话语中,"知识"而非与它相近的"信息"成为了核心范畴。我怀疑原因应该是:尽管具有多重内涵、具体指涉缺失,但"知识"这个词依然保留了一种与确定性、可靠性甚至真理等理念的公共联系。因此,对知识的引用为政策提供了一种不用以其他方式来加以合法化的权威。知识这个单词的权威被取代了,但其声明的基础并没有被取代。

　　对国际组织和各国政府所出台的文件进行简要浏览就可以发现,知识这个理念是作为一整个系列的教育政策的"通行证"而出现的,与更具体的认识论意义上的知识并没有什么直接关系。有两个广受支持的教育政策可以阐述这一点。第一个是强调最大化学生选择权,以及与之相关的将学习作为不过是另一种形式的消费的趋势。在被"学习者的选择"所占据的世界里,知识失去了所有权威。第二个例子是"个体化学习"和"个体学习风格"等口号的流行,以及学习、学习中心等逐渐取代教育、学校及其预设的精英主义。我并不是要贬低学习者在所有层次的所有教育过程中的积极角色的重要性,而是要突出区分日常或常识知识(个体学习者在具体的情境中掌握的)与强有力知识(可以带着我们超越日常经验)的重要性。如果这种区分被模糊化,或被视为不重要的,教师的角色就被简化为不过是引导者、支持者,我们也将离与"油管"(YouTube)或"脸书"(Facebook)等社交媒体相关的"用户生成的知识"不远了(Keen,2007)。

　　我的观点是,一个空洞的、修辞的知识概念,以及对知识生产与获得的区别的模糊化,以及对知识与技能(技能不像知识,是可测量的、可作为目标的)的区别的模糊化日渐成为一种否定教育中独特的知识的"声音"的方式。更甚的是,在教育政策中排除这样一种"声音"必将使得那些已经因校外情形而处于弱势的学习者们(及整个社会,比如发展中国家)更加弱势。

　　这种"清空内容"(emptying of content)的现象可以在很多国家的教育政策中发现。我将简要提及两个——英格兰和挪威。从 20 世纪 80 年代末开始,特别是从过去十年开始,英格兰对公共教育的控制越来越集中在教育与技能部(Department of Education and Skills, DFES)手中,中小学、地方当局、考试委员会及研究委员会越来越成为传达政府政策的中介。教育与技能部(目前分成了两个部门：创新、大学与技能部，儿童、中小学与家庭部[1]）和其他所有的政府部门一样，受公共服务协议（Public Service Agreement）管制——控制着它从国库收到的拨款[2]。教育的公共服务协议有五个被分割为 14 个子目标的大目标。它们都指向一般化的目标，都没有涉及任何具体的知识或课程内容。另一个与学校现实更加贴近的例子是政府对 14 岁到 19 岁提出的新的文凭要求[3]。这些要求相当详细地为文凭设置了学习包（packaging）、模块组（module combinations）、学分层级（credit levels）以及通路，但只提到了一点点内容。基于一个普遍的层级系统与测量学习量的单元而设置的"目标"（targets）优先于具体内容。这样做的后果是，正式教育最独特的东西——对具体知识的掌握——被视为相对不重要的。对教育机构的问责、对学生的评估都以不指涉具体内容的"结果"（outcomes）为基准。

新的挪威[4]课程改革也是基于类似的趋势的。它们被称为"知识提升"（The Knowledge Promotion）计划。新的挪威课程由五个基本技能和一个七部分（seven-part）的质量框架组成；这 12 个标准的每一个都要反映在不同科目的教学中；科目大纲不再规定具体的内容。它综合了基本（一般）技能和质量框架，却没有涉及科目知识内容——它才是被列入法律的，驱动着教学，定义着学生有机会学什么以及如何被评估的核心。

另外一个不同的"清空知识"的案例可以在著名的葡萄牙语社会学家桑托斯的作品中找到。他目前主要生活在美国的威斯康星。它向我们展示了某些针对全球化和国际机构角色的左翼批评家所采纳的知识立场是如何导向一种类似的对内容的排斥的。桑托斯的著作在巴西受众很广，他在全球社会论坛

1　2010 年联合政府将"儿童、中小学与家庭部"（DCSF）更名为"教育部"（DFE）。

2　非常感谢伦敦大学国王学院的阿里森·沃尔夫（Alison Wolf）教授向我指出了公共服务协议的重要作用，以及它们对学校中什么被认为是成功的学习的潜在影响。

3　http：//www.dcsf.gov.uk/1419/index.cfm? go＝site.home&sid＝52。

4　我提到挪威有两个原因：一个是基于我对两所挪威大学的访问，另一个是由于挪威经常被英国研究者赞扬为代表了较好的教育政策制定的模式（Payne，2002）。我并不是要反对这种看法，只是想指出这种在促进知识的伪装下的"清空知识内容"甚至可以在挪威这样一个很少倾向"市场化"和"个性化"的国家中被发现。

（Global Social Forum）中也扮演着核心角色。在巴西，我常听到人们称他为新的
保罗·弗莱雷。他宣称其"无知识的认识论"（epistemology of absent knowledge）
超越了他所看到的西方科学的"目中无人"（blindness）。他在一篇文章中这么
写道：

> 无知识的认识论从以下前提出发：**社会实践即知识实践**……非科学
> 本位的实践并非无知的实践，而是**另一种竞争性知识的实践**。并没有什
> **么先验的理由**使我们看重一种形式的知识而非另一种。
>
> ——桑托斯（de Sousa Santos，2001）

桑托斯从对主流经济的批评出发，陷入到了一个将认识论与特定社会群体
或特定地域相联的框架中，导致了一种将知识过于简单地等同于权力[1]的知识
概念，而这种概念尽管有着激进的修辞外表，却和世界银行的知识概念同样
空洞。

三、"知识的声音"

那么，我所称的在教育政策中日渐消失的"知识的声音"究竟指什么？我先从
摩尔（Moore，2007）识别出的四个要素开始论证。它们是：

- 批判性：开放、可修正，并暗含一种真理的谬误概念。
- 浮现性：知识并不能被化约为生产它的条件或它所涉及到的活动与利益。
- 实在性：有关自然世界与社会世界的知识的对象都是实在；这种实在（1）独
  立于我们对世界的感知；（2）提供着我们对世界的了解的界限。
- 物质性：知识是在具体的历史创造的模式中，或者按布迪厄的术语——智
  识场域中，被生产、被掌握的。

---

[1] 当然，知识是与权力有关的，"有权者"一直都试图定义什么能被算作知识。然而，它并不仅仅和权
力有关；一些类型的知识比其他知识更可靠，我们不能忘记它的这一方面。

从一个实在主义的视角来看,且从我作为一个教育学家的意义上来看[1],"知识"是可以和我们为了理解日常生活世界而建构的意义相区别开来的;它不是由学习者创造的,甚至也不是由学习者和其教师一起创造的;它是被掌握的。

尽管这些命题构成了对教育中的知识进行任何严肃的探究的坚实基础,但它们被设置的条件太过宽泛,以至于它们不能成为得出教育以及更具体的课程政策结论的基础。我将简要评论每一个命题,并提出能够从它们中得出并需要被进一步发展的核心的潜在概念是"知识的分化"。

(一)命题 1:谬误性

谬误性或者"向批评与修正开放"的理念通常与自然科学相联,但它对于人文学科和社会科学同样重要。不同的谬误性的概念来自不同的知识领域将"特殊"代入"一般"的方式(穆勒和我在另一篇稍早的文章中提到过;Young 和 Muller,2007)。但是,谬误性通常被理解为"内在于某一传统或某一学科中"。打断"向批评开放"和这种批评所身处的某一传统之间的联系是有危险的,耶鲁大学前人文学部的教务长安东尼·柯龙曼(Anthony Kronman)很好地揭示了这种危险。在他的著作《教育之目的:为何我们的学院和大学放弃了生活的意义》(*Education's Ends:Why Our Colleges and Universities Have Given Up on the Meaning of Life*)中,柯龙曼描述了 20 世纪 60 年代后,美国的很多人文学院的教师们是如何拒绝任何传统观念、只关注于批判与批评的;他认为,这导致他们极易走向最极端形式的相对主义和政治正确(Kronman,2007)。

(二)命题 2:浮现性

这是指强有力知识是社会条件或背景的产物,但社会条件和背景并不能完全决定它。例如科学实验室或教室。档案、图书馆和网络也可以是生产具有浮现特

---

1 这正是我及我认为大部分教师(及父母)都希望他们的学生/孩子在学校中能够获得的:在家里不可能获得的知识。

性的知识的条件。但这并不发生在与教师或其他"专家社群"相孤立的情况下。这些原始的"情境"将在它们所生产的知识上留下烙印。但是，使得强有力知识"强有力"的是其超越原始具体情境的独立性或自主性。比如英国化学家罗伯特·波义耳（Robert Boyle）需要足够的财富来建设实验室，以发现波义耳定律。但今天的飞行器设计者却不需要阅读西蒙·谢弗（Steven Shapin，1995）对于贵族文化（波义耳也是这种文化的一部分）的解释，就可以理解并使用波义耳的空气体积随着压强而变化的定律。

浮现性在社会科学中没有那么直接。比如，马克思·韦伯的理想型概念有浮现特性，因此到今天都保持着生命力。然而，只有很少的社会学家熟悉导致韦伯形成这个概念的他与德国社会民主党的马克思主义者的争论。当代社会学家通过阅读玛丽安妮·韦伯（Marianne Weber）对韦伯人生的解读可以获得相当多额外的社会学洞察，而物理学家们却不太可能从阅读谢弗对波义耳人生的描述中获得什么物理学启发，不管他的描述多么有趣。

（三）命题3：知识的实在基础

这是指我们对于知识的宣称并不只是宣称；它们说出了某些有关世界的事实，而这些事实并不依赖于我们对它的感知。如果知识的社会学要对课程有一些启示的话，它必须提供一种区分知识和非知识（不管是被表达为经验、意见、信念还是常识）的理论。相似地，如果知识（或理论）的对象的本质限制着我们对实在的认识的话，我们在做课程决策时就需要知道它们是如何被区分为不同领域的。

（四）命题4：知识生产与获得的物质性

这些过程并不是在随便某个地方都可以发生的，而是发生在有着特定的规则和组织形态的具体社会情境中。这种知识生产的物质性的观念指出了研究不同形式的专门知识社群及其在课程设计中的角色（及通常的它们的角色的缺失）的重要性。在英国，职业教育项目使学生为不同的行业领域做准备，这些项目对其知识基础的阐释是非常不同的。这些不同很多都可以依据专业协会在设计"前专业层级"(pre-professional levels)或"非专业层级"(non-professional levels)项目时的不同角色来解释。[1]

　　我对摩尔的四个有关知识的命题的简要讨论的结论是,它们需要被进一步发展。方法之一就是通过这些命题背后所暗含的"知识是社会性地分化"的理念来进一步发展它们。下一部分将吸收法国哲学家贾思顿·巴切拉(Gaston Bachelard)的历史认识论,以展示发展这一观点的途径之一。

四、知识的社会分化

　　法国科学哲学家贾思顿·巴切拉的核心观点是,知识种类之间存在着不依赖于我们感知的真实的结构化的差异,特别是在科学知识和非科学知识之间。在英国,他的作品很大程度上和路易斯·阿尔都塞(Louis Althusser)的不完美的建构一个"科学的"马克思主义的尝试有关。然而,按照克里斯托弗·诺里斯(Christopher Norris)的解释,这种做法忽视了巴切拉作品的更广义的重要性。我认为,诺里斯正确地指出了(Norris, 2000),阿尔都塞可能因为政治原因,误读了巴切拉,过度依赖一种错位的"科学的"严谨——希望适用不同标准的领域都模仿物理科学。这种习惯造成了巴切拉自己的著作并不能支持的"多种类型的错误类比与拉丝隐喻[2]"。更进一步,巴切拉的认识论比诸如巴斯卡(Bhaskar)的批判实在论更有历史根基;它聚焦于物理科学历史中的不同阶段。因此,它对于澄清"知识的分化"在社会学意义上意味着什么更加有用。接下来的几点是对巴切拉的知识理论的一种必要的概括,这些理论与本章的关切有着特殊的相关性,大部分借鉴

1　英格兰最为成功的职业教育项目之一(在就业和高等教育两方面的进阶率的意义上)是由会计师协会(Association of Accountancy Technicians, AAT)所开发的。它成功的主要原因之一就在于注册会计师们的专业性协会(英格兰与威尔士注册会计师学院,the Institute of Chartered Accountants in England and Wales)所扮演的核心角色。

2　Wire-drawn metaphors。Wire-drawn,指工业中将横截面较大的金属通过拉长而减小其横截面。在这里比喻将某人的观点进行某种处理、加工而做某种程度的改变。

自诺里斯的讨论。[1]

1．巴切拉建立了一个区分科学与前科学或非科学的基础，它与拉卡托斯（Lakatos）对"进步的"（progressive）与"倒退的"（degenerating）研究项目的区分有相似之处。

2．他发展出了一种知识如何通过"概念修正和批判"的过程从"较不适切"到"较适切"的概念进步的理论。

3．他通过追踪如"原子"等概念从希腊的"原子论"到现代原子理论的不连续的发展过程，提供了科学史上的知识如何"进步"的案例。在每一个案例中，他都展示了概念如何从很大程度上的隐喻性转变为逐渐精确和可测试的"科学"概念的过程。

4．他认识到，一种有关知识的理论必须从"相关领域内现有的最好状态的知识"——也就是学科现有的基础出发。

5．他提出了一种区分两类历史探究的方法论。诺里斯认为这两类探究经常在当代讨论中被混淆：一种是科学发展的历史（histoire sanctionée），聚焦于那些导致后期进步的早期步骤，如拉瓦锡（Lavoisier）发现燃烧中氧气的作用。另一种是科学信念的历史（histoire perimée），是后来被拒斥的、被证明并无意义的"信念"的历史。巴切拉举出的一个例子是普利斯特列（Priestley）试图以燃素来解释燃烧的尝试。

6．他的历史认识论是由一系列严格的、清晰的、概念精确的、逻辑自洽的跨历史的原则所支撑的，这些假设无一能够被简单应用于社会科学。[2] 我也没有看到巴切拉有任何试图将他的理论扩展到物理科学之外的想法。[3] 然而，他的关注点是任一学科的知识增长的历史条件，因而并不严格限定于物理科学，其历史认识

---

1 对巴切拉的认识论理论的更为详细的阐释可参见玛丽·泰勒斯（Mary Tiles，1984）和克里斯蒂娜·契米索（Christina Chimisso，2001）的作品。后者对巴切拉的解读是在其著作的整体背景下做出的。

2 阿尔都塞尝试将巴切拉的理论作为一种资本主义理论应用于马克思主义，但失败了。他也使用了巴切拉的"认识论分裂"（epistemological break）的理念。这些都证明了这种困难。

3 继任巴切拉在索邦的职位的乔治·康吉扬（George Canguilhem）发展出了一种有影响力的聚焦于生物学的历史认识论。但我并没有在此章讨论他的作品。

论的观点也并不一定以物理学或某一特定的科学为模型。同时,对于巴切拉而言,概念并不只是理论命题,它们是同时嵌套着技术与教学(pedagogic)活动的——生产出它们的物质条件。因此,他开启了一种对分化、知识增长、教育机构的角色的实在主义解释的可能性。

五、知识的社会分化的理论取向:涂尔干、维果茨基、伯恩斯坦

本节将通过简要借鉴三位特别聚焦于教育知识的分化的理论家——涂尔干、维果茨基和伯恩斯坦,进一步推进知识分化的理念。我认为,这三位理论家的分析构成了研究作为课程理论原则的教育知识分化的基础。他们的重要性及作品的丰富性在这里都只是被简要提及。我在别处更详细地探讨过他们的观点(Young,2007)。

(一)涂尔干

相对于科学哲学家,涂尔干更是一位社会学家。他的知识理论比巴切拉的更加宽广;他并没有局限于物理科学,也没有区分科学知识与更广泛意义上的知识。他看到的知识与经验之间的区别可以追溯到早期他对康德的超验论(transcendentalism)的反驳,以及他在其对原始社会的宗教的研究中所发展出来的"神圣"与"世俗"的概念。涂尔干最初使用神圣/世俗的区分来描述他在原始社会中发现的宗教与日常生活的分离。这个区分成为所有社会中的一个基本性的区分,即使是那些大部分已经世俗化了的社会。他视这种区分为一种对于科学和学术思想而言是基础性的社会组织的形式。因此,他将原始宗教称为"前科学"(proto-science)。涂尔干认为,没有早期社会所做出的从日常生存世界到图腾宗教的神圣世界的概念性与社会性的移动,科学和知识,以及社会,就不可能产生。

(二)维果茨基

维果茨基的成年期和其短暂生涯均起始于苏联革命开始时,因此他不可避免

地关注教师在新的社会中所面临的直接问题。他的首要关切是教师如何能够帮助学生发展他们在日常生活中无法获得的高阶概念。和涂尔干一样,他的理论是有关知识的分化的,也依赖于一种二元区分——在理论(或科学)的与日常的这两类概念之间。对于维果茨基而言,课程及更广泛的学校教育的任务是为了给学生们提供获得所有不同形式的理论概念——从历史、文学到科学、数学——的机会。此外,他认为高阶概念的获得并非只是一种单向的传递过程,而是一个复杂的教育学过程,在这个过程中,学习者的日常概念被理论概念所扩展、转化。从教育中知识的角色来看,维果茨基的观点带给我们的启示在俄罗斯学者瓦西里·达维多夫(Vasily Davidoff)的作品中表达得最为清晰:他提出了"核心知识"(kernel knowledge)的概念,并指出学习是超越抽象、抓住事物的具体的"真实"本质的过程。

(三) 伯恩斯坦

伯恩斯坦(Bernstein,1971,2000)[1] 从几个方面将涂尔干的知识分化理念做了重要的推进。这里我只从三个主要方面来说明:

1. 伯恩斯坦用"分类"和"架构"的概念作为区分象征意义类型的核心社会范畴,发展了涂尔干的边界理念。他使用这些概念展示了教育中的边界是如何在学生和教师发展身份认同中扮演着核心角色的。

2. 伯恩斯坦区分了对于课程理论而言至关重要的两种类型的教育边界:知识领域之间的边界;学校知识与日常知识之间的边界。他分析了这两种边界模糊或消亡可能带来的后果。

3. 伯恩斯坦吸收了涂尔干的"神圣"与"世俗"概念以及将"神圣"作为一种"前科学"的观点,发展了一种区分"神圣"的不同形态的方法,他表达为垂直话语与水平话语。在其临终前的作品中(Bernstein,2000),他开始分析这些区分对于课程的可能意义。

---

1 我在这里只提到了伯恩斯坦的诸多作品中的两个。

六、知识分化形态与课程

在这一部分,我将简要评论可以从涂尔干、维果茨基和伯恩斯坦的观点中得出的五种知识的社会分化类型,并提出它们可以为课程提供一种严肃对待"知识的声音"的理论基础。尽管它们分别都有不同的关注点,但彼此之间是有重叠之处的,进一步的概念澄清可以更精确地定义它们,并简化此处列出的类型。

(一)知识与经验之间的根本性不同

这种不同是涂尔干的知识社会理论的核心。没有这种分化,课程就不可能存在。这一点可以由几代进步主义和激进教育家们试图摧毁分类、建立一种经验导向的课程的尝试的失败所证明。南非与澳大利亚的结果本位课程、英国在普劳顿报告(Plowden)后的儿童中心课程、昆士兰的更加激进的"新基础课程"(new basics curriculum)等都是案例。更少为人所知但在社会公平的意义上危害性更强的案例,是基于年轻人的工作经验的课程被广泛作为职业培训项目的基础,并声称这是为"落后的学习者"及那些厌恶学校教育者提供受教育机会。

知识与经验的概念性隔离是涂尔干的哲学著作《实用主义与社会学》(*Pragmatism and Sociology*;Durkheim,1983)中的主要观点。在此书中,他赞扬了威廉·詹姆士(William James)与其他实用主义者将有关真理的哲学问题带回到社会生活(或者按他的表述,社会)中的尝试——他认为这正是真理问题应该被讨论的地方,而不是在学术性哲学中。然而,他批评詹姆士与实用主义者对社会性(social)与社会(society)的概念不加区分,因而至少是潜在地将它等同于经验。对于涂尔干而言,经验是一个强有力的力量,但它作为一种认识论原则却很不够,也不能作为课程或者可靠知识的基础。

(二)理论与日常知识之间的不同

这是对第一种不同的更窄化、更具体的表述。如果这些不同被摒弃或者被模糊,那么要做出可靠的课程内容决策或者明确说出正式教育的目的就将变得非常困难。模糊理论概念与日常概念有两种可能的后果。一种是因为各类不同的政治原因,各种各样的知识涌入课程,而学校可能并不具备提供这些课程的条件——比如性教育、道德教育、就业相关的技能等。另一种后果是那些可能是掌握理论知识的条件的内容被排除或替代(如英格兰中等科学课程的改革提案那样)。因而,基于"受欢迎"的考虑或者"学生利益",学生拥有的获得系统理论知识(在别处是不能获得的)的机会被限制了。不明确区分理论与日常概念,不关注它们之间的超出道德或政治立场的关系,课程决策就将不可避免地被化约为政治。

(三) 知识领域之间的不同

这些不同指的是涂尔干指涉的劳动力智识分工的水平化方面,以及伯恩斯坦所描述的教育知识的"分类"。一种知识分化的理论预设领域间的不同并非随意,而在某种程度上是巴切拉所说的"修正与批判"的历史过程的产物。认识到如下一点——领域之间的分化(比如不同学科与科目之间的分化)不仅是惯例意义上的,而且有认识论基础——对于分析领域的边界、学习者身份认同、学习者进步空间之间的联系,以及解决围绕跨学科、多学科、交叉学科产生的争论和学生选择与模块化的局限都是至关重要的。

(四) 学校与非学校知识之间的不同

这些不同是由维果茨基对理论和日常概念的区分,以及我对伯恩斯坦的教育知识的"架构"概念的阐释而衍生出来的。学校知识与非学校知识之间的不同在指出区分**课程**(获得新知识的条件)与**教学**(获得过程中涉及的教与学的活动)的重要性方面非常有意义。这是涂尔干与伯恩斯坦都没有明确指出的。他们二者(涂尔干更加明显)都依赖于一种过于决定论的教育传递模式,贬低了学习者在传递中的积极角色与学校知识的"再情境化"在教学中的核心地位。[1] 维果茨基对于

---

[1] 伯恩斯坦是"再情境化"概念的创始者;但他更加关心它在教学话语结构化中的作用,而非作为一种将教学概念化的方式。

教学问题的复杂性更为敏感一些,但他并没有表达清楚理论(或科学)概念的明确意涵。这可能是因为维果茨基著作中的关于学习的社会—文化活动理论、社会—历史活动理论在很大程度上忽略了正式教育中的知识的地位。以本章的视角来看,教学必然涉及教师对学生带到学校的非学校知识的利用,而课程则显然不是这样。

七、结论

本章注意到了日益明显的在全球性的教育和知识经济的讨论中对知识概念的"清空"趋势,探讨了这种趋势在当前教育政策中的一些影响。重新将知识作为所有教育目标的核心,本章认为"知识的声音"的理念告诉我们不能将知识与知者、思考、判断分开。它与当前趋势恰好相反:很多当代的论文都在强调这种"分开",认为思考、学习是可以独立于其内容的教育目标。

我认为,要更加充分地概念化教育中知识的角色,知识的结构性分化观念是核心。本章主要聚焦于学校与非学校知识的分化,讨论了这些分化的部分维度及其教育意义。知识的增长,以及随之而来的对所有年龄的学习者开放的学习机会,不管是在科目如物理或历史中,还是在某个职业领域如工程或财务管理中,都依赖于所牵涉到的各种专家们所进行的"修正与批判"的持续过程(回到巴切拉的术语)。阐释这个过程就是实在主义的知识社会学家的任务——如果"知识的声音"要形塑教育政策,知识不再继续是一个空泛的范畴的话。我们要做的还有很多。

第四章　知识社会的几种教育未来

一、简介

　　尽管标题如此,但我并不主张在本章中进行任何预测;我的意图是分析教育政策中的趋势。我的假设是,这样的分析能够为我们勾勒一个不可避免地将是不确定的未来提供最可靠的基础。我将聚焦目前被欧洲机构、国际组织和许多国家的政府明确认可的三种教育政策趋势,并指出,不仅它们的政策主张很难自辩其合理性,而且它们都很容易导致新的不公平问题。我将更多关注这些政策的基本假定,以及它们所忽略的其他选择,而非关注这些政策本身。

　　这三种政策趋势是:

　　1. 引入国家资格证书框架;

　　2. 向学习结果的转向;

　　3. 课程标准从学科专门化向一般化的转变。

　　每一个教育领域中的工作者,不管是教育研究者、政策制定者或教师,都会很熟悉这些趋势,特别是欧盟成员国的教育工作者。然而,它们并没有被广泛辩论,正如那些强调学习结果的确定主张一样(CEDEFOP[1],2008)。学习结果已经成为一种激进的教育改革和实践的新路径。[2] 缺乏辩论的一个可能的原因是,尽管存在对每一个政策的评论,但它们在很大程度上仍被视为是孤立的(Young,2007,2009;Allais,2007;Young 和 Allais,2010)。另一个可能性是这些政策似乎是通过一种学者们(如 Ozga,2009;Lawn,2006;Magalhães,2008)所称的"软权力"(soft

---

1　欧洲职业培训发展中心(European Centre for the Development of Vocational Training)。

2　如欧盟委员会的文件所说,"学习结果这一概念……的潜在影响是革命性的。它能以一种最佳的服务学习者及劳动力市场的方式(假设雇主也参与到定义、设计、认证、识别学习结果中来的话)来定义培训标准与相关的课程。它能够帮助开发一种通用语言:不是以行业类型来划分工作岗位或以教育项目/学科专业来划分知识,我们可以进入到新的阶段,以能力来描述二者。"(European Commission,2009)

power)来实施的。如麦杰伦(Magalhães,2008)评论支撑欧洲高等教育领域的博洛尼亚进程(Bologna Accord)的"学习结果"取向时谈到:"它由欧盟委员会拨款,通过'软'规则与'软'工具实施,意在实现政治上的竞争力。"正是因为这些政策与如此宽泛的目标以及更理所当然的经济目标的达成紧密相关,故而它们没有被辩论(不管是目的或是手段)就毫不奇怪了。

每一个趋势都代表一种将教育体系、资格证书体系以及教育机构向更大范围的支持者"开放"的尝试。它们都与一系列宽泛的进步主义的目标比如拓宽参与度和社会包容度相关,这些都是极少有人会反对的,除了英格兰的右翼政党(Woodhead,2002,2009)。这可能是针对这些政策的批评的声音很少的原因:因为批评它们很容易会被认为是在反对扩大机会、向精英主义和社会排斥回归。

在简要分析这三种趋势之后,我将考虑对它们的批评可能引发的一些政治问题,特别是与克服精英主义、扩大入学机会相关的问题。接着我将探讨这三种趋势的共同假定,以及如果不提出质疑,它们将导致的问题。最后,我将指出一种直接聚焦课程的替代性教育政策路径——更简单地说(尽管这个观点对于成人教育同样重要),我们想要年轻人在学校中学到什么? 与改革资格证书或细化学习结果相反,这种路径从知识问题——特别是从我们需要学习者掌握的知识如何与他们带到学校和大学中的日常知识相区分出发(Muller,2000;Young,2007,2009;Maton 和 Moore,2009)。

二、三种政策趋势

(一)国家资格证书框架简介

国家资格证书框架(national qualification framworks, NQFs)的出现是基于八到十种表达为学习结果的教育水平的;这些教育水平与具体的学习过程或项目分离,覆盖所有的行业和知识领域(12—15 个群组)。国家资格证书框架是一个相对较新的现象,最好被视为近年来全球性的教育合理化(educational rationalization)的案例。不仅所有国家都想要一个国家资格证书框架体系,甚至大部分的主导性国际组织也加入到了劝说犹豫的国家的行列中：如果想要"现代化"以及提升经济竞争力，就没有别的选择。20 世纪 90 年代末，只有不到 5 个国家在引入国家资格证书框架：新西兰、南非、澳大利亚、苏格兰，而英格兰、威尔士和北爱尔兰只引入了职业性资格体系。到 2009 年这一数字已经增加到 70 个，而且仍在增长。[1] 在欧盟自己的欧洲资格框架的影响下，这一数字中包括了大部分欧盟成员国以及一大批以它为"榜样"的国家。这些国家通常是被欧洲培训基金会（European Training Foundation）支持的。

基于国家资格证书框架出现了大量的宣称：声称它将改进课程、提高教育质量、增加资格证书的获得人群及其可迁移度等。一些推进国家资格证书框架的措施走得更远，比如学习共同体（Commonwealth of Learning）认为资格证书框架代表着"全新的知识概念"以及一种"新的等级秩序"，在这种等级秩序中，教育提供者不再是主导方和标准制定者，内容（或输入）不再是政策的起点（Commonwealth of Learning and South African Qualifications Authority，2008）。

我曾经讨论过国家资格证书框架会导致的一些问题（Young，2007b；Allais，2007），这里主要谈两点。第一，国家资格证书框架的形式非常多样，所以很难概括它们采纳的形式以及影响。然而，极缺乏证据支持其宣称的事实也并没有阻止政策制定者们将它们视为改革教育与培训的"灵丹妙药"。在一些国家，比如南非（以及最初的新西兰），国家资格证书框架曾试图改变整个教育体系，而另一些地区如苏格兰、爱尔兰（Raffe，2007）和法国（Bouder，2003）则试图更温和地引入一个仅链接现有资格证书的国家资格证书框架。但很不幸地是，最需要建立基础性制度的发展中国家对国家资格证书框架的期待最大，而最终能够达到的成果却最小。欧洲国家要为此负责：不仅一些国家如南非的国家资格证书框架很大程度上是由欧盟资助的，而且国际组织中有大量欧洲人担任咨询员（包括我自己 20 世纪 90 年代在南非的工作），他们被国家资格证书框架的一些激进的宣称和言辞"带跑了"。

---

1 2012 年该数字是 130（Young 和 Allais，2013）。

第二，大部分国家资格证书框架都试图改革职业教育，大多数国家引入它的首要动机是经济目的，因为它宣称可以使资格证书更加便捷、可迁移，并因而能克服技术短缺的问题。这可能可以解释为何教育研究者——至少那些不直接关心职业教育和培训的研究者对国家资格证书框架缺乏兴趣。另一方面，大部分国家资格证书框架的设计都包括了所有类型和层次的学习，甚至是大学阶段的学习。值得一提的是，国家资格证书框架的很多有关"学习结果"的假设都可以在塑造欧洲高等教育的博洛尼亚进程中找到（Magalhães，2008）。

（二）向学习结果的转向

第二个趋势——向学习结果的转向——包括了国家资格证书框架，涵盖面更广。它在 CEDEFOP 的报告——《转向学习结果》（*The Shift to Learning Outcomes*；CEDEFOP，2008）中被表达得最清楚。该报告指出，这个趋势适用于高等教育、中小学以及职业教育，不仅对资格证书，而且对课程、教学以及教育机构的角色等都有深远影响。在某种意义上，该报告是在辩护、预测一种全新的教育政策模式，它以"投入"和"产出"的分离为基础，在所有的国家资格证书框架中几乎都能找到。该报告以 32 个国家为证据，声称教育政策已经出现了从投入到学习结果的转变——从聚焦课程、机构、专门化的教学，到聚焦学习者在某一学习过程结束时能做什么、知道什么，而这些可能与他们在学校中的学习有关系或者没有关系。但是，"学习结果"一词只是一个政策口号，几乎没有任何用处。它不只很模糊（Brockmann 等，2008），而且和所有口号一样，掩盖了一系列政策偏向于关心从教育机构那里"夺权"的问题而非提高教育培训的质量问题的事实（Young 和 Allais，2010）。和国家资格证书框架一起，这一转向也有大量的宣称，如学习共同体曾称，学习结果是一个"教育机构以外的人们定制能力需求"，接着以之来确定课程的机制（Commonwealth of Learning and South African Qualifications Authority，2008）。这几乎是专门化的教育的角色被削弱的最清楚的例子了。

（三）国家标准从学科专门化到一般化技能标准的转向

这一趋势明显聚焦于课程而非资格证书。目前我只看到了英国的案例（英格兰、威尔士与北爱尔兰、苏格兰的情况不太一样，但都有新的国家课程方案），但挪威（Karseth 和 Sivesind，2010）和新西兰（Bolstad 和 Gilbert，2009）似乎也有类似的发展，如挪威有新的知识促进课程（knowledge promotion curriculum；Karseth 和 Sivesind，2010）。这一趋势的例子有：

- 课程中的科目内容被削减（如 16 岁的学生不需要掌握元素周期表；Perks 等，2006）；
- 学生的选择权增加，可以在更早的年龄选择学什么（英格兰的学生现在可以从 14 岁开始选择"职业"轨道）；
- 科目间的区隔弱化，跨学科主题与一般化标准（如公民素养）不断被强调（Whitty，2009）；
- 课程与资格证书被分割成小的单元，学生需要组合出自己的课程（Young，1998）；
- 通过引入话题性问题比如环境保护、艾滋病等，学校知识与非学校知识之间的边界变得模糊了（Qualifications and Development Authority，2009；Royal Society for the encouragement of Arts，Manufactures and Commerce，2006）；
- 鼓励学生更多地吸收校外经验（Qualifications and Development Authority，2009）；
- 考试问题中使用学科概念的表达越来越少。英国保守党的一位代表性政客麦克·高夫（Michael Gove，2009）给出过一个科学中营养学的考试的例子，在这个例子中，没有上过任何科学课的学生都可以回答出这个问题。

这些趋势的共同主题是个体的教育责任从教师及课程那里转到了学习者及其本人的兴趣和选择上。在新的模块化课程中，个体的选择仅仅受限于一些列表式的一般化学习结果，像"思维能力""学会学习""学会合作"（Muller，2009）这样的"软技能"——它们几乎在每一个新课程方案中都会出现。

但是,这些发展带来了严重的待解答的教育问题。如,并没有证据能表明,一般化的"能力"可以与专门的学科领域、学科内容、学科背景相剥离,独立地被掌握、教授、获得。更加不清楚的是,除了提供一种宽泛的问责机制,以这种没有专门内容的一般化标准取代学科概念(如化学中的"化合价")究竟能达到什么教育目的。类似的还有人文学科、社会科学及应用研究,如财政、工程、护理等领域中的概念。

三、教育政策及课程中的政治:回到精英主义?

在解决这三种趋势带来的问题之前,以及在提出一种替代性的课程基础之前,我想提出四个观点简要回应一下如下政治控诉:批评这些"开放的"趋势就意味着回到保守的旧式精英主义。

(一) 进入什么的机会?

扩大参与、提高进入机会是与上述三种趋势都密切相关的目标。但作为教育目标,它们都没有明确参与到什么中、进入到哪里。教育机会不像投票权或者最低工资权,不能自成目的。已故的南非教育哲学家沃利·莫罗(Wally Morrow)引入了"认识论进路"(epistemological access;Morrow,2009)的概念,将准入机会的争论推向了纵深,引出了知识的问题以及"进入什么"的问题。除非提出知识和课程内容的问题,不然扩大参与只能走入为年轻人提供"仓库"(warehousing)的类似境地——这一术语描述的是 20 世纪 80 年代英格兰为那些离开学校但没有工作的年轻人们提供的培训计划,它几乎没有教给他们任何知识(Coffield 等,1986)。莫罗的"认识论进路"的概念提醒我们,教育机构提供的机会并不总是教育性的。

(二) 教育作为一种公共机构(制度)

我的观点是,教育是涉及到教育者和学习者之间的教育学关系;因此,它是一个制度性的过程,不是一项结果或者输出。教育过程确实对学习者、对社会都会带来也应该带来一定的结果，但与过程或教育项目无关的学习结果却只能非常少地捕捉到教育的意义。

　　人们是在多种不同的情境中学习的；一些是制度性的，一些不是。然而，并不存在非制度性的教育。这并不是要贬低或忽视非正规的、非正式的、经验性的学习，或在工作场所学习的价值。我想强调的是区分不同类型的学习以及区分能在不同条件中学到的东西的重要性，特别是想强调如下两种学习的不同：一是偶发的、其他活动附带的，如在家庭、社区、工作场所发生的学习，二是在专门的教育机构如中小学、学院、大学中才可能发生的学习。

　　所有的公共机构都依赖于传统和过去的习惯，教育也不例外。这就是我们信任它们的原因。这并不意味着我们不能批评它们或者试图改革它们，但确实意味着它们不可避免地担当着保守的角色——这是我们信任它的基础。教育机构的部分角色就是保存并向下一代传递先辈发现的"强有力知识"（Young，2009）。学校和其他教育机构是"保守的"，正如科学和其他学科领域是"保守的"一样。这并不意味着它们保存并传递的知识就是固定不变的、"给定的"——这一点我会再论述。如果教育机构不"保守"[1]、不传递知识，那么每一代人都将不得不重新发现知识，社会进步就无从谈起，新知识也将无法产生。关键是要区分学校的这种"保守"角色与维护特权及少数人利益的政治性的保守主义；后者是不平等社会中教育机构的一种功能，需要被挑战的是后者而不是前者。这两种类型的保守主义——可被称为"文化的"与"政治的"——之间的关系是教育社会学中的重要主题，但却很少被研究。至今都很少有研究者清晰地区分二者，大部分都几乎完全关注于第二个"政治的"保守主义。

（三）教育范畴的倒置

　　这个有关教育政策趋势的论点吸收了一些我的同事斯蒂芬妮·阿莱斯（Stephanie Allais）的观点。她基于经济学家本·费因（Ben Fine）的理论，认为有

---

[1] 在英文中，"conserve"一词意为"保存""保护""保藏"，同时还是"保守的"（conservative）的动词形式，有双关意义。

关学习结果的语言是：

> 一种依据一些非常片面的经济学论述的教育重述。其主导性的理
> 念是由个体学习者做出理性的基于个体兴趣的选择，并辅以质量保障、
> 结果本位资格证书体系等管控"学习市场"的相关机制。
>
> ——阿莱斯（Allais,2009）

费因形容这是一种形式的"经济至上主义"，"表现为试图尽可能地削减非经济性的活动（如教与学），并最大化个体的行为"（Fine 和 Milonakis,2009）。以此来看，教育政策制定者推动学习结果和学习者个体选择作为教育改革的驱动力量将可能带来如下危险：取代专门化的教育语言，代之以经济学语言（如市场、选择、结果/收益）。这种教育和政治范畴与市场经济范畴的倒置趋势将带来一系列令人不安的后果。如，在英国已经引入的目标驱动的教育文化中，学生被鼓励忘记如下事实：与定制清单上的打勾框、结果记录等无关，教育自身是有着独特意义的。[1] 另一个可能的后果是，在学习者不得不选择学习结果而非学习科目，教育是促进年轻人智识发展的观点逐渐消失的情况下，对于市场不断侵蚀教育的批评将只是重新描述这个我们都太过熟悉的世界而已。我们将不得不面对撒切尔夫人（Margaret Thatcher）曾经面对的局面（但当时是另一种背景）："没有别的道路。"

（四）教育的真正目的

最后一个针对那些认为批评这三种趋势就是回到精英保守主义的回应是，这些趋势掩盖了讨论教育（无论是中小学、职业学校，还是大学）目的的需求。教育的目的应该在每一代人中都被公开辩论，因为每一代人都面临新的环境、新的可能性。因此，有必要重申参与教育目的讨论的基础："（正式）教育的目的是确保每一个年龄层里尽可能多的人群都能获得使他们超越自身经验的，不太可能在家庭、工作或社区里获得的知识。"（Young,2009；有些微改动）这种知识是什么，它如何被获得，应该

---

1 参看 CEDEFOP 的报告《转向学习结果》，或者参看基于工作的学习的结果本位的资格评估包，如英国的国家职业资格证书的评估包。

是教育研究及理论的核心问题。上述三种趋势——引入国家资格证书框架、转向学习结果、从学科专门化向一般化课程标准的转向——的问题在于通过将教育化约为选择不同的学习结果，都忽视了或者摒弃了做出这些选择所基于的条件。

四、三种政策趋势的共同假设

本节将讨论这三种趋势的两个共同假设，并探讨它们可能带来的问题。它们是：

- 全球性的机构、知识、场所、学习类型等的去分化正在发生；
- 教育中专门性的语言与概念及其目的的重要性正在减弱。

(一) 机构、知识、场所与学习类型的去分化

"去分化"指的是历史上独特的有区分度的机构及其活动正在变得越来越相像。它吸纳了现代经济变革的观点，如可追溯至 20 世纪 80 年代的灵活的专门化与网络社会的理念。

这些观点的一种版本是，工业化国家正处在需要转变专门化和分工模式的阶段，它们曾经是 19 世纪中后期以来工业化国家工业发展的基础。这种变化部分但不全部是标准化技术（特别是基于电子学的）出现的结果；它改变了以前分立的部门、行业、知识领域。

这一去分化的过程给多数行业都带来了挑战。但它直指教育核心，直指专门教育机构的角色和功能。正规教育是基于如下被我们视而不见但非常坚实的预设的：知识类型、学习场所、学习类型之间的不同与分化。最重要的是如下预设：有必要清楚区分那些专门从事特定类型的知识获得和生产的场所与那些不是专门从事这一活动的场所。

国家资格证书框架与学习结果模式施加了一种去分化的压力，使其与知识、学习机构、学习场所的分化相悖。这是为何在新西兰、英格兰和南非，一些机构特别是大学抗拒或绕开这些变革的原因之一。这种抗拒当然部分是源于这些机构

都有着悠久的历史，都将自治视为理所当然；但也是因为基于结果的逻辑低估了它们所提供的专门性的学习机会，并越来越将之与在其他地方获得的学习结果不加区分、混为一谈：如果教育是由某种国家框架下的学习结果来定义的，那么它们为何不能由别的符合质量保障和评估准则的供给者来提供呢？

如果去分化的理念被接受，那么声称学习机会必须与专门的教师、项目及机构相联的立场就变得很站不住脚了。同样，去分化观点削弱了将课程作为一个获得专门化知识的机会（而非只是另一个对个体需求或经济需求的回应）的根基。传统上构成课程的科目和学科变成了不过是专门领域的教师保护其特权的工具。更进一步，去分化的逻辑意味着不再有清晰区分学校知识与日常或常识知识的基础。

我认为，这些可总结为去分化概念的理念支撑着（尽管并不那么外显）转向学习结果、将学习结果市场化的逻辑，并支撑着如下观点：国家资格证书框架的层级描述项可以作为将某人的生活经验与另一人的博士论文等同的基础。

我并不是在强调去分化的趋势。但它作出的有关社会变革的解释是有问题的。首先，标准化技术确实在发展，但是，没有证据能表明，燃料电池、新型材料、生物技术、纳米技术等新兴研究领域或行业，照顾弱势及高危人群的新方法，社区银行或财政贷款运作的新模式……是标准化的产物，或专门化、分化将不再作为新知识发展的基础。推动标准化对于那些当权者而言一直是很有诱惑力的，它在交通等领域带来了显而易见的好处，似乎为日益复杂的现代社会提高了进行公共服务问责的可能性。然而，标准化也阻碍了进步——极端的例子如斯大林主义——不仅构成了压迫的基础，最终也必定会垮塌。知识进步源自其开放性。标准化的困境曾是韦伯及哈贝马斯（Habermas）试图解决的核心问题。

标准化有它存在的必要（没有它，工业发展将不可能），也有人认为它可以从工业领域相对地无缝延伸至更大范围内的各类社会过程中。这需要它采纳新的形式，如质量保障、任命通知与科研经费竞标等标准化流程集。这些过程在之前提到的课程的一些发展趋势中得到了体现。在公平和客观的大旗下，它们代表了一种权力的转移：从那些拥有专门知识的人手中转到了那些拥有程序性或一般性的规则知识（标准化中所嵌含的）的人手中。在实践中，这样的发展趋势究竟能否像宣称的那样导向更创新或更公平的决策,还是会导致更多的服从与控制,似乎并不确定。

然而,教育政策并不仅仅依赖于经济变迁,除非你接受费因的"经济至上主义"的必然性。作为研究者,我们有责任努力发现(或者发明)一种当代的教育的语言与意义。而目前唯一能够替代现有的聚焦结果和学习者选择权的教育政策,正面临着倒退回传统的保守主义(有着大量的精英社团)的危险(Woodhead,2009)。

(二) 为教育政策重拾教育目的

本·费因的观点——使用经济学语言是"试图将教育化约为个体的经济行为"——至少带给我们两点启示。一是,处理上述三种教育趋势其实是在处理一种形式的经济意识形态。教育政策制定者似乎确信,引入基于学习结果的国家资格证书框架是在回应真实的经济变化,而不是在置换教育概念(关注的是智识发展)与经济概念(关注选择行为最优化)。于是,我们面临的挑战就是如何不理想主义地、不忽略凯恩斯(Keynes)和马克思以不同方式提出来的市场经济的问题的同时接纳这种教育思考的"经济化"。这促使我从社会学角度来重申分化和边界的积极教育目的。

二是,如果我们拒绝用被表达为学习结果的经济范畴替代教育范畴,我们就需要明确教育概念及其逻辑的独特之处。如果我们能做到这一点,我们就有机会提高整个人类的智识能力,并且,如新制度主义者美国的大卫·贝克(David Baker,2009)所说的,为经济增长作出真正的贡献。因而,接下来我将分析这三种趋势的来源。

五、三种趋势及其共同的来源[1]

本章中提到的这些趋势都可以被理解为试图开放过去的僵化、不灵活、精英

---

[1] 本章的最后一部分吸收了一些第五章中讨论的观点。

的教育体系,这些体系是大部分欧洲国家从19世纪甚至更早的时候以某种形式传承下来的。这些系统绝大多数是静态的,因为社会和政治的要求占主导地位,知识固有的开放性受到压制或否定。但从19世纪末以来(至少在欧洲),两股潜在的民主化社会力量不断凸显。它们是来自下层社会对学校教育大众化的需求,与社会与自然知识的爆炸,它们挑战了传统的知识理念,以及课程作为向学生传递固定知识体系的角色。各个国家的教育体系以不同方式、不同时间进程应对着这些挑战。一些国家如英国尽可能地推迟开放入学机会的进程——直到20世纪90年代第二次高等教育大扩张(有争议)。然而,这类边缘性的改革不能解决这些社会产生的两个基础性问题:

- 劳动力市场不能吸纳更多的由表现如此差的教育与培训体系培养出来的劳动者;
- 大众学校体系过于依赖中产阶级以及一小部分劳工阶层的文化,而这是他们这些人相对更为成功的条件之一——这是布迪厄有关文化资本的不平等分配的观点。

大众学校教育体系被按照社会阶层线区隔——在不同国家以不同的程度,而课程是一个主要的分层工具。分层的核心机制被那些反对它的人视为精英主义课程的形式与内容;它是显性的,被严格地规定、依序执行。其边界被视为主要的问题,所以移除这些过于明显的边界就成为改革者优先选择的策略。于是,在20世纪90年代,"开放"的动议呼声极高,这可能是由德洛尔报告(Delors report,1996)提出的终身学习理念引发的。支撑着国家资格证书框架的无边界的、去分化的未来的理念,向学习结果的转向,以及学校/非学校知识间区隔的打破成为了课程的新基础。

不可否认,这些趋势在欧洲及世界各国都有很大进展,且从受到政策制定者们广泛认可的、标志性的对信息技术的教育潜力的不切实际的预料中获得了强有力的支持。它们共同的弱点是都误将教育中的边界视为学习、机会、参与的必然且唯一的阻碍。这一误解涉及到学科之间的边界、课程与日常经验之间的边界、理论与实践之间的边界,以及最为基础性的,知识与经验之间的边界。与之相对立的可追溯至一战前的涂尔干的观点是(Durkheim,1983),这些边界是社会性的,是有历史的,是出于特定的目的发展出来的。它们表达了真实的目的,在这个意义上,它们不是随意的,并限定着课程政策。这里不再深入论述英国社会学家巴兹尔·伯恩斯坦的理论了(他发展了涂尔干的思想;Bernstein,2000;Young,2007),但可以说,试图消解边界的做法总是会为学习者带来困惑与麻烦(我曾见过模块化学习项目给学生带来的问题),同时边界仍然存在,只不过变得更加隐形,且对于那些最弱势的人群而言更为不利。换句话说,与其初衷相悖,"开放"的政策很可能使得那些它们希望更为开放的课程体系能够照顾到的学习者看不到知识的轮廓(知识隐形了)——这是巴兹尔·伯恩斯坦在 20 世纪 70 年代提出的"显性"(visible)与"隐性"(invisible)教学的概念(Bernstein,1975)。更进一步说,这些"开放"的政策不可能会作用于那些精英的、私立的教育机构,因而,更严重的不平等几乎不可避免。以英国为例,精英的收费"公立"学校已经弃用了公立学校的考试体系,改用"更有需求的"剑桥预科考试(Cambridge Pre-U,18 岁参加)以及一项基于已经被公立学校废止 20 多年的学科内容本位的 16 岁普通水平考试(ordinary level certificate)的考试体系。

　　不同的群体都在支持文中描述的这些趋势,尽管他们在政治上及教育上的立场有很大差异。比如致力于推动市场经济、个体选择的新自由主义者,希望学习结果能够将学习者从专制的课程表中解放出来的激进的社会建构主义者,期待以一般化标准为基础建立更统一的体系、建立整合学术与职业路径的统一框架以促进公平的人们(Yates 和 Collins,2010),当然还有那些尽可能充分利用当下资源的一切实用主义者如大部分老师。但他们都有一些潜在的认识论共识:都持工具主义的、"过于社会性"的、最终不可避免地将走向相对主义的知识观,以及一种视课程为达到特定政治或经济目的的工具(至少在某种程度上)的课程观。

六、走向社会实在主义

　　我想简要勾勒一个替代性的课程理论。它是我从之前的分析以及和我的同事约翰·穆勒、罗伯·摩尔(Moore,2004)合作进行的知识社会学研究中得出的。它基于如下假设:强有力知识是在特定的社会条件下被生产和获得的,这些条件是真实的学习,以及我之前所说的"认识论进路"得以发生的基础。这些条件不是既定的;如之前我提到的边界一样,它们是历史性的,但又具有超越个体感知和具体情境的实在性。它们的历史性被传统精英主义体系否认,并因而保留了一种基于知识既定性的虚假的客观性。减少课程内容、将课程建基于学习结果之上以及优先考虑个体学习者而不是他们要掌握的知识的"开放的"趋势,同时否认了知识领域与专家的客观性与历史性及知识的社会基础——越来越全球化的知识社群。

这个替代性的课程政策的出发点带给我们一系列之前我们讨论的那些趋势逃避的重要问题。如:

1.我们应该如何确定进行课程决策(包括知识的选择、排序、组织等)的最可靠的标准?这涉及两个问题:

(1)大学里的学科专家与其在中小学的同行之间的联系如何建立(或者在某种情况下,重新建立)?这些联系曾经在高中教育扩张的初期非常关键,但随着"大众化"的进程被严重削弱了。

(2)在一个教育研究被一般化概念主导的时代,专门学科的教学法如何发展?

2.为何一些知识形式,特别是自然科学,倾向于向着专门化的方向发展,而另一些比如人文学科的知识则趋向于不断变异、多样化?还有,中间形态的社会科学的知识该如何被概念化呢?应该像自然科学、经济学那样,让自己的知识基础更加坚实、更加以数学为基础,还是应该认识到它们研究的现象需要不同形式的"严谨性",且这种严谨并不会被其知识进步的潜力有限这一现实所削弱?这种区别对课程有什么影响?第一种倾向给我们提出了次序、步调、等级的问题,第二种则引发出选择及其偏见的问题——选择什么内容进入课程、什么时候选、基于什么选,等等。

3.很多高中与大学的课程项目都有职业的、专业的指向。这意味着课程不可避免地既聚焦学生的智识发展,同时又要考虑行业部门的需求。这进一步引出如下问题(那些设计与开发职业课程项目的人很少考虑到):如何平衡、融合作为智

识发展的基础的"概念性连贯"与和行业部门需求相关的"情境性连贯"？（Muller，2009）

　　精英课程是在知识变化非常缓慢、以内容为主要驱动且知识基本固定的时期诞生的。它的最差的教学形式就是识记（memorization）和死记硬背（rote-learning）。于是，精英教育的主要替代者（如我在本章开头勾勒的三种"开放的"趋势那样）选择了反对"只有"内容和"只有"死记硬背的教育，强调一般化的技能和学习者的积极角色。这种"过度社会性的"知识观的最激进的形式（Jessup，1991）反对所有的内容设定以及所有形式的记诵，认为它们都是"教育专制"。这种激进的逻辑及其对内容的回避——或通过削减内容，或通过赋予教师和学习者选择的自由——是在否认学习者获得"认识论进路"的机会。

　　欧洲议会通过的八大一般性技能[1]就是一个偏离内容本位的例子，在其中基于具体学科内容的概念可能会被边缘化。学习者的进步是一个概念性的过程，只能通过概念性术语来界定。基于概念的这些规定也不能被一般化；它们必然涉及内容——即被概念化的东西。

　　毫不奇怪，支持学习结果、课程的一般化标准的人会宣称，这不过是一种为旧的内容本位的精英课程辩护的新方式罢了。然而，这里采纳的这种取向是与内容本位的课程有着明显区别的。内容本位的课程视知识为既定的，而这种新取向则认为知识是变化的，内容是概念的载体，而不是它自身的目的。中小学或大学的毕业生可能不会在未来的生活中记得或使用在学校学的课程，但通过这些内容，他们获得了通向概念、思考的机会，而这些都是他们成人后需要用到的。

　　一个可靠的未来课程及教学模式必须同时接纳内容、概念与技能。更进一步，它必须以掌握专门化的知识为出发点；一般性技能只不过是给教师和课程开发者的宽泛的指导。这样一种模式在不同的课程项目中——在普通学校课程、不同行业的职业课程、不同年龄的学习者中都有不同的应用形式。如果课程过度依

1　2006 年 12 月 18 日欧洲议会（European Parliament）列出的建议如下：数字化能力、学会学习、社会与公民能力、母语交际能力、外语交际能力、文化意识与表达、数学能力与科学技术方面的基础性能力。很少有人不同意将这个清单作为教育原则或优先内容。问题是，作为课程原则，它们没有具体指出学习者可能获得哪些概念。

赖内容、技能或能力中的一方，一些重要的教育目标（如进步与进阶的机会）将会丢失，相应的教育机会及成就的分配也将受到影响。

　　将不同知识领域之间以及课程与经验之间的分化作为教育原则的基础意味着概念、技能、内容都是重要的，都必须在所有课程中体现。这个原则如何应用将依赖于特定课程项目的目的及学习者的先前经验。如果没有认识到这种分化原则，将减缓公平分配认识论进路的进度。这对未来的社会公平及知识经济实现的可能性都将产生影响。

第五章 未来的三种教育图景
——知识社会学给我们的启示

一、引言

　　本章关注"教育的可能未来"问题,不是从未来学或预测的视角来看,而是通过对现有教育政策趋势的分析来透视(Young,2009)。"未来思维"还没有在教育社会学或教育研究领域成为主流研究流派,因而,这一任务就留给了教育学者——而他们很少直接关注有关当今社会变革(经常被一些如全球化、知识社会等术语所遮掩)的社会学争辩,也很少关注知识问题在这些社会学争辩中的意义(Young,2009;Muller,2009)。典型的"未来思维"的方式是识别出当前学校与一些全球性变革之间的看似越来越大的鸿沟,倾向于关注正规教育体系和学校是如何全方位地抗拒这些社会变革的。更甚,这些"未来思维"的预设倾向于认为,特定的社会变革并不仅仅是不可避免的,也是有着积极的人文主义意义的,未来的学校教育必须要紧跟它们。这种"紧跟"被视为理所当然、毫无疑问的。

　　在这样的场景下,学校教育的未来就是扔掉那些被视为"中世纪遗物"的老旧过去,适应全球化的趋势,走向更大的灵活性、开放性;结果是,学校教育被认为将越来越与其他社会机构趋同。以下两个不同的例子就是这种"未来思维"的诠释。

　　第一个是伦敦大学教育学院前院长彼得·莫蒂默(Peter Mortimore)在《卫报》(*Guardian*)专栏所写的:

　　　　很多变革正在影响西方社会。新加入的公民正在输入不同的文化与宗教传统,家庭形态正在变得越来越多样,工作时间变得越来越差异化,因特网接管了我们的购物、娱乐、信息搜集活动……人们对于自身的权利越来越有意识,同时对于权威越来越不恭顺。但英国的学校……变化太滞后了……几乎所有的校长(除了那些最自信的)都在开展新试验时畏手畏脚。学校教育的很多方面都已发生变化……废除体罚、引入国家课程……但是,为了更好地适应人们当前的生活方式,学生的受教育方式是不是应该有更根本性的变化?类似环境可持续性、肥胖、药物、艾滋病等威胁,还有与当今生活密切相关的理财教育等,是不是应该得到更多的重视?

——莫蒂默(Mortimore,2008)

第二个更明显的例子是著名社会学家甘瑟·克雷斯(Gunther Kress,2008)写的一篇文章。他认为全球性的社会变革呼唤我们重新思考以下两点:

- 我们对已经相当古老的教育体系的主导性的迷思;
- 我们对于教育受众的同质性的假设,以及对"知识"的本体论/认识论保障的假设。

克雷斯认为,学校正在变得越来越"没有合法目的"。它面临着:

一个标志性的教育学话语从教向学的转变……**不再有机构可以管控什么应该被学**……不再存在清晰的课程……知识被学习者基于自身需求创造出来,就像他们为了解决在生活世界中遇到的问题所制造出的工具那样。

——克雷斯(Kress,2008)

克雷斯接着还宣称:

相当比例的年轻人对学校教育是疏离的——他们不再认为学校与他们所经历的世界……相关。学校教育实际上所提供的……不再能够吸引这些年轻人……(从学校过渡到工作的)责任现在落到了年轻人自己身上。

——克雷斯(Kress,2008)

莫蒂默指出了一个可能的"未来课程"的方向:更多地强调"相关性"、强调当代的挑战。他的论点与资格证书与课程局(Qualifications and Curriculum Authority,QCA)的最新课程大纲很像:将科学课的天平从学科内容转向了"相关性"、对学生个人有意义这一边。但是,资格证书与课程局和莫蒂默都没有告诉我们,这些主题如何能够以适切的方式教给学生？像艾滋病这种流行病,其实涉及到复杂的专业知识领域比如微生物学,如何在教学时超越简单的看法分享？

克雷斯告诉我们：未来就在当下,就在今天,而教育者们,不像年轻人,他们被传统蒙蔽了双眼,没有看到它。他的"未来"指的是学校适应并回应下一代的"需求";但这个未来是否能够真正激励、武装年轻人,却是另一个问题。

本章将吸收知识社会学的一些观点,重新讲述一个不同的学校教育的未来故事。我将论证,聚焦于教育机构的保守性本质、对变革的抗拒、对过时的权威形态及古旧的与当今社会需求关联很少的课程重点的维护……并以之为"未来思维"的基础是很局限的。首先,它不能区分学校教育的作为"知识传递"机构的内在的"保守性"功能,与所有机构都可能有的拒绝变革、保护最有权力群体的特权的"保守主义"倾向。如果我们要展望在当今快速变化的社会中,学校教育如何在代际间进行知识与价值传递的话,我们就需要区分这两种形式的保守。第二,聚焦社会变革,以及学校如何适应这些变革,将贬低学校作为文化传递中介的自主性程度：它有着自身的逻辑,尽管可能与年轻人的即时需求相悖——长期来看却是符合他们的利益的。

二、教育与知识社会学

至少从 20 世纪 70 年代初期开始,知识社会学的研究就对英国及世界各国的教育论辩有着重大的但可能是有争议的影响。尽管这种影响可以回溯到 1946 年卡尔·曼海姆(Karl Mannheim)受聘担任伦敦大学教育学院教育社会学教授,但直到 20 世纪 70 年代,有关知识社会学的观点才开始在教育研究中被正视。再者,直到最近几十年,一种独特的社会实在论研究流派——本章的主题才——在英国(Moore,2004；Young,2007)、南非(Muller,2000；Gamble,2006)、澳大利亚(Wheelahan,2007)、一些拉美国家及其他一些欧洲国家如葡萄牙和希腊陆续出现。这一流派的主要理论来源是已故英国社会学家(2001 年去世)伯恩斯坦的思想,以及他在法国社会学家埃米尔·涂尔干一个世纪前的著作中所受到的启发。这一崛起中的教育社会学流派也吸收了一系列如下领域的最新理论发展成果:(1) 社会学(Collins,2000;Bourdieu,2004),(2) 科学社会学(Collins 和 Evans,2007),(3) 哲学[Norris,2006;Bachelard(见 Tiles,1984)],(4) 语言学[将知识概念与语言的发源直接联系在一起的悉尼系统功能语言学派(Christie 和 Martin,2007)]。

本章首先将论述知识社会学的"实在论"传统的学术起源:20 世纪早期埃米尔·涂尔干的著作(Durkheim,1983)。但它在过去十年间作为教育社会学的一个研究流派出现,一方面是对教育研究和教育政策领域的发展的一种批判性回应,另一方面也是在主流社会学中再现社会实在论传统。这些社会及教育研究中的发展包括:

- 社会建构主义/后现代主义的知识与真理观:它席卷了教育社会学及更广泛的人文与社会科学领域(Kronman,2007);
- 学习的社会—文化理论:它隐晦地,有时是明显地,占领了教育研究的一系列领域,比如科学教育、工作场所学习、多元文化研究。

这些理论发展与一系列植根于新自由主义政治及市场经济的政策并行。这些政策趋势包括:

- 教育政策越来越"工具主义",它们在概念上(尽管不是在政治上)与上述种种趋势都有千丝万缕的联系。比如,提出某一项仅仅是从教育自身出发的公共教育议题变得越来越难,比如,"促进年轻人的智识发展";
- 研究基金与政策制定者们对于数字化技术的不加批判的热情——这将为专业教育机构及其教师带来很大的挑战(Keen,2007;Sharples 等,2007)。

本章所讨论的观点的独特意义来自它们对如下两点的识别与认可:(1) 知识的**必要的客观性**。这是任何类型的知识探究或者对未来进行可靠预测的一个重要条件。(2) 知识是**浮现于**并**不可化约为**它被生产和被获得的情境的。同时,社会实在论还暗含着思考未来趋势的一种明确的历史取向。没有这样一种对知识的历史取向,预测就只能是基于当下的推断——就像当下并没有历史那样。

认识到知识既是"客观的"又是"历史的"将带来一个矛盾——这一矛盾并不新鲜，至少可以回溯到黑格尔，是一个世纪前由涂尔干、韦伯、曼海姆等创立并延续到哈贝马斯、柯林斯等学者的知识社会学的核心。

我们认为，区分知识的社会实在论理论与另外两种知识取向是非常重要的——这两种取向为社会科学及哲学中的很多有关知识的论辩都奠定了基调。第一种以逻辑实证主义及其在社会科学中的各种实证主义形式为标志，可被描述为"非社会的"或"社会性不足的"认识论取向，将知识界定为可被确证的命题及验证它们的方法的集合。它视特定历史背景中的、特定学科边界中的知识的"社会"生产为不可见的、可被忽略的。第二种取向直接回应第一种，可被称为"过度社会性的"——贬低知识的命题性、定理性特征，将认识论问题化约为"谁的知识"问题，化约为知者的身份及其实践。相反，社会实在论理论既将知识视为实证探索中涉及到的一系列系统相关的概念与方法，也认为知识是越来越专门化地、历史性地位于"探究者社群"〔美国哲学家查尔斯·皮尔斯（Charles S. Peirce）首次提出了这一概念〕中的，这些社群都有着独特的探寻真理的承诺及身处的社会制度。

三、知识的社会实在论取向及其教育隐喻

知识的浮现的、不可化约的、社会性地分化的特点具有潜在的深刻的教育隐喻。这些隐喻本身就可以再花一篇文章来单独写，这里仅仅列出一个列表：

- 课程与教学的区别；
- 知识领域之间、学校与非学校知识之间的边界的"非随意性"；
- 教师及其他专家的权威与专业性的"客观"基础；
- 教学的不可避免的等级性本质；
- 创造力与创新的条件与定义；
- 对扩大参与、促进社会包容的政策的认识论局限；

- "一般性技能"作为"普通教育"的模式的局限；
- "学科专门性内容"的极端重要性，以及区分"学科内容"——相对稳定的学科知识成分与"信息"（比如网络上随手可得的东西，毫无稳定性可言）的重要性。

所有这些主题里贯穿的一个焦点是不可化约的知识的分化性/差异性。知识是结构化的，某种程度上是独立于我们获得它的方式的。不同的知识领域在其内在的连贯性、聚合原则、生产新知识的程序等方面都是不同的。这些内在的差异也映射在各自知识领域的机构中主体（人）不同的社会关系形式上：知识关系与社会关系是串联的。

先前提到过的教育机构的"结构性"保守与"社会性"保守的区分对于识别课程设计的认识论局限是非常重要的。社会实在论视前者为进步和创新以及知识获得的条件。它非常容易与后者混淆，特别是被那些自我标榜为教育激进者的人们混淆——他们认为教育机构的"社会性的保守主义"就是在维护特定社群的权力与特权。葛兰西（Gramsci）对20世纪20年代意大利的金泰尔教育改革的著名批评就是一个清楚的例子。他为过去课程的结构性保守主义辩护，反对金泰尔提出的"进步主义的"变革，认为它通过一种虚伪的"职业化"方式，剥夺了弱势阶层获得知识的机会（Entwhistle，1979）。

第二个区分是针对教育的"文化传递"功能的两种含义的。在日常用语中，传递指的是将某种信号、信息或者疾病"传下去"。教育也涉及到将知识或者更宽泛的文化"传下去"。但是，日常意义上的传递信号是一个单向的运动，接受者是被动的，而教育中的文化或知识传递是一个异常复杂的过程，"接受者"扮演着制造自己的知识的主动角色。现有的文献很不幸地错将传递的这两种意义对立化了，如安娜·斯法德（Anna Sfard，1998）的很知名的、在很多方面深有洞察的有关学习理论的文章。她的研究没能解决这个对立问题，因为她将学习视为一个与"被学习的东西"（what is learned）无关的一般化过程。相反，我们应该看到，"学习"一定暗含着"学习一些东西"（learning something）；正如阿拉斯泰尔·麦金泰尔（Alastair MacIntyre，2002）所说的那样，教学作为一个一般化的概念是空洞的，我们总是要"教一些东西"(teach something)。也就是说,学习必然涉及文化或知识的传递。越来越(但不是唯一)依赖教育机构进行的文化的代际传递使得人类社会有别于动物"社会",并使得人类能够复制和进步。文化传递总是复制性的且在潜在地(尽管并不一定是)进步的。

我们认为,优先考虑被(或不被)传递的知识的社会实在论取向,与当前那些大量聚焦于学习者及其自身经验的教育思潮相比,提供了一个更加可靠的识别内隐的趋势、想象可能的未来的基础。而这一可能未来,用埃里克·欧林·怀特(Eric Olin Wright)的启发性的表达来说,就是"真正的乌托邦"。

通过强调知识及其机构的**社会分化性**,社会实在论挑战了被广泛认可的假设:边界一直是要跨越的阻碍,而不是创新或新知识生产与获得的条件与机会。如伯恩斯坦所说(Bernstein,2000),边界在创造学习者的身份认同上扮演着非常重要的角色,并因而是获得"强有力知识"的条件,而并不仅仅是学习的阻碍。所以:

- 全球性的教育的未来并不一定是更灵活、更便携、更透明的;
- **区分**中小学、学院、大学里发生的学习和在家庭、工作场所、社区中的学习将持续重要;经验本身并不能作为课程的唯一或者首要的基础;
- 学习者不能真正"建构"自己的学习[因为,用福柯(Foucault)的一针见血的话来说:他们并不知道他们不知道什么],教师的角色不能被化约为指导者、引导者,他们是专业知识与策略的重要来源。

四、三种未来图景

在区分可能的未来图景时,边界的角色与知识的社会分化是我们从知识社会学中提取出的核心要素。接下来的部分将探索未来二三十年里可能的三种图景。

(一) 三种未来(或未来图景)

未来1:边界是既定的、固定的——"未来"与本质主义的或"社会性不足的"知识概念相关;

未来2：边界的终结——"未来"与"过度社会性的"知识概念相关；

未来3：边界的维持是边界跨越的前提。二者之间的动态关系是创造与获取新知识的条件。

1. 未来1：边界是既定的、固定的——本质主义的或"社会性不足的"知识概念

每个大众教育体系的主要（但不唯一）来源都是精英教育；[1] 即向"被选择的一小部分"（select few）传递精英文化知识的体系，这些被选者有时也是"选民"（elect），也就是通常的统治阶层的后代。这样的体系将统治性的知识传统导入统治阶层，使得他们继续保持统治地位。这些传统通常是静态的，因为其边界是固定的，由社会规则决定，并凌驾于知识的条件及其固有的动态性、生命力、变化性之上。在这个双重静态的意义上，它们在社会上是保守的。19世纪末，至少在欧洲，有三种民主社会的力量打破了这种精英设定。一是底层人民对于学校教育的普遍需求——要求教育大众化的呼声。二是自然知识与社会知识的大爆炸。这种"强有力知识"的大爆炸挑战了传统的课程作为"有权者的知识"的观念，并逐渐地、稳固地摧毁了过时的、正典式的古老精英教育体系。很久之后，社会运动，如女权主义、后殖民主义也加入其中，各个国家的精英教育体系都不得不面对来自这三者的挑战。未来1代表了一种试图延续精英体系的同时尽可能向边缘的社会群体开放的尝试。

在某种程度上，拓展精英体系面临着一系列内在的需要克服的局限，如：

● 劳动力市场不能吸收那么多的由保守的模子训练出来的劳动者；

● 大众教育体系不能引导所有的孩子在精英知识传统中获得同样的成功：这
　种成功是需要中产阶级家庭作为附带条件的。

在不同的程度上，所有的大众教育体系都没能克服或跨越这些局限，它们也都没能"补偿"那些成功条件的不平等的分配。

应对这种一直存在的难堪的常规做法是给出某种类型的分流或分轨体系，在为"精英们"维系精英轨道的同时，为大众提供一条涓涓细流。再剩下的人群呢，

1　它们一直受到劳工阶级和其他社会运动的冲击。

则是为他们提供多种类型的职业轨道,最坏的形式是精英知识的"低智"版本,如数学扫盲、沟通学、大众科学等(Young,2007;Wheelahan,2007)。这些"职业"课程在科技的催化下,变得越来越程序化。兰德(Lauder,2008)的"数字福特主义"(digital Fordism)就展示了,这种程序化并不只是针对弱势阶层——大众通往"强有力知识"的道路被堵住了。结果是,教育体系越来越明显地沿着阶级线分层,而学校教育就是它的主要工具。长此以往,它的命运就是被大家永久地视为不公平并因而被抗拒。在这个意义上,未来1只会造成社会的分裂、不公平、不幸福以及冲突。反对社会不公平的人们认为导致不公正的机制是精英主义的课程形式——明晰的、严格的被规定、被安排步调。它的边界性被视为主要问题,而更大的社会正义、更少的不平等的条件就是移除这些边界——至少"未来2主义者"是这么认为的。

在未来1图景中,教育体系内很少有创新的可能,教育与大的社会背景将持续存在于两个平行世界中。但是我们能预测,未来将会有更大的基于本土的及传统文化的保守主义的分化,更大的北与南之间、不同的基础主义传统之间的区分。在这个图景中,视边界为既定的、非社会的,成为维持和合法化现存权力关系、限制论辩空间的基础。当然,并不存在某种未来1的纯粹形式,即使在贵族社会中;然而,认为未来1没有未来却是很大的错误。很多未来1的元素至今依然在英国教育体系中徘徊(Fitz,Davies 和 Evans,2006),很可能仍将在未来继续存在。这种图景最坏的结果在萨缪尔·亨廷顿(Samuel Huntington)的尖锐但极富启发性的《文明的冲突》(*Cash of Civilizations*,1998)一书中被描述得淋漓尽致——更通俗的版本就是乔治·布什所说的"反恐战争"。

2. 未来2:边界的终结——"过度社会性的"知识概念

正如我们所提到的,未来2诞生于对未来1的进步主义的反对。它描绘了如下教育图景:边界的持续削弱、知识及其机构的去分化、劳动力市场部门间的日益模糊、更多地以一般性的教育结果而非投入作为公平和问责的工具。未来2的一些理想要素可以在本章开篇的莫蒂默和克雷斯的表述中看到。[1]

1　这并不意味着莫蒂默或克雷斯赞成我们对未来2特征的描述。

　　这种学习者导向的趋势与数字化技术的引入相耦合，被认可的程度之大，可通过如下事实来窥见：所有层次的教学都在去专业化、所有的研究都在去专门化。这一趋势尽管会受到来自未来 1 支持者的抵抗，但它仍席卷了欧洲及世界各地。

　　那些寻求边界削弱和去分化的人找到的课程"选择工具"就是模块化。在种种边界削弱的表达中，我们可以找到如下几点的各种各样的组合：

- **学校科目的"整合"**——因为学科之间、学校知识和日常知识之间的边界削弱了；

- **用一般化的、通常是技能或结果的条目来规定课程内容**——也是因为学科之间、知识领域之间的边界削弱了；

- **推动形成性而非终结性评价**——由于不同学习者之间的成就分数的边界削弱了；

- **引入统一的国家资格证书框架**——由于不同的资格证书（特别是职业的和学术的）之间的边界削弱了；

- **推动引导式而非命令式教学**——因为专家与新手学习者之间的边界削弱了。

　　我们的态度是，教育中的边界是社会性的，但也是**真实的**；至少在短期内，它们不能被消解——在不对大部分（如果不是全部）学习者带来严重后果的情况下。这种去分化机制最可能达成的，不是对边界的消解，而是将边界隐形——这种隐形在弱势群体那里将会放大。也就是说，尽管初衷很好，但未来 2 主义者（那些拥护进步主义教育学及其变体的人）的主要影响只是将知识和学习的轮廓变得不可见，尤其是对那些教学设计本应支持和帮助他们的群体：那些来自低收入家庭、落后于同龄人的学习者们。未来 1 制造出分层和抗拒，未来 2 也制造分层，这次是一种隐蔽的分层，因为与未来 1 相联的明显的众矢之的现在退居幕后了，不幸的学习者们一路跌跌撞撞，却看不到这次是什么导致了自己步履维艰。它接着又导致年轻人的不满，这种不满与更具体的物质因素一起，成为大量的青年懒丧（youth apathy，克雷斯很好地描述过）以及一些更具破坏性的文化形式（比如针对自我或他人的暴力）的根基。换句话说，未来 1 的显性的分层（至少在最乐观的情况下）

将导致反抗和被压迫者的"声音",未来2的隐形的分层只会带来越来越个性化的"退出"策略,满足去整合的公共文化。未来2的支持者们很不明智地成为了这个趋势的合法化者,由于他们否定专门知识的特殊价值,确信(或至少是隐晦地确信)所有文化形式都是平等的[1],并毫不批判地拥护"知道"的经验性形式。

未来2图景的"边界终结"不可能带来从精英私立机构中消失的获取专门知识的通路。更可能的是,公共教育将通过增加资格证书的通路来取代不平等的知识获取通路,而这又将导致文凭通胀,因为争取到的资格证书越来越没有价值——不管是使用价值或是交换价值。

对新知识生产与获取中边界的角色的批判性分析使得我们相信,尽管迷恋市场和个人选择的新自由主义者与想要将学习者从专家权威中解放出来的激进的社会建构主义者之间有着清晰的政治分野,但他们其实潜在地有着相似的认识论假设。二者最终都走向了工具主义知识观及不可避免的相对主义后果。在这个意义上,未来1和未来2就是认识论上的镜面双生子:宣称的主张、实现方式、预想的目标可能是不同的,但结果却不可思议地一致。

3. 未来3:边界维持与边界跨越是在全球化背景下创造与获取新知识的条件

未来3是在对未来1和2的批判与分析中诞生的。它在某种意义上阐释了社会实在论的知识理论能够提供什么,以及为何它是一个可靠的未来所必需的。未来3建立在如下假设之上:强有力知识的生产和获取是有特定的社会条件的,这些条件不是既定的,是历史的,但也是客观的。这种历史性被未来1否定——边界是既定的、理所当然的;在未来2中,专业社群的批判性角色中所隐含的知识的历史性与客观性被否定了。未来2最多只是提供了一个边界日渐减弱、碎片化的全球性去分化趋势,伴随着对"自下而上"的社会运动和隐喻性的"南部"认识论的天真的乐观主义(Hardt 和 Negri,2000;de Sousa Santos,2001,2008)。相反,未来

---

1 举一个例子,颇有影响力的葡萄牙社会学家桑托斯提出了"缺席的知识的认识论"(epistemology of absent knowledge)一说,认为这超越了他所看到的西方科学的"盲目"。他在《欧洲社会学理论》期刊上的一篇文章中这么写道:"缺席的知识的认识论始自如下前提:社会实践就是知识实践……非科学本位的实践,并不是愚昧的实践,而是另一种竞争性的知识实践。并不存在某种先验的理由使我们偏爱某种形式的知识、贬低另一些形式的知识。"(de Sousa Santos,2001)

3 强调边界的持续作用，不是作为既定的实体：不管是在大脑中（神经科学认为的）、心智中（非历史的理性主义认为的），还是在人类实践世界中（实用主义和辩证唯物主义主张的）；而是将专门领域——越来越全球性的专业社群界定为新知识获取和生产的基础以及人类社会进步的基础。步哈贝马斯的后尘，当代英国哲学家克里斯托弗·诺里斯也描绘了这种图景，作为"现代性的未竟事业"，我们也可以在一个多世纪以前的思想家马克斯·韦伯、埃米尔·涂尔干的著作中找到这一图景，尽管表达方式不同。

本章的最后一部分将探讨未来 3 的特征、可能的影响，及它将如何变化。我们将考虑如下几点（尽管并不打算方方面面都涉及到）：

- 边界及其类型——与知识和教育机构、特定学科及其未来的独立性都有关系；

- 知识为真（强有力知识）和社会性为真（有权者的知识）：这两种观念如何结合起来；

- 较好的课程与教学模式；

- 对教育不平等的影响。

（二）边界及其类型——学科的未来

对于知识，未来 50 年中我们最紧要的是要理解为何一些形式的知识倾向于专门化，而另一些则走向多元化和多样化。这些知识发展的不同趋势对课程及广义的教育都有重要的意义。第一个趋势会带来次序、步调、等级组织等问题，而后者则主要带来选择的问题：选择什么进入课程——甚至是在比较极端的完全没有任何客观标准的情况下。而知识形式与课程组织之间的密切联系正是课程的社会实在论希望阐明的。

当前，宣称学科终结已成为一种"时髦"（Gibbons 等，1994；Nowotny 等，2001），但学科似乎将顽固地继续存在。它们确实会变化、调整，就像所有健康的社会形态一样，但宣告它们即将终结却是过度夸张了。新的学科形态会周期性地出现，但新形态总是从既有的学科中诞生的，首先会以伯恩斯坦所说的"领域"

（regions；Bernstein，2000），或围绕新问题的现有学科群的形式出现；其次才会出现由它们衍生出的离散的可被独立认知的形态，逐渐建立自己稳定的社群。原因如前所述，知识的边界不是随意的，它们所培植的内部形式、它们所维持的社会关系随着时间的演化不断积淀为稳定的社会—认识论形态。这些形态是由适应每种形态的边界的力量所决定的，因而，也是由每种形态的知识如何发展与成长决定的。

学科间的差异首先是它们的概念进阶形式的差异；其次是客观性形式的差异。首先，一些学科倾向于向着稳健的、概念可证的方向发展。它们的知识结构是持续进阶的、不断走向整合（unity）的概念螺旋——当然学科内并不是只有一个概念螺旋。这一类概念的课程隐喻是，这些学科的成熟形式是沿着"抽象等级"发展的，最好的学习方式是在专家的指导下按照次序来学习（数学和科学是最明显的例子）。我们可以说，这些学科在某种意义上是概念充沛的（concept-rich）：并不是说它们一定涉及大量的概念（概念的数量并不是区分它们和其他学科的标准），而是说它们有一条很长的等级化的概念链条。在某一个等级次序上卡住，往往意味着概念学习的中止。其他学科倾向于朝着多元、多样的概念的方向发展和进阶，但它们与概念的相关度很小，而多是不同的内容或内容集合——尽管它们也通常有一个宏观的概念组织原则，比如历史学中的"过去"或者"时间"、地理学中的"空间"。还有一些学科是通过实践来发展的，通过开发新技术或者新的做事方法，包括传统手工艺（比如木工）中引入新的方法，或出现全新的概念实践形式，比如软件开发或网站设计。概念、内容、技能潜藏在每一学科中，但其相对的突出程度使得学科间呈现出不同。

所有的学科，为了成为"学科"，都有探究的对象（objects），而为了强健、稳定，它们都需要展示出客观性（objectivity）——也就是展示它们拥有合法的、共享的、稳定的生产真理的可靠方式（见第二章）。在这个意义上，真理就是探究对象和有学识的实践者社群之间的稳定的合作关系。不同的学科由于认识对象不同——有的是自然界，有的是人类社会——因而有着不同但等价的客观性。[1] 探究对象

1　当然，这并不是要否认，在最深层的意义上，即使是自然科学的概念，也是社会性的。

的社会性越明显,将对象代入学科概念的限制就越大。但是,每一种客观性形式都要满足同样的分析适切性的标准——在不扭曲特定对象的情况下,最简便、最大程度地将认识对象代入学科概念。

将强有力的客观性观念从未来 2 那里拯救出来是为了重振强有力的、可靠的专门知识(expertise)的观念(Collins 和 Evans,2007)。专门知识的被侵蚀、失去可信度是无边界思维的相对主义无意中带来的后果(Muller,2000)。对强有力知识的信任、对专家知者的判断力的信任都被普遍的怀疑主义挖空了。在欧洲的成年人中,至少二战后出生的这些人中,这种怀疑主义已经演变为一种特定形式的自我欺骗——嘲笑专门知识及其知者,即使我们的生活越来越依赖它们。如,我们生活在一个越来越依赖医疗知识的世界,但医疗诉讼率却在指数级地增长。

我们社会的年轻人还没有进化出保护性的自我欺骗策略,但很多都继承了父母或媒体对强有力知识的社会性的嘲弄。结果是,他们在学校中不付出足够的努力来掌握某些知识(他们认为这些被广泛贬低的知识值得被如此对待),导致学业失败(Menand,1995)。即使专门知识未来在前沿领域飞速增长,英格兰教育体系也终将无法培养足够的高度专门化的实践者,因为年轻人继承了流行的看法,认为这种事情不值得付出努力。这种情况又加重了工具主义。如果知识本身并没有价值,那么它的社会价值只能被其有用性衡量。我们要清醒地看到,这种腐蚀性的看法在新兴经济体如韩国、中国和印度完全看不到。没有大量的来自东方的工程师,加州的硅谷就不可能存在。如果未来 2 继续盛行,那么几乎可以肯定,下一个大的经济飞跃将发生在东方而非西方。因而,关于"未来的课程"的决策将带来持久的长期的影响。

(三) 课程与教学的更好形式

说我们生活在知识经济时代对学校教育有两个主要启示:第一,经济及支持它的社会将知识进步放在首要地位,尽管很矛盾地并不一定将知识的复制放在首要地位。这意味着在知识加速发展的时代,专门化和多样化(多元化)成为主导的社会符码,课程在越来越频繁的压力下需要不断地适应。这一点在大学的课程中可能不那么明显,因为大学的实践者社群距离知识进步的轴心最近——事实上就是他们在驱动着知识的进步。它更多意味着,或者说变得明显的是,这标志着一种新的分化:在那些驱动着知识进步和没有驱动知识进步的高等教育机构之间。这种等级分化目前被各类全球排名粗略划分,还有一些更加复杂的案例肯定会在未来某时出现。毫无疑问,未来的经济和社会将继续需要强有力的信号机制来对知识生产者的生产力进行排名。第二,即使在那些传统上概念只是处于次要地位的学科,如历史学中,知识进步也变得越来越概念驱动。这并不是说新的历史学研究取向将横空出世,而是指新的数字化技术带来的研究形式,使得一些以往不可能得知的事实得以面世;并进一步产生了新的概念进步的需求。核磁共振扫描带来的神经学研究的进步也是一个例子。在人口统计学、物理学中的大型强子对撞、生物科学中的纳米技术等领域,都有类似的情况。

　　这些发展对课程和教学有一些具体的意义。精英课程是在知识变化非常缓慢的时代出现的,是内容驱动的,它的最糟糕的教学形式是死记硬背。于是,精英课程的主要替代物——在未来 2 思维中表现得最为淋漓尽致——站在了反对"单纯"内容和识记的立场上,其激进形式是反对所有规定内容、所有形式的识记学习或者背诵。它可以在未来 2 对一般化技能和结果本位课程的认同中找到(Mangez,2008;Lundahl 等,2008)。换句话说,为了替代未来 1 的古板,未来 2 从内容本位摇摆到了技能本位。这两种形态下,特别是在后者中,概念都被无视了。这是因为概念进阶只能被规定为或标识为概念本位的而非技能本位的术语。因为概念本位的规定必然会涉及到内容(也即被概念化的东西),所以它看起来,或至少在未来 2 的敏感者看来,太像老旧的未来 1 的内容本位了。因而,在未来 2 世界中,即使是在概念丰沛的学科如科学中,课程也变得规定性不足了(under-stipulated),就像资格证书与课程局的最新科学课程方案那样(Perks 等,2006)。

　　这些趋势对于那些资源优渥的学校来说并非是不可克服的障碍,它们可以找到具有强学科资质的教师来填补这些空白。但对于那些服务于贫困社区的不能吸引到好老师的学校而言,就是不可忽视的问题了。这些薄弱校里的老师由于缺乏清晰的课程界标,将会在毫无意识的情况下不断落后,或将会遗漏那些决定后续学习的关键的概念步骤(Reeves 和 Muller,2005;Smith,Smith 和 Bryk,1998)。同时,学生也在逐渐落后,直到某一个概念节点来到,而他们却缺乏资源或动力进行下去。这个趋势又被未来 2 所倡导的非命令式(引导式)教学——教师回避给出强信号,特别是在涉及评估和测评时——催化。当前的研究明确显示,在概念丰沛的学科中,评估时的强信号对于学生提高表现是至关重要的,不管是对贫困生还是对富裕家庭的学生(Morais,Neves 和 Pires,2004;Hoadley,2007;Bourne,2004;Muller 和 Gamble,2010)。

(四) 教育不平等的隐喻

未来 3 强调识别知识的"分化"的重要性。它有两点隐喻。一是,未来 1 与未来 2 的课程形式太过理想化地固着在单纯的内容或技能上,忽视了一些学科,也对教育机会和成就的分配带来了影响。二是,认识到知识的分化使得如下观念得以明确凸显:概念、技能、内容都非常重要,都应被规定在课程中。违背这些将拉缓我们迄今为止在达到认识论平等目标上所取得的一切进展。它将影响未来的社会公平及知识本位经济的可行性。

五、结论

本章以三个未来图景,特别是以社会实在论的知识理论为基础,为预测未来教育设定了一个框架。我们指出了未来 3 图景在社会公平及认识论根基方面具有的独特优势,并指出了未来 1 或未来 2 继续主导将可能导致的负面后果。正如之前所论,这些未来都只是理想型,并非描述性的预测,必须像马克斯·韦伯所说的那样,要在识别趋势和现有政策可能产生的意料之外的后果的意义上来使用。

另一方面,我们很少提到哪一个未来最有可能在未来 30 年中占据主导地位。这既是一个政治问题,也是一个教育或文化问题。它是政治问题,因为它涉及权力,课程不可避免地表达着"有权者的知识",这是一个事实。在当前新自由主义将市场、问责制、机构排名联合起来,持续控制教育政策的情况下,未来 2 最有可能占上风。但是，新自由主义也面临着挑战，至少在经济和财务管理领域。很难预测这些变化对教育政策将带来什么影响。一个可能性是，对服务行业的增长可能性的质疑可能会导致制造业的复苏，以及对科学知识的重视。

　　预测可能的未来也是一个文化问题，因为，不管是好还是坏，认识论局限都将塑造课程政策的作用空间，不管谁有权、经济限制了什么。某种意义上，我们可以用马克思的著名但寓意含糊的名言——"人们自己创造了自己的历史"——来认识这种认识论局限，就像马克思所处的历史环境并非是"我们自己能选择的"。本章（及它所在的研究传统）就是一种尝试，试图重新呼吁这些认识论局限对于教育的长期的、重要的意义。我们的目的不是捍卫一种保守主义的立场，或者回到某一个过去的"黄金时代"（golden past）；绝对不是。我们是为了呈现这样一种观点：通往强有力知识的进路是所有人都应有的权利，而非少数人。为此，我们阐释了"强有力知识"的理论，以及它如何被获得和正规教育在这个过程中的关键作用。并不奇怪的是，它导致我们至少在短期内走向了一个悲观的观念，正如葛兰西80年前所预知的那样：

　　　　我们仍然处在对"积极的学校"的浪漫想象阶段，出于好辨的原因，各种对抗机械的、虚假的教育的努力被不健康地过度强调了；我们现在必须进入"经典的"、理性的阶段，去探索最终要获得的新方法与新形式的自然来源。

　　　　　　　　　　　　　　　　　　　　　——葛兰西（Gramsci，1965）

　　未来2的短期可能性，即葛兰西所说的"积极的学校"向政府和国际组织展示了一个有诱惑力的图景，同时似乎为某些学习者提供了捷径——真正的学习似乎是简单的、有趣的，更像一个游戏。我们确信，这是一个错误的前景，它更有可能会惩罚那些弱势人群。这种观念在精英学校里根本没有任何流行的迹象——反而相反。

　　未来学（futurology）在本质上是一种高度不精确的科学，因为我们手上不可能拥有全部的事实。但是，这并不意味着我们所辨析的趋势就不可能出现；更进一步地,我们描绘的图景及其预计后果笼罩着某种世界末日式的光环,并不意味着它们就一定是夸大的或错误的。正如小说家飞利浦·罗斯(Philip Roth)曾说的那样:

> 任何一个艾森豪威尔时代的讽刺作家在写作未来小说时将里根总统构想进去,都会被控诉为犯了粗俗、蔑视、无礼、反美国、邪恶等罪行,直到他的预言最终成为事实。

——罗斯(Roth,1984)

预言家仍然受欢迎,这绝对是一个令人鼓舞的迹象。

第六章　课程与知识问题
——麦克·高夫留下的遗产

一、引言

　　前面几章强调了当前教育政策及很多课程理论对知识问题的忽视。2010 年，英国的保守党为首的联合政府[麦克·高夫（Michael Gove）任教育大臣]颁布了其学校教育政策，赋予知识以核心地位，力求为所有 16 岁之前的学生提供学术科目的课程。本章要解决的问题是：这种知识导向的课程是我们所倡导的在第五章中提出的未来 3 吗？如果不是，联合政府的政策与我们所提议的有何不同？本章先从对第五章的课程未来的分析入手，来检视高夫的遗产，[1]特别是他对前任的工党政府政策的批评；接着引出他们对于知识的不同看法及相应的问题；总结部分将提出一些待回答的问题：是否应该发展超越了未来 1 与未来 2 之争的未来 3 的课程取向？

二、高夫的遗产及其矛盾

　　2014 年 7 月 15 日，麦克·高夫接替尼基·亨特（Nicky Hunter，一位不太出名的一个教育副部长）成为英国（不含苏格兰）教育大臣（教育部长）。通常这样的一种官员更迭不会在议会圈之外掀起任何波澜。但此次，它对国家的及专业的教育媒体而言却是一次重要的政治事件。不像之前大多数的前任那样[除了 20 世纪 80 年代末的肯尼斯·贝克（Kenneth Baker）]，麦克·高夫有着清晰的教育愿景，并利用在教育部的四年践行了这个愿景。该愿景的课程部分，至少表面上看，

1　值得指出的是，其反对党工党几乎系统性地回避了此论辩，而集中在了过去就讨论过的机构性的问题上——在此案例中，他们大量讨论的是学院（academies）和免费学校（free schools）的扩张导致的混乱和困惑。

很简单：学术性的、学科本位的课程是每一位孩子的权利，不管他/她的出身背景或能力如何。他的与众不同的强调点在于（至少是理想上），这样一种课程应该是每一个孩子的权利，至少在 16 岁以前。

尽管高夫在很多方面都是一个典型的保守主义者（如赞成市场、反对大国家、反对欧盟），但他坚信所有 16 岁以下儿童都应拥有享受一个普遍的学科本位的课程体系的权利，这其实代表了一个远不同于保守主义（至少是政治上）的理想，同时甚至也挑战了左翼的一些被广泛认可的传统。高夫在阐述"存在着所有学生都有权获得的学术性学科知识"这一观点时，其实是在表达其政治"保守主义"的立场，比如他经常用英格兰公立学校和文法学校作为例子。然而，对于高夫来说，这种原则确实是一种"为了所有孩子"的课程的起点。高夫将课程和社会公平联系起来的做法（虽然较隐晦）正是其之前历届政府有意回避的。可能正是在阐述课程和社会公平的联系上，他"触碰到了"教育界的"神经"。左翼和右翼都认可受教育权平等，但是即便左翼也只是在机制上而不是课程上看待这句话（Benn, 2012）。

尽管存在着内在矛盾：高夫支持的是历史上几乎只局限于精英学校的课程，但他对国家课程、公共考试制度以及基于表现的学校排名的改革都在力图使这一愿景变为现实。他认为掌握这些"学科知识"就像"红灯停绿灯行"一样。换句话说，这是每一个理智的家长都想给自己孩子的，是老师们的责任，政府要支持它尽可能变为现实。正是这种信念使他尽可能少地针对自己的改革进行磋商，也由此受到一些人的批评，认为他在推行一种个人政令。很难判断他关于家长的论断是否正确，但他的愿景很快就在学校里受到了大部分肩负传递政府政策责任的老师们的激烈反对。他的改革不仅和近十年来正在进行的几乎所有课程变革相悖，也和教育界大多数人的观点相悖（至少是那些有话语权的），包括教师工会、地方教育当局、大学的教育学系等（The Independent, 2013 年 3 月 13 日）。

高夫坚持的不仅仅是学术课程的价值，他也认为应该有评估所有 16 岁及以下学生的学业基准。相反，教育界很多他的反对者以及很多左翼人士如前部长、《卫报》（Guardian）专栏作家伊思戴尔·莫里斯（Estelle Morris）就认为，这样一种课程歧视"非学术性的"学生——他们本该拥有一套适应其兴趣、倾向和经验的课程。这样一种观点可追溯到 20 世纪 70 年代的中小学校委员会（Schools Council）发起的项目——有着委婉的标题如"大众数学"或"为了年轻的辍学者的"科学、历史和地理，以及较近期的对 14 岁以上学生的课程进行区分导致的 1997—2010 年间工党政府大量增加职前课程和个人发展课程，还有皇家艺术协会（Royal Society of Arts）发起的非常流行的"开放头脑"（Opening Minds）项目。这些项目的共同点是：掌握学科概念不被认为是第一位的；它们的设计者们都期待以主题、话题为起点，引起那些不想继续学术性学习的学生的兴趣。开设这类课程的理由不一，有的强调对大量学生（特别是那些弱势家庭背景的学生）不喜欢学术课程进行一些务实的回应，有的则是一方面怀疑学术性的学科中心知识的客观价值，另一方面异常强调尊重文化多样性的重要性。但在实践层面，这些不同的逻辑产生的结果没有太大区别。

麦克·高夫的反对者们对这类课程的辩护促使高夫形容它们为"希望的敌人"——因为它们对来自贫穷家庭的学生的低期待，以及"隐晦的马克思主义"（crypto—Marxists）——因为它们将弱势家庭学生的失败归因为"资本主义的邪恶"。高夫出于其对学校的看法，很大比例上将学生的失败归咎于以下四类群体：一是教师，特别是校长，他认为他们已经失去了对真正的学校目的的信心；二是学术性的教育协会，他们对于"体系"的批评毫无助益，只不过是助长了很多教师的失望罢了；三是父母，要么被教师误导，要么太害怕表达自己想要孩子接受什么教育的真实看法；四是学生，他们没有学会（也可能没被教过）掌握知识和其他所有值得付出的事情一样，需要坚持不懈以及长久的勤奋努力。难怪教育界中高夫的反对者们呼吁学科中心课程的少数尝试被视为不过是对其政策的认可罢了（White 和 Young，2012）。

高夫的政策有两面，我们有必要加以区分。一面是他对主导性的教育思潮的批评，以及他致力于将孩子而不是知识或教师放在课程和教学的起点上的做法；另一面则是他对教育的正面看法，他对知识和学科中心课程的尊重。作为一名政治家以及一位（首先是）保守主义者、（其次是）自由主义教育者，他的批评支配了他的思考。他的典型的保守主义的假设是，因为学科中心课程是"符合事物的秩序的",因而一旦受到批评,它必然会自证其身,使家长们相信其价值。接下来我将根据本书第五章中的论点来检视高夫的批评及其政策(第五章是我们 2009 年写作的,是联合政府当选、高夫就任的前一年)。

三、以"三种未来"透视高夫的教育政策

第五章的论述起点是分析自大众教育起源以来的课程的变迁,包括课程知识假设的变迁。我们区分了两种课程模式——未来 1 和未来 2。未来 1 视知识为传统的一部分,一代一代传递下来,大部分是静止的、既定的。换句话说,它视未来为过去的延续。我们描述未来 1 的课程(至少是内隐地)对知识持"非社会的"看法;它像其他传统那样演化,但不是任何新知识发展或外部世界变化的结果。考虑到英国的教育史,未来 1 不可避免地只是为少数人服务的,与精英学校密切相关,只聚焦在那些在成年后有很大可能要掌控这个国家甚至是帝国权力的那部分人。未来 1 视课程的目标为向未来传递一种过去感、一种过去的模式;在 19 世纪以及 20 世纪的早期,这主要是通过学习经典的古希腊和古罗马文本达成的。

19 世纪时,出现了一些与未来 1 不同的值得注意的例外。它们关注到了未来 1 只针对少数人的极其局限的机会,而不是传统本身。于是,19 世纪 80 年代末开始,随着地方文法学校和新大学的成立以及学校课程开始囊括科学等学科,学校教育机会在未来 1 的框架下逐渐拓展。

第五章我们讨论了英国走出前工业时代以来削弱未来 1 的僵化和排他性的两大趋势。第一个是知识的增长,特别是科学知识,以及与之相联的知识的分化和专门化;第二个是对入学机会的民主呼声以及随着日益增长的工业、加工业、制造业及之后的服务行业的崛起而兴起的对技能和知识的需求。之后到了 20 世纪中叶,又出现了青年劳动力市场的衰退:大量 15—16 岁的青少年没有了别的选择,只能待在学校里。未来 2 对这种境况的回应非常重要,因为它正是高夫的批评的主要关注点,而且在某种较轻的程度上,也是高夫提出的替代性政策。这一点稍后会论述。

未来 1 的英格兰版本是非常多元的,至少在一段较短时期内是可以适应很多

社会变化的压力的。让学生学习经典传统和文本的理念逐渐扩充,也开始囊括现代文学、科学学科,以及后来的应用科学,尤其是工程学、医学,以及社会科学。每一次发展都使得自然科学变得越来越重要,它们开始逐渐获得了与人文学科平起平坐的权利——这一过程可从著名的斯诺(C. P. Snow)和李维斯(F. R. Leavis)之争中窥见一二(Muller,2011)。然而,未来 1 由于持续地看重"内在"而不是"外在"的优越性——珍视学习自然科学,不重视其工业应用,最终还是留在了历史的长河中。未来 1 视知识为传统的一部分(类似于一种世俗化了的神学),其延续带来了很不一样的后果:一方面,英国(至少在最近十年以前)在获得诺贝尔奖方面一直很成功;但另一方面,它对知识甚至是科学的看法(将知识等同于"我们知道什么")可能要(至少部分地)为英国 19 世纪早期的经济低增长、应用科学地位低下,以及持续的第一产业的工业化水平不足负责。

随后,20 世纪 80 年代,大量以消费者为导向的高等教育大扩张和进一步的青少年劳动力市场的崩塌,导致了每一代人群中都有全新的一部分群体要继续留在学校中,这使得未来 1 的课程假设完全无法作为一种面向未来的模式继续存在。涉及所有中学生的课程质量和标准一直没有大规模的改进——这一问题显然没有在任何人的议程表上,直到 20 世纪 70 年代——未来 1 再也无法支撑起后义务教育或高等教育大量扩张的基础。在高等教育中,扩张越来越多地由学生的声音主导,越来越少地由传统关系以及中学高年级和大学老师们对知识的看法决定。从 20 世纪 80 年代开始,中学高段课程以及 A-level 考试作为几乎唯一主要的大学入学路径开始逐渐被废弃了,因为它似乎不再和任何主要群体的利益相关。课程开始逐渐多样化:A-level 科目范围越来越广,提供多样的职业性高等教育的入学路径的非学术性的(职前)课程大量出现,还涌现出一系列 16 岁后的项目,其目标是培养就业能力而不是就业或上大学。第五章中我们将这些发展统称为未来2。它们的共同之处是,至少在英格兰,对知识持有隐晦的社会建构主义的看法,即知识是一种社会利益的产物,可以被不同的目的所操控,并不仅仅受认识论规则的支配。由此而来的是对于后义务教育课程的多样性毫无限制,因为课程不再依赖于如下假设:(1)它是固定的、排他的,具有高筛选性的;(2)它和大学的学位都是基于相同的认识论假设的。高夫对这些发展的批评是一种后退——是站在未来 1 的视角上看问题;同时也是非常反历史的。它没有看到未来 2 的发展是如何代表着一种真正的对之前的落后和精英主义(未来 1)的回应的,不管未来 2 作为一种新的机会和路径有多少不足。可能值得注意的是,尽管我们对未来 1 和未来 2 的分析是以知识社会学的认识论论辩为前提的,它所分析的政策论辩却有着更传统的假设:即围绕着能力分配的选择权的合法性。20 世纪 70 年代以来后义务教育和高等教育中未来 1 和未来 2 的分歧不过是现代版本的有关选择权和入学机会的古老争辩——这一争辩在这个国家的教育史上如此常见,以至于和以往一样,它回避了目的的问题,也没有回答新提供的选项是否是唯一的替代方案。我将在本章结尾回到这个问题,并讨论:一旦我们重新看待课程——站在"为知识赋权"的角度,而不是选择权和能力分配的角度,我们就能想象和探索出一个远超以往的更为宽阔的替代范围。

到了 21 世纪的第一个十年,未来 2 的扩张逐渐失去了整体战略性,越来越依赖于当前流行的文化研究和对知识经济的大量文字性的宣称(Guile,2010),而很少考虑"知识"可能意味着什么。因此,未来 2 招来了高夫的批评——"其扩张放弃了所有知识和标准的概念"。然而,尽管将"知识"问题带到课程讨论的中心很有意义,但高夫依赖的却是一个被边缘化的未来 1 的现代版本,因而导致了大量的课程论辩——在未来 1 的僵化和排他性与未来 2 的相对主义之间。更进一步,他的学科中心课程受其知识概念的局限,没能区分未来 1 知识传统(视知识为维护特权社会秩序的主要资源)与更广泛的功能(将传统作为获取和创造新知识的必要基础)。我将利用这种区分来提取未来 2 和高夫版本的未来 1 的"理性内核",不是为了用第三种所谓更好的模式来替换掉它们,而是作为思考一个以知识为基础的现代课程的重要一步。

四、未来是后退:高夫的另一种选择

在第五章,我们追溯了 19 世纪大众教育开始之初的未来 1。未来 1 的典型形式视学校课程为既定的、只适合一小部分(尽管缓慢增加)精英群体的。它的符号化方式是学习古希腊和罗马的经典,以及逐渐扩充进来的盎格鲁-萨克逊(Anglo Saxon)和英语作家[如乔叟(Chaucer)]的经典。它几乎完全是文学性的、人文的。作为一种为精英人士设定道德品质标准的课程,其涉及的领导力的理念是建立在过去的传统之上的,而不是在为理解一个日渐变化的、不再能视为既定的世界做准备。在马修·阿诺德(Matthew Arnold)以及更当代的理查德·托尼(Richard Tawney)的作品中,都描述了这种课程——只不过是不那么保守和精英主义的形式。他们俩都认为这种课程可以传授给所有人。然而,他们仍然坚持倒行逆施的、对文化的文学性看法。

尽管高夫赞同阿诺德课程理念的很多方面[他列出的自己最喜欢的作家清单中最后一位是托马斯·哈代(Thomas Hardy)],但他也意识到这样一种排他的、固化的课程是一种过去时代的东西,现在已经不存在了。他对 STEM 课程、作为第四种编码科学的算法研究等学科的认同,都是他将自身和未来 1 划清界限的例子。然而,这些例子只是未来 1 知识观——将知识视为要去顺应的传统——的补充罢了,它们并没有提及任何一种新的知识概念。

还有其他一些例子可以说明高夫支持的课程是一种"向后看"的课程。第一,他对英国公立学校的推崇使他将成功教学视为教"毕业生一种手艺"——可以让他们传递给下一代一个社会已经知道的任一学科中的知识的手艺。和其他很少变化的手艺一样,作为一门手艺,教学也可以"在工作中"被习得,正如很多学校的老师仍然在做的那样。对高夫来说,教学仍然是"传递一个人已经掌握的知识",并不涉及习得大量发展中的专门化的知识——如其他专业那样,比如医学。对教师而言,这种专门化的知识(在英格兰,它发展得很不好,甚至很少被尊重)需要聚焦在基于学科的教学法上(Taylor,2014;Shalem,2014);中小学以及大学中专业的教育应该将这种"理论"和学校实践整合起来。高夫将教学视为"毕业生的手艺"的看法,以及他对他所以为的教师在大学的教育学院里学到的课程的不满,都毫无疑问使得这些学院以及免费学校(不像其他政府资助的学校那样)没办法招聘到胜任的教师。

　　高夫的教育观念保留了未来 1 的元素的第二个例子是，它没有区分作为"研究界生产出的东西"的知识（这种知识是存在于特定专家团体中的，通常是大学）和作为"被珍视和确信的""已经知道的"东西。当然，高夫与其说是一位教育学家，不如说是一位政治家、改革家；对他来说，一个积极的未来课程方案远不如指出他认为的教育学家们在回应未来 1 的弱点、落后性、精英主义时暴露出来的缺陷重要。

五、未来 2 改革——政治及学术批评

　　高夫的批评聚焦在两方面：一是教育界有关未来 1 的精英主义的回应，二是我们在第五章描述的未来 2。这对本书来说很重要，不是因为我们试图重演他的批评，而是因为它们使得如下问题凸显出来：过去 40 年间的教育改革在系统性地忽略知识问题，且政策的后果，尤其是那些根源于进步主义的、通常是左翼政治家的政策，可能会损害那些他们原本设计中想要惠及的人群的利益。由一个保守党政治家来凸显我们教育体制核心中的这一基本矛盾，实属讽刺。不是说这样一种矛盾不会出现在工党政治家的政策中，而是作为研究者，不管我们的政治倾向如何，我们必须抓住机会，不管它们来自哪方。高夫时期的政策尽管烦扰不断，但它给我们的一个教训是：政治判断和教育判断之间并没有直接的对应关系。更进一步，通过强调我们的教育意识形态中对待知识的态度（认为知识是维护不平等体制的不可逃避的一个部分）的悠久历史，我们可能会在一定程度上向那些想找到知识、自由和社会公正之间的关系的人解释这一做法的难度。

　　正如我们在第五章中所论的，未来 2 根源于二战后的政治乐观主义以及如下意识的崛起：未来的民主教育体制不能建立在一个理所当然的未来 1 的精英主义之上。我们比较了未来 1 的"社会性不足的"或非社会性的知识观与逐渐浮现的未来 2 的建构主义知识观。它的学术形态是 20 世纪 70 年代的所谓的"新教育社会学"——尽管其课程隐喻早在之前十年就已出现了。

　　我们将 20 世纪 70 年代以来教育界兴起的共识称为"未来 2"及"过度社会性的"知识观。本章大量描述了这种知识观是如何在中学中体现的，尤其是它如何

使那些低成就学生继续待在学校里。然而,这种体现方式,正如以 1967 年的《布劳顿报告》(Plowden Report)为典型的儿童中心主义的课程那样,可能影响更为深远。一个极为惊人但很少被评论的事实是初级教育中公立与私立学校的课程分化(Menter,2013)。公立小学的儿童中心课程与同样年龄段的私立学校——如"预备学校"(preparatory schools)中的学科导向课程之间的持久性差异是一个很少被研究的话题,这太令人奇怪了。这些"预备学校"过去且目前仍将自身定位在为学生进入付费的"公共学校"(public schools)做准备,为离开时的"普通入学考试"做准备。他们提供了一种进入"公共学校生活"的早期入门培训:提供基于学科的课程;且,结果是,自从 19 世纪末最早的"预备学校"成立以来,它们的学生就从七八岁开始高强度地学习学科专门知识。

六、未来 2 及其社会建构主义假设

尽管社会建构主义的知识观隐含的相对主义不可避免地遭到了相关课程开发者和教师的否认,但这样的课程究竟是如何设计、实施的,却很隐晦。依据能力标准来开发的课程是其中的一个极端案例(Young,2011)。一个"过度社会性的"知识观否认任何外在的实在,因此,它不能区分知识与经验,且对任何除课堂中教师和学生共同建构出来的课程以外的课程持怀疑态度(Yandell,2014)。教师的兴趣被认为存在某种程度的客观性,或至少有其自身的有效性——对于一个宣称是"专业"的行业来说,这真是一个奇怪的观点。几乎等于在说,教师是无产阶级的成员,是他们自己和他们的学生的历史的代理人。

对中学而言,20 世纪 60 年代的《纽森报告》(Newsom Report;Central Advisory Council for Education,1963)及随后的课程改革是首个将社会建构主义落于实践的案例。如果不存在客观上"更好的"知识,就没有需要被所有学生学习的知识。"拥有知识的权利"这一理念在英国可以追溯到 19 世纪试图拓延教育机会的斗争——这些斗争由新兴的工会运动发起,和宪章派的口号"真正有用的知识"(Johnson,1979)联系在一起。然而,随后的改革家们如纽森(Newsom)颠倒了

这种理念,为所有人赋予"更好的"知识的理念被看做一种少数精英团体强加给普罗大众的负担。这种态度可以在一位校长近期的言论中反映出来。在庆祝高夫被免职教育部长时,有人引用他的话说,像"经济学、物理"这样的学科"并不适合我们的大多数孩子"——多么令人吃惊的反转:过去我们抗议那些高选拔性的学术性中学堵上了大多数学生获得知识的道路。正如这一位被引用的校长那样,校长们断定,学科中心的课程歧视弱势群体的学生,用社会学家布迪厄的话说,它们是"权威权力强加给我们的一种权威文化"(Bourdieu,2011)。

《纽森报告:我们的半个未来》(Newsom Report,Half Our Future)里有对知识的批评,只是当时没有被这样看待。对于那些被描述为"非学术的"学生而言,纽森将他们"拥有知识的权利"有些家长式地阐释为"拥有一个最适合他们的需求和能力的课程的权利"。《纽森报告》将这些需求理所当然地视为非学术性的、实践的、职业的。

主流的教育思想接受课程按照其知识原则进行分化。另一方面,未来2的激进支持者们(我在20世纪70年代时也是其中之一)认为学科与科目之间的分化是"官方知识"[1993年麦克·阿普尔(Michael Apple)提出的概念]的霸权的、压迫的、陈旧的形态,而常识经验将会因此消亡。在一个日渐民主的社会中,每个人的"知识"都应该"算数"。这使得20世纪80年代以来,一些口号如"大众教育"以及"批判教育学"在美国流行起来并逐渐主导了大部分的课程研究。有关这些观点的争议集体噤声,批判教育学家如彼得·麦克莱伦(Peter Mclaren)等在全球巡讲,风头无两。与此同时,取得高分的学生一年比一年多。不管是学术界还是政界都没有人敢冒险质疑"这可能是分数膨胀的讯号"或者甚至是"课程的低智化的讯号",而不是体系变得越来越公平、学生变得越来越博学。

在20世纪80年代和90年代,除了学术界的极少批评,对未来2仅仅只有和70年代的黑皮书一起短暂重现的一些批评而已,而这些声音很容易被视为右翼宣传,从而被摒弃。20世纪的最初十年间,相似的批评又出现了,且越来越精妙、越来越有影响力,很多发表在右翼智库如"政策"(Politiea)、"政策交流"(Policy Exchange)、"改革"(Reform)与"西维他"(Civitas)的出版物上。这些出版物提供了很多研究和论辩,高夫在成为教育部长时吸收借鉴了不少。在那时,未来2的理念根深蒂固地扎根在资格证书与课程发展局(the Qualifications and Curriculum Development Agency,QCDA)以及很多中间偏左的智库如"德莫斯"(DEMOS)的出版物上,它们呼应着之前我们讨论的20世纪60年代的《纽森报告》。

为14岁后学生设置的课程的持续分化由20世纪八九十年代的保守党政府发起,在1997—2010年间被它的继任者工党政府进一步发展;稳定增长的拿到某种形式的资格证书的学生数量为它提供了合法性。一个"过度社会性的"知识社会学(至少隐晦地)也被拿来证明如下观点的合理性:实践性的课程与学术性的学科导向的课程是平等的,事实上实践性课程在大量扩张,因为学校试图提高它们在绩效表上的排名。

如果不是2010年联合政府上台、麦克·高夫就任教育部长并委托艾莉森·沃尔夫(Alison Wolf,2014)发布了一份报告,这一过程可能会继续不受挑战地进行下去。沃尔夫的报告指出,通过认证一些"学习结果"而不是通过书面考试获得的证书实际上毫无价值,除了提高学校的所谓绩效排名;它们没有带来就业,也不会被雇主正眼看待,这些证书的获得者们也很少去参加一些高阶的有利于他们未来就业的课程。

第五章中我们描述过,未来2的初衷是为精英、落后、不能适应21世纪新环境的未来1提出更多更具包容性的选择。未来2的课程强调学习者的选择权、儿童的"自然"发展(尤其是在低年龄段)、对知识的相对主义看法、不同知识领域间及学校和非学校知识间的边界模糊、否认在所有教学论中都处于核心的权威关系……这些都被高夫及其政策迎面痛击;毫不奇怪,高夫及其政策也在教育界中受到了大量的抵制。高夫试图强迫教师们接受如下事实:教师的角色是为大部分学生提供他们在家里无法获得的知识。这一点惹怒了教育界。他实际上是在指责老师们关闭了弱势孩子获得知识的通道。这导致他支持的所有事都受到大量刻薄的反对。在政治上,这些对抗最初来自教育界,但很快就扩散了并最终导致了他的下台。从政治的角度来看,并不是高夫的政策本身有问题,一个本已被欧洲的分裂弄得疲惫不堪的政党内部的分野才是问题所在。一个准备迎战大选的政党没有办法承担失去家长和教师这部分重要的选民的后果。一些家长和教师已经开始担心高夫的考试政策和免费学校扩张带来的招生入学问题了。作为一个政治决定,高夫被免职教育部长无疑是成功的。2015 年 5 月 7 日大选前的一系列政治论辩和竞选造势的一个突出特点就是很少提到教育;而 5 月 7 日大选的结果是,保守党胜利了。

七、批评存在的局限

本章关心的并不是政治,而是高夫对未来 2 的教育主张的攻击及其可能的后果。高夫对课程的看法是回归学科中心课程——一个世纪以前它是为精英人群设置的,但目前要提供给所有学生。不难想象,他的课程政策和对学科中心课程的辩护被解读为号召回归到落后的、精英主义的、视所有知识为"我们已经知道的东西"、倡导知识传递的教学模式⋯⋯的未来 1。

论辩于是变成了葛儒耿(Gradgrind)[1]所看到的过去(教育界看高夫的政策就是这样的)和高夫看到的课程(由学习者选择,对学校的使命——掌握知识不管不顾)之争。很难看到这样的争论如何能产生一种适合 21 世纪的新的教育愿景。未来 2 对未来 1 弱点的回应以及高夫对未来 2"走过头"的回应有一个共同的不足:都没有看到知识的增长是课程及一个公平的社会的核心问题。对所谓的"21 世纪技能",比如"学会学习""问题解决""团队协作"等的时髦呼吁否认了今天学生应该学习的实质性知识的特殊性。高夫强调"为了所有人的学科"(subjects for all)可以被接受,但他对学科抱持的落后的阿诺德式的看法——"人类想过的和说过的最好的东西"最多不过是满足控制和问责的要求,而不是对所有学生赋权新知识。没有一个更合理的知识概念,高夫的学科中心课程就只能接受布迪厄的批判——学科代表着"权威权力强加给我们的一种权威文化"(Bourdieu,2011)。没

1　狄更斯的小说《艰难时世》(*Hard Time*)中的人物。

有了高夫的推动和教育部的愿景,很难预测学校课程的未来。最有可能的就是滑向一个对抗性没那么强的争论:未来 2 的不同版本 vs. 对学科的传统保守辩护。

本章最后一部分将基于学校教育的目的——为每一代人中越来越大比例的人群提供获得"强有力知识"的机会——而描绘一幅替代的课程图景。它不是一套新课程的原则,而是一项研究动议:发现"有关知识的专门化"的知识应该是这样一种课程的基础。

八、超越未来 1、未来 2 及高夫的批评

高夫的遗产的重要性是它将学科和知识带回到了课程论辩之中。尽管在其存在形式上,学科确实需要被批评,但它们的这种存在形式主要是由其自身在课程中的角色——可以被描述为"有权者的知识"(见第九章)——塑造的。然而,它们不能再被指责只是一种"官方知识"了。高夫留给我们的遗产的缺陷是,作为一种继承下来的传统的学科,某种程度上能够定义 21 世纪学校的目的。这和新知识的生产从国家关注的边缘走到了中心之前的课程并没有什么不同。19 世纪英格兰文法学校和公立学校确立了未来 1 的知识模式时,物理学还只是自然哲学的一部分,医学研究还几乎不存在,牛津大学和剑桥大学都还没有工程学教授,也没有社会科学的本科研究。和那时相比,我们的教育已经改变了太多。但是,这些例子仍可以说明问题。尽管不过是一种深植于过去的知识观的肤浅表达,它到目前为止都还没有从高夫的学科中心课程中被移除。

九、高夫没有考虑到的问题

高夫试图重新创造一种学术性的学科中心课程模式,来对抗他看到的未来 2 知识的不足。这一诊断我们是可以(至少部分地)赞同的,但他提供的替代方案的基础却是不切实际的回到过去。它重视未来 2 课程忽略的边界(学科间的、课程和经验间的)在知识获得方面的角色。他认为他是在让学校回到它最自然的事情

上——教师和学生既要对学科也要对他们面对的世界保持热情。这样的时代从来都是不存在的,如果有存在过,那也是针对极少数人的。因此,他的课程模式不能回应两个最基本的当代问题:如何激发所有年龄的学生充分地掌握课程,以思考课程以外的东西;如何创造一种课程,使每一代中学生中的最大比例者都能参与——在他们失去获得新知识的兴趣之前。

高夫强调知识以学科的形式存在,但他似乎假设这样的知识在等着学生来掌握它们,而学生将受到对自己的学科怀抱热情的教师的激发鼓舞——通常只有一小部分学生会这样。高夫没有指出的,且作为一个政客我们不应该期待他指出的是,我们也需要"有关学科的知识——知识应该在课程中采取的形式",也就是,如果它真要成为创造新知识的基础、让初学者掌握知识的基础,那么它到底是什么?我的批评是(不能全怪高夫),和所有的政治领导人一样,在一个复杂的社会里,他们不能靠卡里斯玛(Charisma)来统治,他们需要专业性,在这个例子里,他们需要课程理论的专业知识——他无知地将它们都归为"隐晦的马克思主义"或"莫名其妙的一大团"。如果他有一个不同的教育视野,他一定能在英国或其他国家找到能够求助的课程专家。很遗憾,课程理论的处境很艰难,最多只是看起来有希望。他本来可以从课程理论那里获得一些有关"到底什么是必要的"的非凡洞察,并指出下一步的道路是我们这些课程理论家们要做的事。在本章的结尾,我们要开始这一旅程,希望其他有远见的政治家们可以引以为鉴。

如果学校是负责知识掌握的专业机构,教育研究,特别是课程理论能够提供给政治家和政策制定者们哪些这方面的知识呢?目前答案很少。基于知识的课程作为一个口号是可以的,它告诉我们应该避免什么,但很少告诉我们,如果真要拓展获得机会的话,这种知识是什么、它要如何被筛选并安排步骤和顺序。我们不能假定知识会自己呈现。任何有价值的知识体如课程或学科都是依照其目的而专门化的。我们当前的学科与课程传统已经积累了一些资源,但如果我们不想回到未来 1 及其精英主义,我们就需要研究它存在的问题并超越它。这里我们只是指出了高夫忽略的一些问题:不能仅仅将知识视为一种传统而不是超越这种传统的资源。这些问题在本书其他地方也提到过。

- 什么是科目(subject)？新科目是怎么出现的？什么是科目知识？科目知识是如何变化的？它们的不变特征是什么？科目间在概念和探究方法相互联系的情况下又是如何保持不同的？

- 不同科目在其源头的学科(disciplines)那里是如何相互关联的？提出这个问题对我们探究一些规律如伯恩斯坦的"再情境化"和"步调、顺序、筛选"有什么用？

- 所有的科目在认识论来源上都依赖于学科吗？有没有其他的方式可以设计一个系统化的、内在一致的、不陷入"一般技能"列表的课程？

- 不同科目的教师(如科学、社会科学、人文与艺术)在判断学生时所基于的标准有何不同？

- 不同的科目是怎样支持学生一年年的进步的？是怎样支持克里斯·温奇(Chris Winch)所说的学生可能的"认识论进阶"的(Winch, 2012)？

- 学生在学习不同的科目时分别涉及哪些实践性技能或有关"如何做"的知识？

- 如果科目及其边界是学习者和教师身份认同的一个来源，那么教师在什么情况下应该鼓励学生跨越边界呢？

这些只是开始。高夫的学科中心课程和我们第五章提到的未来 3 课程的不同之处在于，前者认为上述问题的答案就在不同学科的传统中，毋庸置疑，不同学科都有其不同的学科知识概念、不同的课程目的、不同的与其他学科以及大学的学科专家的关系。事实远非如此。如果我们要严肃地拓展教育机会，我们就必须知道真正的限制到底在哪里，比如，限制我们了解托尔斯泰(Tolstoy)的程度的，是俄语水平；同样，一个人的数学水平也限制着他/她对物理学的理解程度。

学科专家是回答上述问题的丰富资源。但另一方面，他们也忽略了很多视之为理所当然的事情，还有很多他们、我们都不了解的事情，尤其是不同的专门性科目所掌控的知识进阶。很多在学科传统内的做法是积极的，是掌握新知识的基础，但有些也是负面的。一些传统和方法可能只是从来没有被质疑过。对未来 3 而言，这些都是研究问题——学科社群内部、外部的问题都是。只要知识与认识论进阶对于大部分学习者来说都是首要需求，这些问题就会存在。

十、结论

本章讨论了三个观点，可能和很多教育评论家或研究者的观点相反。第一，高夫的改革提出的教育中的知识问题本应该由左翼的教育研究者们甚至是政治家们提出来的，但是并没有。它们由一位保守党政客提出，即使我们不同意他的措施，但不能否认他提出的问题的重要性。第二，高夫留给了我们太多他自己可能从未想象到的要做的事情。我们对知识所知甚少——尤其是在课程中知识是如何结构化以促进学生掌握它的。

第三，虽然我对高夫的倒退的课程观进行了批评，但我也讨论了其执政时期的两个积极后果。首先是他反对课程政策中将知识相对化、模糊知识和经验的差别的倾向。这种倾向看起来似乎很进步，但在实践中其实否认了知识，尤其是蒙蔽了那些最为弱势的群体。其次，他的政策开启了一场迟到的有关学校目的的辩论：到底学校课程应该由什么构成？到底应该达成什么目的？我将此集中到了英国的背景上。但我想说，它们勾起的问题、高夫的政策引发的教育界的反对与对抗，在某种程度上是所有国家都必须面对和解决的问题。

高夫的保守主义的、倒退的学科中心课程概念无法作为达成其目标——为所有学生赋予获得知识的机会——的基础，它反而可能走向相反一面。已经有一些警示出现了，比如有学校为自己打广告为"提供知识导向的课程"，这开始成为一种口号——它本来应该是一系列的问题。最后，正如本书一贯希望能达成的整体目标那样，本章所讨论的"有关知识的知识"是一个专门的研究领域，对它进行研究是我们课程理论家和学科专家共同的责任。我们已经有太多被视为理所当然的学科知识，实际上，我们对学科知识知道的太少了，尤其是如果我们真的要严肃对待"为了所有人的知识"这句宣言的话。

第七章　科学与技术类高等教育中知识与技能的未来

在当代有关教育的流行作品以及很多学者的研究项目中,涌动着一股自信的预测未来的潜流。教育似乎整体上都"落后于时代"了,尤其是没有跟上劳动力市场的需求。大学经常被痛斥为没有提供"知识经济"时代的未来劳动者所需的技能[见凯斯(Case,2011)对工程学的批评]——讽刺地是,这些技能又经常被说成是快速变化的。这些预言者们似乎认为答案显而易见。一些人认为"终身"学习就是补救措施(如 Knapper 和 Cropley,2000),尽管一个西西弗式的(永远徒劳地辛苦工作的)学习者的社会听起来像奥威尔(Orwell)的反乌托邦(dystopia,理想社会的反面,糟透的社会)。另一些人认为新技术提供了答案(如 Bates 和 Poole,2003)。还有一些人相信学习必须从过时的学科及那些专业人士手中解放出来。更大胆的一些人认为传统的研究模式不再能够产出我们需要的东西,我们正在迈向一个新的跨学科、跨机构研究的时代,称为"模式 2"——走出了不再值得信任的落后的"模式 1"(Gibbons 等,1994)。

几年前,在凯里·杰维特(Carey Jewitt)领导的"超越地平线"项目(Beyond Current Horizon)的委托下,麦克·扬和我下定决心要在未来学的"浑水"里趟一遭,为了从知识社会学的视角解释当下正在发生什么(参见第五章)。结果我们开始了一种特殊类型的"未来思维"练习。我们试图画出一条从过去到未来的发展轨迹:从"未来 1"的理想型到"未来 3"的理想型。本章的目标是在高等教育的科学、技术、工程与数学(science,technology,engineering and maths,STEM)领域阐释这一观点,检视它对于不久的将来的 STEM 教育有何启示。

在最初考虑对当前的 STEM 教育有何意义时,我们有两个基本的出发点。

首先,毫无疑问,由新的发明发现、新的技术挑战、新的劳动力分工——新型工作的不断涌现和旧工作的不断淘汰——所驱动,我们生活在一个 STEM 领域的知识越来越专门化的时代(Brown 和 Lauder,1996)。在我们的教育生命中,知识的不断专门化是一个明确的约束条件,教育者们尤其是像 STEM 这样的概念密集领域必须适应这个条件。不断增加的专门化水平使得新知识的不断加入成为必需，也使得每一个教育阶段的认知需求杠杆都在不断增高。所有的 STEM 教师都明白，这意味着他们要面对一门已经要在接缝处爆裂的课程，而且还得避免简单化处理。这种"简单化处理"就是调快课程材料的步调（压缩、加速），它将有利于那些有特权背景的学生，因为他们从小由更好的老师教导、在认知丰富的环境中成长、有着更好的准备，能对增加的新材料有很好的应对。我的立场是，出于伦理考虑，我们理应找到拓展机会的学习形式，让那些教育背景较差的学生不至于停步不前。然而在教育中，这只是争论的开始，并没有指出到底应该怎么做。

第二个出发点是不可避免的知识的分化。不同知识（学科及其课程载体）有不同的认识论和社会属性。这蕴含着如下限制：做研究要有不同的安排、联合领导要有不同的形式、课程融合要有不同的形式，等等（Muller，2009）。复杂的高度专门化的专业如医学、工程学、建筑学等是不同的社会——知识社群和与其不同的认识和文化类型的动态的混合物（Becher，1994；Becher 和 Trowler，2001），而它们之间的差异需要被管理——如果它们不是从一个无缝链接到下一个的话。

我们的那篇三种教育图景的文章（见第五章）又基于处理这两个出发点的不同方式，进一步描画了三个概念图景或者说"未来"。图景 1 和 2 很直白，第一个是"传统主义"，我们称之为"社会性不足的"知识概念（见第五章）；第二个是"进步主义"，是对传统主义的反击，但我们认为它将导致"过度社会性的"知识概念。这些图景显然展示了中小学及高等教育不同领域中的相似性及差异性。

此类描画很容易让人想象一种从图景 1 直接迈向图景 2 并最终走向图景 3 的路径。这样一种不可避免的印象其实是幻觉。图景 1 是为精英阶层的年轻人设计的教化机制，课程的内容被视为相对固定的、非常重要的。它最终成为了自身的内在缺陷的牺牲品，主要是既不能应对一个逐渐大众化的、多样化的体系，也不能回应 20 世纪 50 年代以后的新知识的指数增长。图景 2 作为一种解放的、替代性的、试图回应快速增长的创新与多元性的方案，强调教师和学习者的创造性活动，认为活动是前景，而要学习的东西——日渐专门化的知识基础——只是背景。

STEM 高等教育遵循了类似模式。

图景 2 是当下正流行的，不断受到因其自身的盲点而带来的压力。本章将主要关注图景 2。然而，必须强调的是，每一个图景都有，或者曾经都有一个合理的内核。传统主义被追求图景 2 的热情淹没了，我们必须小心，在社会实在主义的图景 3 中（找回图景 1 中的一些好的方面，同时把它们应用于新的变化的条件）不要这样对待图景 2。

本章的观点是，每一个图景都需要被认真对待。传统主义在 STEM 中意味着如下两种知识观：要么视知识为一种理性主义形式，因而强调理论和理论训练；要么视知识为一种经验主义形式，强调命题性知识（"事实"）；通常同时认可两者（见第十四章）。这并不意外，笛卡尔（Descartes，理性主义）和培根（Bacon，经验主义）对 17 世纪的科学技术起飞都至关重要（Gaukroger，2008）。它们是知识进阶概念的基础，也因而是专门化的根基。因此，它们是科学和技术的自我形象的基石。在这个意义上，在科学和工程院系，它们仍将一直存在，至少在研究领域。尽管在教育学上，它们可能会导致一种奇怪的对课程、对教与学的僵化看法。

传统主义导致精英主义是因为在它不断扩张、适应日益增长的需求的过程中，没有注意到这些需求的基本形式以及变化的社会基础，于是它就不断复制现存的社会特权模式。原因之前已经提到过：随着课程为应对专门化的压力而不断提高传递速度、抬高需求门槛，只有那些已经准备好的学习者才能适应得最好。传统主义的盲点的持续症状就是学生辍学率和复读率的居高不下。这导致了接替它的图景 2 模式的"应急救援"——可能有点效果但并没有解决问题。已有一系列试图解决这个问题的技术方案，如近期的开放线上课堂（MOOCs）等，但这些通常只是转移了问题——把课放在学生面前就能解决问题吗？毕竟，线上课程的"辍学率"很低——大家通常不会因为没兴趣就注销在线账户。这种方式和传统主义有共同之处，都将知识的固定性视为理所当然，认为问题"就在那里"——出在教育参与者或者作为中介的技术"那里"。

正是为了处理传统主义对学和教的这种站不住脚的观点，类似"学术发展"

（Academic Development）[1]这样的项目应运而生了，至少在南非。它们拥护 20 世纪 60 年代、70 年代及 80 年代的快速增长和扩张的图景 [2]（Scott，2009），通常的形式有表达信念的文章、作为专业认同的徽章等，并且直到最近，它们都很少被批评。这种情况开始发生变化了（Case，2011；Shay，2012；Luckett，2009）。

进步主义受到了很多拥戴。其初创理念根植于同样反对理性主义与经验主义的建构主义，认为不管知识看起来是如何明显地固定不变，它仍旧是人类活动和历史的产物。这一向"活动"的转变一开始是极度解放的，不管是在政治上还是认识论上（见第二章）。因为它拒绝将社会和教育等级分化作为既定的、不变的，南非的进步主义一开始是和 20 世纪六七十年代的民主运动联合在一起的，时至今日还一直被称为进步的。

建构主义作为一种潜在的教学进步主义理论运动（Moore，2012），是一个试图为课程论辩建立社会学基础的认真的尝试。它清楚地阐明了教学和学习的过程（参见 Biggs 和 Tang，2007），就像科学社会学阐明了科学发现的过程那样（如参见 Pickering，1992）。然而，在它试图将知识社会化的尝试中，课程与教学滑向了相对主义，将婴孩（知识、真理、客观性）和洗澡水（静止的、非历史的知识观）一起倒掉了。我们不能因为知识最初是被建构出来的，就因此怀疑或否认至少其中一些知识是有价值的、真实的、客观的，或者说追求真理的精神是值得赞颂的（Williams，2010）。

在 STEM 中，面对一群科学家的顽固的怀疑，以及工程师的同样顽固的实用主义，想维持现实与真理的建构性一定是很难的。但它的推论——世界上的万事万物都可以由正当的人类努力而改变——却可能在某种程度上引起一些"能做事的"工程师们的共鸣。如果教育的真实性是被建构出来的，那么它们也可以变化。教育活动的两个源泉——教师和学习者，就成为了学术发展注视的焦点。这种情况直到今天依然是压倒性的（Case，2013）。如果试图改变这种情况的尝试失败了，那么一定是因为它缺乏认识论的坚毅与社会政治意志。结果是，在当代学术

1　也被一些文献称为"教育发展"，关注教师发展，在南非也关注学生发展。

发展中,经常见到一些只是道德主义气息的文章。

聚焦"活动"或者"实践"可能无意地倾向于遮掩成功的教育活动所依赖的知识基础,因而也致命地遮掩了不同课程对专门化知识的需求。换句话说,聚焦在教学(和学习)活动上往往会忽视各种各样的"获知能力"(knowledgeability),而这正是教学高度依赖的,有时甚至被视为一种美德(Dall'Alba 和 Barnacle,2007)。因而,几乎和其最初的解放的意图相反,进步主义的图景 2 已经走向了过度社会性的、视知识概念为一种不分化的"活动"的死胡同。换个视角:图景 2,尤其是在盎格鲁—美利坚传统中,已经变成了"实践"的概念,比如技能、胜任力、守时的表现,等等。这是一种"单薄"的"实践",而不是一个由德语的"素养"(kompetenz)——是一个"厚重"的包含正式知识、过往能力、道德品格等的概念——演化来的宽泛意义上的教育"实践"版本(Winch,2010;Bohlinger,2007)。

图景 1 和 2 都是它们各自时代的教育运动。它们分别描述了 STEM 教育面临的部分事实,因而各自都有一些难以修正的地方。这是指,在它们的核心选区内,它们依然作为"唯一的存在""最好的那个体系"发挥着作用(Tyack,1974),反对着其他那些"虚假的冒牌货"。因此,它们卷入了一场两极化的论辩:在它们各自的立场间展开。20 世纪 70 年代我们有文化之战(Culture Wars),80 年代有科学之战(Science Wars),都是这两者在其缓冲地带的相当激烈的短兵相接。强度较低的教育学之战(Pedagogical War)也间歇性地发生,例如工程和医学领域的"问题导向学习"(problem-based learning)的支持者和反对者们之间就是这样(Case,2011;Hartman,2014)。每一个立场都压制了另一个立场的重要方面,造成了教育领域徒劳无功的左右摇摆和振荡。在大学特别是"学术发展"项目中,这已经导致了教育进步的减缓,除了一些填充出版物的小规模研究和干预性研究,没有太多标志性的成功——与此同时,其科学与技术院系的学术同行却很确定地在发展。

图景 3 是麦克·扬和我试图走出无意义争执、联合图景 1 和 2 的积极特征同时避免它们的不利方面的尝试。我们并不是假定一个人能够简单地调查出优点、弱点并做出一个明智的选择。如上面所指出的,两种图景都完全是社会历史现象,它们留下了很多历史沉积物和路径依赖。在 STEM 教育中,它指的是主流 STEM 院系中还残留着的图景 1,以及相反的在"学术发展"项目实践者那里的野心勃勃的图景 2,以及介于两者之间的很多变体。学术发展项目基本是倾向于图景 2 的方向的。基于上述分析,我们建议,前进道路之一是直面图景 2 内在的去专门化、去分化的倾向,至少呈现出这种立场的倾向性局限。

我将列出图景 2 的一些潜在的去分化特征,但本章只会探讨其中之一。它们中的大部分(如果不是全部)都来自对图景 2 的基本假定——"活动"或"实践导向"的过度拓展。如上所述,这种导向有其积极意义,因为它将图景 1 的基本上非历史的取向"社会化"了,并且通过强调"行动"这一概念内在的动态性、变化性的时刻而获得了解放的力量。但同时,实践导向又太容易被下列趋势所限制:

- 强调以中介为中心的经验(agent-centred experience),牺牲专门化的知识;

- 强调学习者的差异,牺牲知识的差异;

- 强调普遍性教学法如结果导向或问题导向学习,忽视具体知识类型的教学法;

- 强调技能,牺牲知识。我后面将进一步探讨这一点(也参见第十三章)。

科学和工程教育对技能这个概念有一种强烈的直觉性认识。它直接指向成功学生必须能够展示的以及那些不成功学生不能展示的胜任力或能力。然而,从非循环论证的角度应该如何规定它呢? 如果我们不明确表达例如"学生必须能够做一个成功的设计项目",我们又怎么说学生必须能够做什么呢? 但是这种看起来"明确的"点其实隐藏了如下事实:"做一个设计项目"需要大量不同的课程和教学安排,是一种"整合型"(integrated)符码而不是传统的"聚集型"(collection)符码,这些都是课堂需要适应和跟上的,需要非常不同的"识别规则"(recognition rules)以应对新的评估期待(Kotta,2011)。

和教育中的其他领域一样,在 STEM 领域规定技能存在的问题是很难描述技能(或"技术""结果"其他"能做什么的"替代品),只能以一些一般性的术语来描述,这恰恰在一开始就模糊了获知实践的专门化与差异性(Winch,2014)。比如,在四年级工程领域的设计项目中,技能主要是"能做什么",但它和传统课程——

如建筑领域的设计项目所期待和要求学生"能做的"是很不一样的(Carter,2014)。因此,雇主们在抱怨学生"不会做"(can't do)的事情时所期望的他们"能做"(can do)或"知道如何"(know-how)到底指的是哪些,是非常模糊的。哪类知识是"知道如何"的知识? 它有哪些不同形式?

温奇(Winch,2013)建议所有需要被掌握的教育领域在课程中都能被描述为:

● **知道什么**(know that)的,或命题性知识(propositional knowledge);

● **知道如何**(know-how)的,或程序性知识(procedural knowledge)。

有一点需要指出的是,"知道如何的"知识有三种不同类型。第一种类型是**推断性的知道如何**(inferential know-how),即知道要学习的概念性知识(知道什么的知识),如在常规的化学或化学工程课程中,是如何相互联系的,我们如何对待这些联结不同知识"字节"的认识论节点。这两门学科——化学和化学工程——的内在的推断性关系、内在的概念逻辑都是不同的,因为它们的认识论目的不同,而这是一个可能引起混淆的不同,必须通过其各自的识别规则来被掌握(Smit,2012)。

第二种类型是**程序性的知道如何**(procedural know-how)[1]。这个名字不尽如人意,听起来有点自我贬低(只是程序性知识),不能充分表达其认识论内涵。事实上,它指的是一种更冒险的、更不确定的知识类型,指的是新手学习者学习如何去找到新事物、找到在什么样的情况下可以怎样验证或保障自己的知识、在真实情境中有哪些容忍度以及限制条件、形成新判断以及对问题的解决方案,等等。

第三种类型是**个体性的知道如何**(personal know-how),是一种在不同的实际"做事"的过程中、在多样化的经验中逐渐积累起来的有个人特质的知识。大部分的这类知识不能被编码,除非实践者不怕麻烦把它发表在工商界或学术期刊上,或者转化为一项专利或注册软件(这种情况往往更重要;Foray 和 Steinmueller,2002)。

1　很令人困惑的是,"程序性知识"通常用来命名推断性知识——被编码为算法、软件、程式的都是推断性知识。在这个意义上,程序性知识指的是一套已经在很多情境中得到验证的可以被视为一种可靠的捷径(直到它失效为止)的关系。我和温奇一样,在此采纳的是它的宽泛含义。

除了这些,温奇还区分了一系列不同的实践性更强的"知道如何"的知识,教育者们通常在松散地谈论"技能"或"实践专长"时是把它们结合在一起说的。如:

> 在盎格鲁-萨克逊国家,谈到职业性的"知道如何的"知识,人们几乎是本能性地会想到技能,就像没有其他类型的实践能力值得考虑那样。这种趋势对思考专业的和职业的课程有着深远的破坏性影响。
>
> ——温奇(Winch,2014)

这些实践性的"知道如何"包括技术(techniques)、技能(skills)、横向能力(transversal abilities)、"项目管理"(project management;温奇指的是类似一个设计项目中的多层面、多技能需求)以及职业能力(occupational capacity)。它们都是不同的,抓不住其中一个或多个可能会损害整体的胜任力(competence)。

首先,这些不同的知识是累积性的(cumulative),有三层含义。第一,在开始学习"知道如何"之前,学习者必须对"知道什么"(概念内容)有一定的掌握(Bengson 和 Moffett,2007);第二,在进入不确定的程序性的"知道如何"的领地进行任何自信的探险之前,学习者必须学会抓住推理以及推断性的关系;第三,各种不同的"知道如何"本身就是嵌套的——它们也有认识论进阶(Winch,2013),也就是说,它们也有或强或弱的复杂程度,在一门连贯的课程中必须正确地为它们排序。

其次,上面已经强调过,课程的不同部分在认识论上是不同的:它们需要不同类型的规定、必须有不同的识别与实现规则、拥有不同的评价标准,也呼唤不同的教学关系,正如科塔(Kotta,2011)指出的那样。简单地称呼它们为"技能"并不能帮助我们描述它们到底是什么,也不能帮助我们理解:在学生"掌握"不了它们、不能"做"的时候,到底是哪里出了错(Allais,2014)。

本章为未来的 STEM 教育提出了如下试探性的预测。首先是,除非发生了非常剧烈的变化——当前并没有这样的迹象——STEM 学科的非常多样的知识将继续飞速发展和专门化。呼吁开放机会、呼吁获取 STEM 知识和实践性的"知道如何"的知识的呼声与需求也将持续上升,并将为大学带来更宽泛的、更多样的支

持者。如果不及时做出反应的话,将使得图景 1 的教学安排很快失效——不管它
怎么在图景 2 的支持下打补丁。因而,人们将越来越多地聚焦在图景 2 的努力上,
图景 2 可能会越来越大胆、越来越野心勃勃。为了提供更公平、更公正的获得知
识的机会,图景 2 将不得不把那些认识论的障碍赛——演化的 STEM 课程变得越
来越可见。这就需要阐明我们想让学生交涉的不同的内部知识架构(internal
epistemic)和教学架构(pedagogic architecture)。哪些部分他们能够轻松掌握?
哪些部分对哪类学生而言可能比较困难? 我们这么安排会不会使他们学起来更
困难? 我们能更清楚地阐明认识规则和实现规则吗? 通过这种方式,麦克·扬和
我(见第五章)所说的图景 2 将开始走向一个逐渐浮现的替代性图景,一个更有力
的、能更好地应对专门化未来的图景 3。

Curriculum

第三部分

强有力知识

第八章 学校的目的

一、简介

每一位家长和教师都需要问："学校是为了什么而存在?"它当然不是唯一一类我们应该质问其目的的机构,但却是最特别的。和家庭一样,它也承担着独特的复制人类社会、为人类社会的变化和创新提供条件的角色。没有学校,每一代人都将不得不从头开始,或者——就像学校出现之前的社会那样——几个世纪都基本上保持不变。今天,我们追问"学校是为了什么而存在"还有更具体的、更重要的原因。从 20 世纪 70 年代开始,激进的教育家们和很多批判社会学家们都质疑学校的功能,看待它们时大部分是负面的。我想指出的是,尽管这些质疑里有一些真实的、我们不应忘记的元素,但它们基本上都没有很好的构想。教育哲学家约翰·怀特(John White,2007)对此问题提供了一个批判性的但明显积极的答案。然而,和其他负面的批评一样,他没有指出学校的独特功能,所以也没有走远。因此,本章将先回顾这两类答案,然后探讨一种替代性的解决方案:将学校作为一种具有非常特定的"促进知识获得"的目的的机构。

由于各种不同的原因,知识以及学校在促进知识获得方面的角色的问题被政策制定者、教育研究者尤其是教育社会学家们忽略了。对前者而言,聚焦知识获得与政府越来越支持的其他更工具性的目的不一致。

对很多教育研究者而言,对知识的关注掩盖了如下事实:那些拥有权力的人定义着什么算作知识。但是我认为,民主和社会公平的理念与学校应该促进知识获得的理念之间并不是矛盾的。

二、20 世纪 70 年代、80 年代的学校危机

在 20 世纪 70 年代,对学校教育的负面看法大部分来自左翼,它们得到了我所

在的领域——教育社会学研究者们的相当程度的支持。当时教育社会学界普遍认可的观点是：资本主义社会里学校的首要目的是教劳工阶级接受自己的位置（Althusser，1971；Bowles 和 Gintis，1976；Willis，1977）。极少数的升至大学的劳工阶层学生也被视为在合法化这个整体上不平等的教育体系。

到了 20 世纪 80 年代和 90 年代，这种分析延伸到了女性、少数族裔等群体的从属地位上。但这些分析很少能够超越批评，并且对理想的社会主义、非父权主义、非种族主义社会里的学校到底应该是怎样的几乎没有提出任何想法。激进的批评家如伊万·伊里奇（Ivan Illich，1971）走得更远，他声称真正的学习只有在学校被彻底废除之后才可能发生。

三、社会科学中的后结构主义转向

20 世纪 80 年代末和 90 年代，在后现代主义和后结构主义理念的影响下，随着东欧共产主义体系的崩塌，马克思主义和其他预测资本主义（甚至是学校教育）灭亡的宏大叙事都失去了可信度。结果是，对学校教育的批评发生了变化，但更多是风格上的而不是实质的变化。它们吸收了大量法国哲学家福柯（Michel Foucault）的看法，将学校等同于医院、监狱、收容所等监视和控制机构；它们规训学生，规范知识为学科。福柯这样的思想家和此前几十年的左翼的看法之间的区别是，"后马克思主义"理论家放弃了进步（progress）的理念，放弃了存在某些促成变化的具体能动者（如劳动阶级）的理念。在福柯看来，作为监视机构的学校没有什么替代方案——所有的社会科学家和教育研究者能做的就是批判它。他这样表达过这个观点：

> 我绝对不会扮演给出处方和解决方案的角色。我坚信，当今知识分子的角色……不是预见或提出解决方案。因为一旦这样做的话，他/她就只能为本应被批判的权力的决定性地位添砖加瓦了。
>
> ——福柯（Foucault，1991；引自 Muller，2000）

因此,毫不奇怪,这些批判并没有被政策制定者听进去过,除了对社会科学家——有关学校教育,他们实在没有说出过什么。

四、政府的回应

后结构主义兴起的同时,另一种理念——新自由主义——开始统治经济、政府,以及不那么直接的教育。新自由主义认为,经济应该留给市场,政府应该放弃制定经济或工业政策的企图。这种立场的逻辑被英国的两个主要政党都热情采纳了,对学校教育有着深远影响。尽管把经济的所有角色都割让给了自由市场(除了控制利率),政府仍然致力于改革学校体系、提升"人力资本"。新的工党甚至比托利党走得还远;他们认为市场提供了最好的改善公共及私人部门的解决方案,尤其是教育。这带来了两个后果,都与学校的目的有关。其一是试图使学校教育的结果适应预设的"经济需求"——一种大众职业主义。很多后义务教育甚至是一些中小学和地方教育行政部门的业务都被交给了私人雇主——他们有时候很情愿,但大部分时候并不乐意。另一个后果是使教育自身变成了市场(或至少是准市场),学校被迫为获得学生和资金而竞争。我称之为学校教育的去分化。学校被看作一种传递中介,被要求集中于结果,不要关注传递的过程或内容。结果是,学校的目的越来越被定义为工具性的——作为实现另一目的的手段。学校被目标、任务、排行榜驱动,无怪乎学生越来越厌烦、教师越来越"倦怠"。

五、旧瓶装新酒?（New goals for old）

为了重申学校的独特目的,我想考察一下本章开篇提出的问题的两种不同答案。第一种可以参见约翰·怀特为英国教育哲学学会(Philosophy of Education Society of Great Britain)所写的文章《学校的目的是什么,为什么?》(What Are Schools for and Why?;White,2007)。没有人会反对他的观点:学校应该促进人类的幸福与福祉。问题是,这个目标与所有机构(可能除了监狱)的目标一样,并没有说出学校教育的特别目的,以及是什么使它区别于其他机构。在他的文章中,怀特对学科或科目可能定义学校目的的看法嗤之以鼻。他发表了奇怪的观点:学科导向的课程是一种 18 世纪设计出来的旨在满足当时的资产阶级利益的中产阶级配置。他认为以这样一种起源的课程作为 21 世纪学校的基础是非常不可思议的。在我看来,他的观点有两个重大缺陷。

首先,如贝克和勒腾迪(Baker 和 LeTendre,2005)所论,当代英国的课程与其他最发达国家的课程有着惊人的相似,不管它们有着多么不同的历史。更进一步,这种课程是由 18 世纪末 19 世纪初的中产阶级中的特定一部分群体发展出来的这一历史事实并不能成为称之为"中产阶级课程"的基础。这很荒谬,就像描述波义耳定律为一个中产阶级定律一样——就因为波义耳是一位 18 世纪中上产阶级的绅士!科学发现的特定历史起源很有意思,它们也是科学定律的历史起源;但是,这些起源并不能告诉我们科学定律的真理性,或者某个特定课程的价值。

其次,怀特的观点不能解释为何历史上的家长,尤其是在发展中国家,有时即使作出巨大的牺牲也要让自己的孩子能尽量长时间(指年龄上)地留在学校里。父母到底期望这些牺牲能换来什么结果?尽管问出了"学校的目的是什么"这一问题,怀特和政府及后结构主义者一样,最后也对学校的目标不加任何区分。于是,我们有了福柯的监视、新工党的就业能力、约翰·怀特的幸福与福祉。我肯定是更喜欢最后一个,但它很难为课程提供指导。

让我们暂时回到福柯。当他把学校和监狱、收容所、医院当做一类机构时,他并未看到为争取大众教育的政治抗争史和学校的独特性。我想简要聚焦在第一点,并由此发展出有关学校独特目的的观点。

六、有关学校目的的艰难挣扎

有关学校目的的历史性抗争可以从两大张力来看。第一个是**解放**的目的与**统治**的目的之间的张力。从 19 世纪英国的宪章派开始,到近期南非的班图教育

(Bantu education)运动,统治阶级和从属阶级一直试图利用学校实现他们的各种不同目的。我们只需记得尼尔森·曼德拉(Nelson Mandela)就是由班图教育运动之前的非洲学校教育培养出来的,就能时刻警醒:即使是最压迫的学校教育体系也能被一些人利用,成为解放的工具。第二个是"谁得到了学校教育"和"他们得到了什么"这两个问题之间的张力。

很少有例外,英国学校的斗争一直是将第二个张力作为既定的而聚焦在第一个上。当然,对这些问题展开论辩的条件已经改变了,19世纪为了免费义务教育运动而开始的"入学机会"(access)问题导致了围绕"11岁＋"(11 - plus)[1]考试和选拔制度的艰难挣扎,在当前表达为促进社会包容和扩大参与的目标。围绕"他们得到了什么"的问题的论辩也能回溯到19世纪的宪章运动及其著名口号"真正有用的知识"。这是为了攻击由《圣经》经文主导的课程。宪章派的理念在20世纪70年代被左翼重启了,但今天远没有被广泛讨论。

早期的论辩可以被看作两个相反的教育概念,它们在当前政府的政策中都是支撑性的理念。其中之一可以被称为"作为结果的教育"。在这种教育政策取向里,教学与学习被设定、评估、达到目标、学生准备测试和考试……主导。另一个不那么明显的取向是一个非常不同的教育观,表达为科目课表(subject syllabuses)的理念。它认为教育的首要目的是让学生获得不同的专门领域的知识。这种"教育是知识传递"的观点受到了教育研究者们的猛烈批评——这些批评有一定的合法性。然而,我的观点是,这些批评忽略了一个关键点。它们聚焦在"传递"暗含的机械的、单向的、被动的学习模式和与之相关的保守主义的教育观与学校目的。但与此同时,它们忘记了"传递知识"的学校教育理念赋予了"传递"非常不同的意义,很明显地预设了学习者在获取知识的过程中的主动参与。学校主要是文化或知识传递中介的观点为我们提出了"教什么知识"的问题,尤其是,什么知识是学校有责任传递的? 如果我们认可学校有这种功能,那就暗含了

---

1 译者注:"11岁＋"(也被称为11＋、11plus、Eleven-plus)是英国一些学校的学生在小学最后一年为了进入自己心仪的文法学校而参加的考试。实际上大部分孩子参加考试时只有10岁,"11岁＋"指的是这个考试为学校选拔的是入学时11岁或超过11岁的孩子。

知识的类型是有差异的（分化的）。换句话说，为达到教育目的，有些知识类型比别的类型更有价值，它们之间的差异就形成了学校或课程知识与非学校知识之间的差异的基础。学校知识或课程的什么特征使得获取某些类型的知识成为可能？因此，我对于"学校的目的是什么"这个问题的答案是：学校使得，或者说能够使年轻人获取知识；而这些知识是大部分年轻人不能在家里或社区里或者工作场所（对成年人来说）获取的。本章剩余部分将探讨这一主张的含义。

七、什么知识？

在使用"知识"这一非常常见的词语时，我发现区分如下两个概念是很有用的："有权者的知识"与"强有力知识"。前者指的是谁定义"什么算作知识"以及谁有机会获得它。历史上，甚至今天，当我们观察大学的入学机会分配时，就会发现社会上那些更有权力的人拥有着获得特定知识类型的机会。这就是我所说的"有权者的知识"。可以理解，很多对学校知识的社会学批评都将学校知识和课程等同于"有权者的知识"。它是在19世纪早期所有的上层阶级放弃了自己的私人教师，把他们的孩子送到公立学校去获得强有力知识（以及，强有力的朋友）之后完成的。但是，一些知识是"有权者的知识"或者我曾经表达的"高地位的知识"（high-status knowledge）这一事实并不能告诉我们知识的本质（Young，1971，1998）。因此，我们需要另一种概念来将课程概念化——我称之为"强有力知识"。它并不是指谁最有机会获得知识，或者谁赋予知识合法性，尽管这些也都是重要的问题；它主要讨论知识能做什么——例如，它是否能提供对这个世界的可靠解释或新的思考方式。这其实就是宪章派当初呼吁的口号"真正有用的知识"。它也是（尽管并不常被意识到）家长即使做出牺牲也希望让自己的孩子待在学校里的原因：希望他们能够获得在家里无法得到的强有力的知识。

现代社会的强有力知识越来越集中地表现为专门化的知识（specialist knowledge）。因而，学校需要拥有具备这些专门化知识的教师。更进一步，如果学校的目标是"传递强有力知识"，师生关系就将具有不同的特征，如：

- 它将和同伴关系不同,不可避免地会是等级性的;
- 它将不会建立在学习者选择的基础上(如某些政府政策说的那样),因为在大部分情况下,学习者都缺乏做出这样的选择的先前背景知识。

这并不意味着学校不应该重视学生带到学校里来的知识,或者说教学上的权威体系不应该被挑战。它只是意味着教学中、学校里,某些形态的权威关系是内在的。教学权威及责任的问题为我们提出了重要挑战,尤其是对教师教育者,本章先不予以讨论。接下来我们来看一下知识分化的问题。

八、知识分化与学校知识

对教师和教育研究者来说,有关知识的关键问题并不是哲学问题,比如"什么是知识"或者"我们究竟是怎样知道某些东西的",他们关注的是:学校知识是怎样、应该怎样和非学校知识区分开来? 做出这种区分(分化)的基础是什么? 尽管也涉及到哲学问题,但学校/非学校知识的分化主要提出的是社会学的和教育学的问题。学校教育是为学生提供机会,使其获得不同领域的专门化知识的。核心的课程问题主要包括:

- 不同形式的专门化知识之间的区别与联系;
- 这类专门化知识与人们在日常生活中获得的知识有何不同、如何不同;
- 专门化知识与日常知识是怎样相互联系的;
- 专门化知识是如何被教育学化的(pedagogized)。

　　换句话说,它是如何针对不同的学习者被筛选、定步调、排序的。

因此,我在此所论的"分化"指的是:

- 学校知识与日常知识的差异;
- 知识领域之间的差异与联系;
- 专门化知识(如物理或历史)与教育学化的知识(为不同学习者群体设计的学校物理或学校历史)之间的差异。

在这些差异背后是一个更基础性的两类知识之间的差异。其一是**情境依赖**

性的知识（context-dependent knowledge），它是在日常生活中随着解决具体问题的过程而出现的。它可以是实践性的——比如知道怎么修理一个机械或电器故障，或知道怎么看地图找路。它也可以是程序性的——如关于卫生或安全的一套规定或指导手册。情境依赖性知识告诉一个人如何做某些具体事情。它并不解释或者推广；它处理的是特定情况。其二是**情境独立性的或理论性知识**（context-independent or theoretical knowledge），它是为了提供可推广性或宣称普遍性而出现的；它提供了做判断的基础，通常（但不仅仅）和科学有关。我们在学校里获得的（至少是潜在地）正是情境独立性知识，它也是之前我所说的"强有力知识"。

学校不可避免地并不总是能成功地让学生掌握强有力知识。确实，学校总是会让一些学生比其他学生更成功。学生的成功程度依赖于他们带到学校的文化。精英文化较少受到生活中的物质紧缺的局限，所以和那些弱势的、从属性的文化相比，在获取情境独立性知识上要适应得多。这意味着如果学校要在促进社会公平上扮演主要角色，它们就必须认真对待课程的知识基础——甚至当它看起来和学生（有时还有他们的家长）的直接需求不一致时。它们必须思考"这种课程是学生获取强有力知识的方式吗？"对弱势家庭的孩子而言，积极参与学校教育可能是他们唯一能够超越其出身环境的机会，他们必须掌握强有力知识，才有可能获得（至少是智识上的）流动。围绕他们的经验建立的课程不能为他们带来任何好处，因为它需要得到有效性验证，且只会让他们留在原地。

九、概念化学校知识

最持久的、开创性的试图概念化学校知识的尝试是由英国社会学家巴兹尔·伯恩斯坦（Bernstein，1971，2000）做出的。他的独特洞见强调了知识边界的关键作用：既作为获取知识的条件，也体现了教学中必要的权力关系。伯恩斯坦从两个维度出发将"边界"进行了概念化。

首先，他区分了**知识的分类**（classification of knowledge）——知识领域之间的区隔程度——与**知识的架构**（framing of knowledge）——学校知识或课程与学生带到学校的日常知识之间的区隔程度。其次,他提出知识的**分类**可以是**强的**(strong)——当一个领域与其他领域高度区隔时(如物理、历史);也可以是**弱的**(weak)——当领域之间的区隔程度比较低时(如人文学科、综合科学课程)。同时,**架构**也可以是**强的**——当学校与非学校知识之间相互隔离时;也可以是**弱的**——当学校与非学校知识之间的边界模糊时(如很多成人教育项目,或一些为较低能力水平的学生设计的课程)。在他后期的著作里,伯恩斯坦(Bernstein,2000)将重心从领域间的关系转移到了**领域的结构**(structure of domains)本身,区分了垂直知识结构(vertical knowledge structure)和水平知识结构(horizontal knowledge structure)。在垂直知识结构(以自然科学为典型代表)里,知识的进步是朝着更高的抽象水平进行的(比如,从牛顿的万有引力定律到爱因斯坦的相对论),而在水平知识结构(或伯恩斯坦说的,片段化知识结构)里,如社会科学和人文学科,知识的进步是不断发展新的语言体系,而这带来了新问题。比如文学理论或研究心智与大脑关系的方法的不断创新。伯恩斯坦的主要兴趣是发展出一种思考不同的课程可能性及其意义的语言体系。

伯恩斯坦的第二个重要贡献是在知识结构、边界和学习者身份认同(learner identities)之间建立了联系。他的假设是,知识领域间、学校与非学校知识间的强边界在强化学习者的身份认同方面发挥着巨大作用,因此是学习者不断进步的一个条件。

不过,伯恩斯坦对"边界"这个概念的几种不同阐释都可以追溯到涂尔干(Moore,2004)。第一,边界指的是内容间的关系(relations between contents),而不是知识内容本身;第二,尽管强边界传统上被表达为学科和科目,在伯恩斯坦看来,这只是一个历史事实,并不说明学科和科目是强边界可以采纳的唯一形式;第三,内容间的强边界将带来分配性后果;换句话说,它们将和特定的不公平的结果有关;第四,不管是否和创造新知识(大学里)或拓展获得强有力知识的机会到新的学习者群体中有关,创新都将涉及边界的跨越和质疑现有身份。这就是说,从这个视角出发,学校改进要同时关照稳定与变化,或者用本章提出的概念,学校改进关乎边界维持与边界跨越的内在关系。

十、结论

本章认为，不管其具体的理论预设、政策关切、现实的教育问题为何，教育研究者、政策制定者和教师们都必须回答这个问题——"学校的目的是什么?"这意味着要去探寻历史上在不同的时期、非常不同的社会里，学校是为何、如何作为怀抱着特定目的(使学生获得在家里或日常生活中无法获得的知识)的独特机构而存在的。[1] 我认为，由此出发，教育社会学(以及更普遍的教育)的核心概念是**知识分化**(knowledge differentiation)。[2]

知识分化的概念暗含的是：大部分对学生很重要的、值得他们学习掌握的知识都不是在地的(non-local)，且不同于他们的经验。因此，教育学将永远涉及法国社会学家皮埃尔·布迪厄提出的一个要素：过度唤起(over-evocatively)，以及令人误解的，象征暴力(symbolic violence)。课程必须考虑学生带到学校来的日常的、地方性的知识，但这种知识绝对不能作为课程的基础。在地性知识的结构是和"个别"(particular)相关的，它不能提供任何普遍化或一般化原则。而提供获得这样的原则的机会是所有国家设置学校的一个主要原因。

知识分化的概念为学校和教师、政策制定者、教育研究者设定了三方面的行动计划。首先，每一个群体(独立或一起)都必须探究**学校的目的**[3]——创造条件让学习者获取强有力知识，与**学校的内部结构**——如学科分割，和**学校的外部结构**——如学校和专业的或学术的"知识生产社群"之间、学校知识和地方性社区的日常知识之间的边界，这三者之间的关系。

其次，如果学校的目的是帮助学习者获取强有力知识，那么地方的、国家的和国际的专家教师群体就需要和大学以及其他的专家合作，不断探索不同领域里知

1　如果站在一个更宏大的理论背景下，本章可以说将学校的功能放置到了现代化与社会公平之间的关系上。

2　这里说"知识差异的理论"(a theory of knowledge differences)而不仅仅是差异的事实，所以知识分化(并对其进行了批判)的概念和肤浅的类似看法——认为存在不同类型的知识——是非常不同的。

3　在这里，"学校"是指代所有正规教育机构。

识的筛选、排序和内在关联。因此,学校就需要发展这种专业知识的自主权;它是教师自治的基础,也是社会信任它为一个专业机构的基础。这种信任可能有时会被滥用,但任何形式的问责都必须支持这种信任,而不是试图取代它。

第三,学校作为社会中负责知识传递的机构,具有至关重要的保守性的角色,教育研究者需要解决这样的角色带来的张力——尤其是这样的角色在一个日渐被不确定的市场所驱动的世界中显得更加醒目。然而,"保守"有两种非常不同的含义,它可能指的是保存获取"强有力知识"的稳定条件,抵抗那些政治上或经济上的呼唤灵活性的压力。一个很好的例子就是课程的延续性和一贯性如何被现代化破坏,支离破碎为所谓的"一口一块"(bite-sized chunks)的商品的。教育机构的"保守主义"(conservatism)也可能指优先维护特定特权和利益,比如那些特定社会阶级的学生或作为专业群体的教师的特权和利益。激进主义者和一些教育社会学家过去倾向于关注学校里的这种保守主义,并假定,如果学校要改进,它们就必须更像学校之外的世界——或更具体地说,市场。这又将回到本章开头提到的机构的分化与去分化之间的张力。

本章提出了三个相关的论点。第一是尽管对"学校的目的"这一问题的答案不可避免地表达了不同社会里的张力和利益冲突,但教育政策制定者、实践中的教师、教育研究者都需要认识学校的独特目的。第二是在"和学校教育的扩张相联的解放的希望"和"学校为学习者提供的获取强有力知识的机会"之间存在着联系。第三,我引入了知识分化的概念,作为区分学校和非学校知识的一个原则。当前的问责形式倾向于弱化学校和非学校知识之间的边界,认为它们阻碍了一个机会更平等的、和经济更相关的课程。我利用巴兹尔·伯恩斯坦的分析指出,沿着这条路走下去可能会剥夺那些社会背景已经很弱势的学生获取强有力知识的条件。我认为,解决政治需求和教育现实之间的张力是我们这个时代的主要教育问题之一。

第九章 强有力知识的力量

一、简介：有争议的知识

本章的主要目的是为"强有力知识"作为一个社会学概念和课程原则做出正面论证。我们将阐明其概念基础，使其内涵及意蕴清楚、无歧义。只有经过这一步，我们才能提出它开启的一些研究与政策选项。

现在正是这样做的最好时机：此概念已经在英国和其他国家的学术界、实践领域及政策背景中越来越多地被谈起。在学术背景中，它已经成为有时相当激烈的论辩主题。在哲学家们中间，它受到了一些反对（White，2012），也得到了一些尽管不那么直接的赞同（Cigman，2012）。约翰·贝克（Beck，2012）在最近的文章中——迄今为止他是唯一一个直接评论此概念的社会学家——提出了一系列相关问题，本章将会触及。这一概念被历史和地理教学论的研究者们认可并吸收（Counsell，2011；Firth，2011），在受众广泛的一系列论坛上[1]被教师们接受，也被英国以外的很多国家的学术界——特别是新西兰、澳大利亚、南非和葡萄牙认可。在政策领域，它被**英国国家课程评论**（National Curriculum Review，2011）的专家团、南非的**国家课程声明**（National Curriculum Statement，2009）的检查工作组评论为"有深远影响"。

本章将首先从我们的视角回顾此概念的当代内涵的具体起源。我们做出这种说明是因为"力量/权力"（power）和"知识"（knowledge）这两个词都太常见了，太有情感共鸣了，有太多可解释的不同含义了，且它们在别的时候并没有被以其他方式放在一起过。此概念在教育社会学中有其历史起源，也源于一些学科专家在处理课程和知识问题上的变化。然而，它并不是一个狭窄的学科具体概念。最好把它理解为从一个相对较新的社会学的方式来思考知识问题的尝试（Collins，

---

1 例如，由王子教育学院（Prince's Teaching Institute）为校长们组织的会议，以及思想研究所（Institute of Ideas）的"教育论坛"（Education Forum）出版的小册子（Roberts，2012）。

1998），和传统的倾向于把知识的社会性和偏见联系起来的知识社会学不同。更具体地说，它聚焦在中小学、职业与技术学院、大学、专业教育项目等的学术性学科、科目和课程的社会基础上（Muller，2009；Moore，2007；Young，2008；Wheelahan，2007，2010；Beck，2012；Case，2011；Rata，2012）。它强调知识的社会性是如何支撑着它的浮现的"客观"特征并因而避免滑向已经危害了很多其他知识社会学思考的相对主义的。

"强有力知识"的理念主要来自法国社会学家（可能是第一位教育社会学家）埃尔米·涂尔干。他认为我们不仅仅是"社会的"存在，也是"分化的"和"分类的"存在——对他而言是一样的。尤其是，我们不仅区分了知识和我们经验的世界，也区分了知识本身。在涂尔干看来，"知识是社会的"意味着它以可辨认的、有挑战性的方式从我们这种社会存在中提取意义，但提取的方式和我们日常的经验和看法很不同。

我们也区分了知识和我们的看法、经验的不同，因为它清楚地识别了（尽管我们并不总是知道为何、如何）它和某种独立于我们而存在的"实在"的关系。量子理论是物理学中迄今为止最可靠的理论，看起来它似乎是最接近我们所认识到的物理世界的"实在"的。但同时，物理学家并不十分清楚为什么它能给予我们这么可靠的预测。物理学，和其他任何强有力知识一样，预设了自然世界是真实的，现有的知识是最接近我们所认识的"实在"的。同时，量子理论又可能是和我们的日常理解最矛盾的：它告诉我们，构成物质的粒子同时存在于很多地方[1]，而它们的形态既是粒子又是波。

我们区分知识是因为不是所有的知识都是相同的，这一点非常重要。我们按照迄今为止代表着现实实在的区别的最好方式来区分知识。我们直觉地认为一些知识比其他知识"更好"——从认识论上、道德上，或者美学上，并且它们代表着什么是真、什么是美、什么是善（我们应该怎样对待人类同伴和非人类世界）的更具普遍性的标准。如果我们接受基本的人权原则是人类应该被平等对待，那么课

1　译者注：见海森堡测不准原理。

程就应该建基于赋权上述这类知识。

我们从涂尔干那里学到的第二点是和所有的人类发展进程一样，较好的获知方式总是和专门化相关，和劳动力的智力分工及其与工作/职业的社会分工的关系有关。因而，强有力知识就是专门化知识，不管它是量子理论还是托尔斯泰的小说，尽管并不是所有的专门化知识都是我们所说的强有力知识，比如科学论派（scientology）[1]指出的一些知识。但这类例子是比较简单的，为了区分更困难的案例，我们需要尽可能清晰、严谨的一套标准来确定：基于我们的观点，哪种知识值得在课程中拥有一席之地。[2]

我们不是说专门化知识比非专门化知识具有更高的文化价值。专门化不是不尊重或不珍视人们从日常生活中获取的非专门化的常识性知识的理由。专门化知识在帮一个人找到去不熟悉的房子或城市的路或者帮助一位丢失了孩子的朋友时是"无力的"（powerless）。专门化与非专门化知识的区别是目的、结构的不同，而不是价值的不同——除非和目的相关时。一位社区医生的"知识"在宽泛的文化意义上是有价值的，但在治疗艾滋病这一目的上，它几乎不可靠。

第三点是，为了生产新的专门化知识，需要有专门化的机构，比如大学和研究所。而为了向下一代传递这样的知识，也需要专门的机构，可能是大学、学院或中小学。专门化知识并不能作为人们日常生活的一部分被非正式地获得或生产，因而获得"强有力知识"与课程的权利与更普遍的受教育权之间就有了关键性的联系。除非你认为并不存在所有人都有权获得的"更好的知识"，否则按照社会公平的原则，我们全都不能拒绝通过课程赋予所有人专门化的强有力知识。

那么，对于让强有力知识作为课程原则，为什么会有不同的意见呢？让我们从"力量/强力/权力"（power）这个词开始；它和"某些人拥有的控制某些事/某些人的力量"有关。它直接把我们带到了强有力知识的对立面；可以从两个本质上不民主的方面来看。第一是，我们描述的强有力知识从来没有被以平等的方式分

---

1 译者注：又称山达基教、科学教等，是在美国创立的一种教派。
2 我们认为，我们需要"强有力知识"这一概念来区分"知识"这个词的不同含义，比如，区分日常交谈中所说的"知识"（如，"他关于对东京的知识一点都没有"）与理论性知识（如，和地理学科相关的城市知识）。

配给所有人过。这本身就是专门化的后果；不是所有人都可以平等地在所有事情上都擅长，尽管至少从原则上说是可以的，特别是那些最基础的成为一个负责任的公民所需要的至关重要的强有力知识。第二是，强有力知识不只是没有被平等分配，那些得到它的人一般来说还是那些已经享有特权的——"有权者"（in power）。这进一步导致了两种权力的合并，这种合并不仅仅是一个范畴错误（category mistake），同时也带来了悲剧性后果：一种是苏联的"李森科事件"（Lysenko affair），指斯大林命令提升农作物产量（Lecourt，1980；Young，2008）；另一种是"姆贝基事件"（Mbeki affair），指南非拒绝为艾滋病患者分配抗逆转录病毒药物，只因为当时的总统姆贝基认为它是"毒药"（Weinel，2007）。

　　这一观点受到了一些具体的支持，如基于强有力知识（尽管可能指的并不是这个概念），STEM 科目被政府正视并作为必修课程。确实，STEM 学科提供了最成功的转化、预测、控制物质世界的方式，即使它们并不总能预测到这些作用的意外后果。这可以解释政府为何在 STEM 科目上投入地越来越多，甚至牺牲了那些看起来不能提供类似控制（不管是物理世界还是人类世界）的科目。

　　那么，是否只有 STEM 才是强有力知识呢？可能为了避免这一结论，一些哲学家认为，学校不应只把知识获得作为主要目标，更应被当作家庭、城市或社区——也就是要有增进人类福祉的目的（White，2011，2012）。知识（不管是科学还是人文知识）只有在为人类福祉服务时，才应该被包括进课程中。尽管这种观点看起来很可信，但支持幸福或福祉而不是知识作为课程目标的人最后走向了工具主义，他们将知识和幸福对立，否定了知识可能具有的内在价值，而认为在某种程度上福祉可以和掌握知识相分离（Cigman，2012）。

　　有没有一种更宽泛的、超出和 STEM 科目有关的"强有力"的定义？历史视角就很有启发。STEM 科目和正典还有大学里的科目相比只是后辈新人。在欧洲，中世纪后期神学在大学的统治地位逐渐衰落之后，作为精英文化的表达形式的人文学科开始统治中小学和大学课程，最终形成了阿诺德对自由教育（liberal education）的定义——"迄今为止被思考过的、被陈说过的最好的东西"（the best which has been thought and said）。这一定义表达了 19 世纪对一个有教养的公民的人文主义理想，之后的艾略特（T. S. Eliot）和李维斯（F. R. Leavis）都有类似的表达。但是从 18 世纪的科学革命开始，随着成熟科学冲破了形而上（亚里士多德的）哲学的藩篱，这种平衡开始逐渐从人文转向了科学，"试错工艺"（trial and error tinkering）逐渐成为建立既具有概念和理论深度又有实证保障的知识体的主要方式（Collins，1998；第十一章）。

有两种方式可以看待这种从"有价值的"人文知识到以 STEM 为基础的强有力知识的转向——一种当代的从"三艺"到"四艺"的转向（Durkheim，1977；Bernstein，2000；Muller，2009）。一是作为一种课程的民主化形式。如果 STEM 科目是我们能接触到的最接近普遍知识（如，物理学在任何地方都是一样的）的形式，那么它们在原则上就是"民主的"，它们不会附着在任何特定群体的文化假设上，只依赖于概念和方法的可靠与客观。相反，人文学科大量依赖传统。换句话说，人文学科在一个以普遍标准来衡量，越来越比不过 STEM 科目的世界里，代表了文化的"强有力知识"（Young，2008）。很容易看到，通过提出专门化和强有力知识的问题，我们可以终结"非 STEM 科目没那么强有力，因此在当代课程中值得拥有的空间越来越少，值得获得的公共投资越来越少"的看法。

我们将在后面继续就此展开讨论。我们已经讨论了理解"强有力知识"的三种重要区分，以及为何它对于我们开篇提出的目的而言是一个有用的概念。这三种区分是递进的，也就是，每一个都依赖于前一个而存在。它们分别是：

- "强有力知识"和"有权者的知识"的区分；
- 非专门化知识和专门化知识的区分；
- 专门化的强有力知识（specialized powerful knowledge）和专门化的但不那么强有力的知识的区分（specialized less powerful knowledge）。

我们已经触及到了这三方面。第一个区分提醒我们要看到有关知识和课程的两个问题的不同——谁决定什么算作知识以及为什么？和，对那些有机会获得某些形式的知识的人来说，它们能做什么（第八章）？尽管，如贝克（Beck，2012）所说，"强有力知识"和"有权者的知识"在其最初的用法上是成对出现的，而前者激起了哲学家约翰·怀特的愤怒（White, 2012）[1]，并引发了课程以及社会学论辩。因此，我们将聚焦后面两个区分，更密切地检视这两种区分的可能的社会学基础：（1）知识与其他形式的信念；（2）与不同形式的专门化知识相关的不同程度与类型的力量的可能来源。

二、阐述专门化知识的两位典范理论家：涂尔干与维果茨基

有两种典范式的解释体系，都阐释了为何区分不同的知识类型很重要，尤其是对那些直接从事教育工作的人；以及为何这种区分对于分辨专门化的知识与其他类型的我们日常生活中使用的知识是至关重要的。它们处理这个问题的方式不同，但都成功建立了一个阐述专门化知识的社会认识论的理性范式。

（一）埃米尔·涂尔干（1858—1917）[2]

涂尔干对知识和经验的区分可以追溯到他在自己的博士论文中对康德的批评；这随后成为了他的第一本书《社会分工论》（*The Division of Labour in Society*；Durkhein, 1993）。他发展了一套替代康德的"超验"主义（transcendentalism）的体系——用他在研究原始社会宗教时[他在生命尽头出版了《宗教生活的基本形式》（*The Elementary Forms of Religious Life*；Durkhein, 1995）]提出的"神圣"（sacred）和"世俗"（profane）的概念。涂尔干最初使用"神圣"和"世俗"的区分是为了描述他所研究的社会中的宗教和日常生活的分离。他注意到了当时的人类学讨论的这两种非常不同的思考方式和社会组织形式。此外，他在寻找所有社会的最普遍特征时，发现这个区分是处于所有社会核心的基

1　讽刺的是，读者们可以注意到，怀特自己使用的版本是课程代表着"有权者的知识"，将学校科目的起源和18世纪与19世纪早期崛起的英格兰新教中产阶级的经济利益联系在一起。
2　埃米尔·涂尔干是一位法国社会学家。他是波尔多大学和索邦大学（现在是巴黎大学的一部分）的社会学与教育学教授。他对知识的社会理论的清晰的（尽管很少有人知道）陈述是在他对索邦的未来中学老师的讲座手稿中被发现的。它们被收集且随后被译为英文版的《实用主义与社会学》（*Pragmatism and Sociology*；Durkhein, 1983）。

本的社会性的及概念上的分化形式,即使当时的法国已经很大程度上世俗化了。他视二者为两种符号意义体系,认为它们最早关注"身后世界"(after life)和"日常生存问题",是后来的"理论"和"实践"的区分的前身,是现代社会的科学及所有形式的智识思考的基础。因此,他将在原始社会宗教中发现的神圣形式视为"科学原型"(proto-sciences)。

因此,涂尔干认为日常的生存世界(世俗)和让原始社会的人们能够思考死后生活(神圣)的图腾体系之间的概念性的、社会性的差别,就是科学和其他形式的知识能够从日常背景和紧迫问题中独立出来的社会基础。他指出,如果没有这种分离,就不会有我们现在的社会,也不会有社会进步。在当代意义上,"神圣"和"世俗"的范畴提供了分隔实践/日常问题与理论/知识/概念问题(历史上被世俗化为包括科学及其他智识活动形式)的基础。因此,涂尔干提供了一种专门化的解释,不只是对工作或职业,也是对知识本身。当然,它和马克思的解释很不一样,对马克思而言哲学应该成为一种有关实践或行动的哲学,而在涂尔干看来,我们借以理解世界并因此能改造世界的知识是先于人们每天在做的实践活动的,是和实践活动相分离的。考虑到马克思有赖其朋友恩格斯的商业实践活动才有时间开展他的理论活动——写作《资本论》(*Capital*),或许可以说,至少在这个方面,涂尔干的理论更好一些!

涂尔干提供给我们的是一种知识如何发展、进步的社会学解释。在知识的发展中,其可靠性必须作为一种先决条件而非后置条件。在涂尔干看来,依赖于实用(usage)或用现代的话说"是否有用"(whether something works)会开启相对主义的大门。毕竟,如果一个观点最终"没有用"(not to work),会发生什么? 我们不知道它为何没用,也没有任何原则来发展和想象替代方案。在《实用主义与社会学》(*Pragmatism and Sociology*;Durkheim,1983)中,涂尔干的主要批判目标是美国实用主义哲学家威廉·詹姆斯(William James,1970),次之是年轻的约翰·杜威(John Dewey,1908)——他深刻影响了当时法国的主要哲学家亨利·柏格森(Henri Bergson)。某种程度上,早期实用主义和今天的建构主义并没有太大的不同,他们的观点也是:某些东西"只有适合于经验"或"有用"才为真。涂尔干认为这些观点破坏了信任和发展科学——以及随之而来的公平社会——的条件。[1]

涂尔干的著作有两条线对我们探讨"强有力知识"非常重要。一是他对康德的观点——我们依赖先验知识——的批评。康德认为知识的基础要么"在心智中"(in the mind),要么在某些超验的领域。对涂尔干而言,唯一坚固的知识基础就是根植于实在的,而他所认为的实在是社会的。二是涂尔干既关注职业结构的专门化,也关注知识增长的专门化——它们都是劳动力分化与变化的不同方面。这带来了如下问题(不仅是涂尔干的社会学的核心问题,也超出了本章探讨的范围):以专门性为基础的社会如何凝聚在一起而不碎片化? 他在后期作品中开始探讨此问题的可能的解决方案:通过发挥教育的功能,以及扩增作为专门化知识的"代理人"的专业(professions)。

(二)列夫·维果茨基(1896—1934)

维果茨基的短暂学术生涯开启于涂尔干去世后不久的 1917 年(苏联革命之始),他出版了对莎士比亚的《哈姆雷特》的评论文章,并批评了当时心理学界行为主义的统治地位。然而,他很快就开始关注新社会教师面临的问题;在这个新社会里,沙皇专制文化依然占主导地位,很少有教师被培训,而所谓"为了所有人的学校"也只是刚刚建立。专门化的理念,或者说知识与经验的分化的理念逐渐从他的人类发展理论(他认为人类发展是一个文化过程)中浮现出来,他的信念是所有人类都有权利或者潜力发展高阶思维,而这只有通过学校教育才能达成,没有别的路径。

和涂尔干一样,维果茨基也建立了一种二分法,尽管不是心理学经常用的那种方式(Derry,2008)。他的分类在两种类型的概念之间展开——理论的(或科学的)与日常的(或常识的)。作为概念,它们和涂尔干的"神圣"与"世俗"有很多惊人的相似之处,但维果茨基赋予了它们非常不同的意义。对维果茨基来说,课程或更一般化的学校教育的任务就是给学生提供获得理论性概念的机会,不管它是

---

[1] 有必要指出,涂尔干和维果茨基对"科学"的使用一样,都和严谨性、客观性紧密相联,他们都认为严谨、客观是所有智识学术的特征。这和当代将科学视为仅仅是自然科学的狭窄看法很不同。

历史的、文学的，还是科学的、数学的概念。更进一步，他看到了通往高阶概念的机会是一个复杂的双向的(two-way)教学过程。一开始，学习者的日常概念通过和课程的理论概念互动，被教育教学拓展、转化。随后，这个过程会反过来，学习者会利用新获得的理论概念再度和自己的日常概念互动并转化自己的日常概念。因此，区分理论知识和经验是维果茨基的教育学概念的核心，而这一点涂尔干几乎没有涉及。

尽管都有一些局限，但这两位思想家都帮助我们区分了专门化的和非专门化的知识形式，且一个作为课程的基础(涂尔干)，一个作为教学的基础(维果茨基)。我们现在来分析专门化知识的一些特征，很快就能清楚看到，专门化知识的形式是多种多样的。

三、专门化知识的一些特性

上一章麦克·扬分析了罗伯·摩尔(Moore，2007)提出的四个"强有力知识"的基本属性。很明显，不同学科从不同的方面展示了这些属性。但在每一个学科中，专门化知识都和我们所说的非专门化知识(比如主题性的日常问题)有着重要的不同。

(一) 专门化知识是可系统修正的(systematically revisable)

为了使系统性的、可解释的修正能够发生，必须有一种强健的、被普遍认可的方式以区分最好的命题和其他可能竞争者。学科领域或传统历经岁月发展出一套标准，使得自己的学科社群能(共识程度或强或弱)达致这种"最好的"判断，或者最接近迄今为止的"真理"。即使是那些对判断"最好的"标准有着剧烈分歧的学科社群也仍然能以某种程度的共识来判断其学科内的创新(Muller，2010)。这是所有专门形式的知识的标志。

不同的判断"最好的"标准在历史上有着不同的影响力。我们今天通常认为占主流地位的标准是和自然科学中的"最好的"解释传统相关的。从波普尔

(Popper)和拉卡托斯(Lakatos)开始(Lakatos 和 Musgrave,1970),认识论上的"最好"就以一种可修正的、非绝对化的方式分辨真理和非真理了。还有另外两种传统轮流主导,持续在当代学界发挥着作用。第一种在历史上曾是霸权式的:揭示真理的道德或宗教的传统。在古代欧洲大学,亚里士多德哲学和神学是相伴相依的。但神学被视为无可辩驳的理解人类以及宇宙的钥匙,因而三艺(有关心智和精神的学科——新生的人文学科)是优先于四艺(有关自然世界的新生的科学)的(Durkheim,1977)。晚近时期它的霸权性减弱了,但这种传统在纽曼的著名的有关大学的论述(Newman,1996)和麦金泰尔的作品(MacIntyre,1981)中依然可以找到。

在中世纪,至少在欧洲,神学逐渐被自然化、人文化、世俗化,一种美学的人文主义开始统治"最好的"标准。17世纪以后,随着科学革命的进程,认识论标准才开始打败伦理的、美学的标准,一种对真理的管控式(regulatory)概念开始替代那种基于神启的绝对主义概念。伦理的和美学的学科当然也是当代学术的不可分割的部分,但以认识论的滤镜来看,它们受到攻击是因为没有满足两个核心美德:第一,它们没有形成科林伍德(Collingwood,1993)和特纳(Turner,2011)所说的"压倒式的证据"(compulsive proof);第二,即使以它们自己的"最好的"标准来看,伦理的或美学的判断并不具有与认识论判断一样的共识和可靠性。

本章后面会详细探寻这些"指控"。总结一下本节:首先,对人文学科和社会科学的主要指控是它们不能很好地满足自然科学的认识论"最好的"标准;我们认为这种指控基于的是一种范畴错误。如上所述,不可化约的强健的标准体系——认识论的、伦理的、美学的——在学界不断竞争,每一种都有自己主导的时期。这不是说,仅仅因为某种体系在特定的历史时期曾经主导过,其相应的学科载体就应该失宠。这样是"把婴孩和洗澡水同时倒掉";也就是,仅仅因为不符合现在的主流定义标准,就冒险驱逐了某种形式的强有力知识。

(二)专门化知识是浮现的

"浮现"(emergent)有两重含义。第一是,专门化知识是在社会条件和情境中生产的,但不能被化约为它们。知识的起源背景可能为它打上了烙印:什么类型的烙印、烙印的重要性如何,都是可讨论的。但,知识的价值是独立于这些起源的背景和其代理人的。否则,如果知识仍然是"情境性的",那么专门化以及因此而来的可靠性与知识的"力量"(在我们迄今为止使用此词的意义上)就将宿命式地非常有限。[1] 人文和社会科学在某种程度上比自然科学更加"情境化"(contextual),但即使这样,它们依然有独立于情境和背景的"浮现性"(emergence),社会学知识为了成为知识,必须满足学科关心的可接受的标准规则。即使这些规则或规范是情境敏感的,但它们自身并不是情境性的,否则它们不可能发挥学科规范的作用。[2] 这些社会学规范,而不是背景的细节或代理人的利益或偏好等,支配着对知识的专门性和可靠性的判断(Weber,见 Whimster,2004)。

"浮现性"的第二层含义最初是由涂尔干提出的,它对社会科学有特殊的意义。尽管社会事件,比如聚众、罢工、暴乱、制度等都是由个体行动组成的,但涂尔干认为,这样的事件中存在着我们可以认识的、不能被化约为个体行动的"社会实在"(social reality)。这也是涂尔干的著名研究——对自杀这一最为个体化的行动的研究——的主要论点。

人文与社会科学哲学中有一种立场认为,没有知识能完全独立于其背景而浮现,即便是自然科学知识;所有知识在某种程度上都是情境性的,可化约为其背景和生产它的代理人(例如,Haslanger,2008)。这种观点反对我们描画的专门化与非专门化知识的区分。我们只能指出,在物理学中,知识可能被宣称为"情境性的"(contextual)的例子是非常精确的、有限的、可测量的,[3]很难符合我们描述的"情境性的",也和人文或社会科学中的"情境性的"的含义非常不同。因此,我们

---

1 基于此,我们才可能将沙滨(Shapin)和他的著名人物史——罗伯特·波义耳及其气体定律的起源区分开来(1996)。
2 康居朗(Canguilhem,1989,1990)的批判理性主义中的社会规范是一个生产连续判断基础的规定性原则。在这个意义上,要成为一个学科就必须根基于规范。也参见艾尔德-瓦斯的著作(Elder-Vass,2010)。
3 牛顿发现物体运动定律之后的 400 年间,其定律一直都非常精确,直到爱因斯坦的相对论发现它不适用于物体速度接近光速的情况。

可以不管这种宣称,先聚焦社会科学概念的"情境性"(contextuality)的程度。

(三)专门化知识是真实的(real)

如果说某论断以一种可靠的、强健的方式"贡献了知识"(says something),那么意味着它一定和其他东西(而不是它自己)有关(见上述可修正的标准)。自从科学革命以来,对这种实在的测试一直是"这个世界"是否回应了知识宣称。但它经常走到如下立场:所有的专门化知识都是有关自然类型(natural kinds)的知识。从16世纪的詹巴蒂斯塔·维柯(Giambattista Vico)到德国的方法论之争(methodenstreit debates)[1],对人文和社会科学的部分观点一直是它们代表了有关文化或社会类型/现象(cultural or social kinds/phenomena)而不是自然类型/现象(natural kinds/phenomena)的知识。如下的论辩反复出现:有关文化类型的知识是否确实可以浮现——独立于背景,还是它只能(部分)反身性地远离背景(Bourdieu,2004)? 这个论辩还没有结束。但是,承认人文和社会科学是有关文化类型的并不意味着它们不能是客观的,也不意味着它们所解释的世界就不是真实的。

(四)专门化知识既是物质的也是社会的(material and social)

所有的专门化知识都是以特定的社会认识论构造被生产出来的。它们传统上采纳学科——大部分但不全部存在于大学里——的形式,有着特定的构成规则,或者按照涂尔干的表达,有着各自内在的团结(solidarity)规则、等级制度以及真理规范。不同学科在其内在的物质文化[material culture;按比彻(Becher,1994)的说法,其"文化类型"]上是不同的。正是这种物质文化将构成专门化知识的标准或学科规范(比彻的"认知类型")固定了下来。

上述分析浮现出一个观点,它和不同形式的专门化知识有关,因此也和不同

---

1 在字面上,指"方法之战",主要是一场在奥地利学派经济学家和历史学派历史学家们之间的有关人类行为的科学可能性的论辩。在李克特(Rickert)的影响下,马克斯·韦伯(Max Weber)也加入了这场论辩。我们下面会分析他的实质性贡献。

形式的强有力知识有关。然而，上面的分析中有一条论述线可能导致如下结论：某些形式的专门化知识内在地就比其他形式的知识的力量要弱（less powerful），并因此可能更不配被纳入课程。下面，我们将非常严肃地讨论这种观点，然后指出其局限，以及提出一种更广义、更包容地考虑强有力知识的方式。

四、理论进阶与经验确证作为强有力知识的标准：《荒凉山庄》的视角 [1]

在知识社会学领域最强有力的后涂尔干解释体系来自巴兹尔·伯恩斯坦的文章（Berstein，2000），很多教育社会学中正在进行的研究都直接或间接来自于它。伯恩斯坦的这篇文章试图充实专门化知识的变种以及它们在课程传递上的意义（Hoadley 和 Muller，2010）。伯恩斯坦的作品中有两个主要的区分不同专门化知识形式的标准，如下。

（一）知识内部关系的差异

此标准描述了两种典型的知识内部关系——也就是知识体内的理论或概念群、方法群粘合在一起的方式。

- 第一种是**累积和进阶地**（cumulatively and progressively）建立起来的，前面的结构会被代入到后面的结构中。伯恩斯坦称之为**等级化**知识结构（hierarchical knowledge structure），不同知识结构及其理论实体在垂直性（verticality；Muller，2007）程度上有所不同。这一种知识结构清晰地描述了自然科学家族；维果茨基的一位继承者达维多夫（V. V. Davidov）也以一种稍微不同的方式更宏观地表达过（Gamble，2011；第三章）。
- 第二种典型形式是理论和概念系列之间的关系不是由一个代入另一个而累积的，而是通过**平行**的理论、语言或概念系列的增加（addition of parallel

---

1　译者注：《荒凉山庄》（*Bleak House*），英国文豪狄更斯的著名长篇小说，讲述了围绕着一桩纠缠数十年的遗产诉讼官司，诸多利益相关者——法官、律师、当事人纠葛发生的一系列故事，展现并揭露了英国维多利亚时代颓废没落的贵族阶级、仰赖贵族的寄食阶级、无能邪恶的司法制度，以及多重样态的道德与人际关系。

theories, languages, or sets of concepts）而实现的，用伯恩斯坦的话说，这种知识结构是**水平化的**（horizontally）。这些平行语言（要记住一些变体如历史叙事也算作此类）不舒服地但很必要地同时存在，因为其概念的不可避免的情境限定性（context-boundedness）局限了它们的彼此互译度以及由此而来的认识论保障。此类型清楚描述了很多社会科学，以及某种程度上更模糊不清的人文学科。

不难看出为何那些更具代入性[1]的理论学科通常被视为强有力的。先不管它们当下的功利的实用性——当然也是一种不可忽视的力量——韦伯认为它是现代性的先决特征。他认为这些建立在深厚的被认可的知识基础上的理论大厦拥有一种投射能力（projective capacity），能够放大科学家想象从未想象过的、思考从未思考过的事物的能力（Whimster，2004）。这是理论在非实用方面的力量；当然，这样的想象和思考在某些地方也会发展出实践性用途。[2] 然而我们接下来提出的问题是：是否没有采取这种代入性或垂直性形式的知识就不能拥有想象的力量？就不能提供思考未被思考过的事物的能力？当然不是，它们只是采取了非常不同的方式，且可能和所有伟大艺术的形式与类型相关（Rosen，2012）。

垂直性作为知识的一个标志物已经导致了课程方面的丰富研究，使我们看到，不同垂直性程度的课程科目需要特定类型的课程排序与步调，以优化其教学传递，尤其是对那些家庭背景贫穷、弱势的学习者（Reeves 和 Muller，2005；Hoadley，2011）。

但垂直性标准潜在的一些假设还需要经过详细审视。第一，伯恩斯坦直接区分了两种不同的垂直（专门化）话语的知识结构：等级化的和水平化的。他没有进一步说明为何这么做，但我们通过解读可以发现，他认为这些话语形式不能被化约为另一个；也就是说，它们从形式上就是根本不同的。诱人的是，他从未明确说明是什么造成了它们的不同，除了上面说的那些。如果这种解读有价值（我们下

1　我们指的"代入性"是一个现象可以被代入学科概念（或概念群）的程度（Cassirer，1969，1996，2000）。第二章和第八章有更多阐述。

2　一个很好的例子是几乎 2000 年未被质疑过的欧几里得几何学，在其预设被质疑时，竟导致了之前不可想象的思考空间的方式。

面将说明它确实有价值），那么对**垂直性**的名物化（nominalization）就可能导致如下结论：所有知识结构，不管是等级化的还是水平化的，都可以按照其垂直性程度排名；这将有意无意地走向一种对知识结构类型的化约式解读，不可避免地会将水平知识结构家族视为有缺陷的等级性知识。该节的标题——《荒凉山庄》视角指的就是这种理解。

（二）知识外部关系的差异

这一标准描述了理论的如下能力：稳定并可靠地描述自身以外的事物——自然或社会世界的某一方面。伯恩斯坦称之为拥有强语法或弱语法（strong or weak grammars）的知识形式；同样，对**语法性**（grammaticality；Muller，2007）的名物化可以被解读为暗示了所有知识都有或强或弱的语法。细致地解读伯恩斯坦会发现，他的"语法"仅指水平化知识结构。等级化知识结构没有和其理论相分离的"语法"，至少它们认可的理论没有（Bernstein，2000：168）。被代入进等级化知识结构的是统治着对一系列现象的精确描述的一套命题。这里可以没有任何程度的语法性，不论命题有没有被否定。当然这些命题可以被修正，但它们是从一个相对稳定的被认可的命题的基础上被修正，而且，除非人们接受了一个同样精确或更精确的命题，否则它们不会被修正。换句话说，等级化知识结构中的知识的实在性（reality）不能和它解释的现象相分离，至少在当前的学科状态下是这样。

例如热学。"热"（hot）作为一个水平话语，是处处存在于日常生活中的。它当然拥有一个独立的基于松散经验的语法。但是温度（temperature）就是等级化知识结构（热力理论）的一部分了，其语法和工具（温度计）是其意义的完整部分。不是说水平知识结构没有话语上的外部关系，而是说，在等级化结构中外部关系和内部关系是无法分离的。

语法性问题只有在理论很弱、无法整合的情况下才会出现，比如社会科学某些临界地带的科学比如流行病学；而在神经科学里，一些人甚至试图将概念的作用范围延伸到理论本身的能力之外。同样，伯恩斯坦并没有非常清楚地阐释为何一些理论会如此弱，我们接下来会再次回到这个问题。

这里对伯恩斯坦的解读提醒我们,使用他的分类可能会导致一种对知识形式的化约的看法。可能我们也对这种趋势有点责任(Muller,2007)。如果"垂直性"和"语法性"被解读为所有专门化知识形式的品质——尽管各自的程度不同,那么等级化和水平化知识结构之间的区隔就会倒塌。这种化约的逻辑后果是水平性知识结构(主要是社会科学)被视为有缺陷的等级化知识,或者有缺陷的自然科学。这种解读也得到了社会科学中来自另一方向的化约运动——来自由新的观察技术如 fMRI(功能性核磁共振成像)扫描而驱动的认知神经科学的大爆炸(Turner,2007)——的强力支持。这种智识运动暗示了社会科学确实是新的"不成熟的"自然科学,而其未来是完全依赖于神经科学的进一步发展的"真正的"科学。我们的观点,与我们对伯恩斯坦及一些神经科学家(Tallis,2014)和哲学家(Bakhurst,2012)的解读一致,并再次追溯到涂尔干,那就是:必须找到并复兴社会科学和人文学科的专门性(specificity)以及因此而来的它们的独特力量。

五、超越自然主义?

那么,人文和社会科学与自然科学到底有何不同? 这一问题在传统上被视为"他心问题"(the problem of other minds)[1]。但社会科学研究的不是一大块惰性物质,就像伯特兰·罗素(Bertrand Russell)曾经开玩笑说的"中等大小的干货"(medium sized dry goods;Laugier,2013)。相反,社会科学研究的是有意志的(minded),对身边事物有自己的理解和意图的主体(McDovell,2007)。我们可以观察他们做了什么,但不能直接观察到他们赋予这些行动的意义;我们只能推断。在理解过去的行为时尤其是这样,当前的行为也适用,即使我们可以询问行动者。这个观点被韦伯阐释为一个经典区分:**直接**(direct,德语中的 verstehen)**理解** vs. **因果或间接**(causal or indirect)**理解**;前者指从行动者视角出发的理解,后者则需要经过理性重构、证据、推断的过程(Whimster,2004:315-316;Turner,2011:

---

1 译者注:他心问题,即我如何知道他人有心灵(思想、经验和情感)的问题。

246-247)。[1] 正是这种间接的或者诠释性的推断以及这两种推断之间的关系成为了争论的焦点，带来了强有力知识与课程论辩中的一些问题。

20世纪早期和中期，"他心问题"至少从三个方向被强力带回了社会科学社群中。第一个是试图忽视社会科学意义的行为主义作为一种解释理论的崩塌；[2]和它相匹配的是日渐猛烈的直到今天依然没有减弱的对"实证主义"的抨击。第二个是来自殖民国家的人类学家在完成其帝国主义的任务——试图"理解"那些被奄奄一息的欧洲帝国征服的人们时感受到的困难（Kuper，2005）。[3] 第三，随着20世纪的不断消逝，一系列的社会运动引发了日益严重的动乱，举几个例子：反殖民运动与第三世界的坚定崛起；美国公民权利运动的最终胜利；欧洲及世界各地的学生运动；"年轻人"、性别与种族作为重要的新的社会类别的出现——这在20世纪六七十年代的嬉皮士反文化运动中达到顶点。"反既定主义"（Anti-establishmentarianism），或者说一种含糊的反抗权威主义的精神充斥在空气之中，杰夫·威蒂（Geoff Whitty）很有先见之明地称之为"天真的可能主义"（naïve possibilitarianism；Whitty，1974）。在这样的背景下，教育社会学的"革新"（make it new，现代主义的呐喊）的小运动被冠以"新教育社会学"之名绝非偶然；它突出地带着反实证主义的鲜明特征和对"他心"的经验主义同情［通过采纳舒茨（Schutz）和梅洛-庞蒂（Merleau-Ponty）的现象主义］也绝非偶然（Young，1971）。

所有这些运动都有共同之处，尽管通常只是隐晦的，特别是在对康德的解读上（Turner，2011）。在康德看来，理解总是涉及做理解的那个人的"预设"（presuppositions）；理解者总是为理解行为带入一些"预设剩余"（presuppositional surplus），它支撑并最终形塑着理解。我们以稍微不同的方式回到本章前面提到

---

1 这种区分被批判实在论传统强化了，它区分了**事实的**（actual，事物本身）、**经验的**（empirical，对事物的体验），以及**真实的**（real，生产客观和主管事件的产生机制）。可参见维拉汉（Wheelahan，2010）和科利尔（Collier，1994）。
2 很有意思的是，最早提出这个观点的研究者之一是我们之前提到过的维果茨基，而他的作品经常被误认为是活动理论（activity theory）的先驱（Derry，2008）。
3 但是，人类学家们的观点却在帝国消失之后幸存了下来，另一个围绕"本土知识"的价值的论辩也在进行之中（如参见 Rata，2011，2012）。

的涂尔干与康德的争议。问题是：这种剩余存在于哪里？上文描绘的大量解放的反既定主义的学术主流吸收了从尼采（Nietzsche）到海德格尔、德国诠释学、美国实用主义以及新马克思主义等新康德主义[1]的某些强大洪流。对社会科学来说最关键的，以及它们被适用于教育研究中的方式是，通过库恩的"范式"使得这些"预设"被理解为非认知的、反知识的方式，好的叫"文化"，坏点的就是情境性偏见或意识形态。由此导致的"怀疑诠释学"（hermeneutics of suspicion）就是在说，任何对社会活动的理解行为都是某种被强加的意识形态的组成部分，通常都含有隐秘的控制的或"符号暴力"的意图。这种意识形态污染被认为是不可避免的、必然渗透在社会科学观察者或分析家的推断中的。这种根本性的污染意味着不只是社会科学被视为不同于自然科学，[2]而且它掩盖了统治的意图，而这种意图需要被抵制——抵制意味着同等对待"他者"的视角，并揭露社会科学中的利益。

毋庸置疑，这种非认知盈余（non-cognitive surplus）也意味着社会科学必然最多只能追求部分真理，[3]因为它们可能会永远排除数据和理论之间的认知闭合，可能会永远控制"认识论终结"（epistemic finality；Turner，2011：231），并因而保持着不客观、易走向意识形态偏见的特征。就像可能是最令人尊敬的美国社会学家罗伯特·默顿（Robert Merton）曾经说的那样，社会学的宿命就是成为一个"很多人走近但很少人到达"（many approaches but few arrivals；引自 Turner，2009）的学科。

一直都有很强烈的声音反对这种"放弃认知"（retreat from cognitive；Turner，2012）的趋势——我们之前在分析教育社会学的走向时称之为"未来2"。我们将简要回到两种之前讨论过的反对声音：马克斯·韦伯（Max Weber）和科林伍德（R. G. Collingwood）；他们在接受社会科学容纳不同的视角的同时，也认为社会

---

1 当然还有其他的新康德主义传统，比如我们之前提到过的和卡西尔（Ernst Cassirer）有关的。它的被边缘化甚至濒临消亡被斯基德尔斯基（Skidelsky，2008）讨论过。
2 确实，在一些反种族主义、性别主义、女权主义的知识论点中，自然科学和社会科学经常被作为"公敌"对待。而女权主义被玛莎·努斯鲍姆（Martha Nussbaum，1999）以一种对性别不平等的重要性的洞察完美刺穿了。
3 在很多例子中，至少在20世纪七八十年代，这导致了一些人摒弃了所有的真理观点。参见保罗·博戈西安（Paul Boghossian，2006）的《对知识的恐惧》（*Fear of Knowledge*）以及哈利·弗兰克福（Harry Frankfurt，2005）的《论废话》（*On Bullshit*）。

学、历史分别都可以是客观的,因而也可以是真理性的(truthful;Turner,2011)。

对于韦伯和科林伍德而言,这一客观性宣称依赖于他们所持的一个立场:过去的社会生活与行为中的元素可以被视为客观真实的、独立于观察者的视角切入点(是他/她的预设的隐秘住处)的。于是,视角的价值,不管是历史(科林伍德所论)的叙事,还是社会学(韦伯所说)的理论,都可以被评价:它能否很好地解释事实、能否被不同的视角共同认可。韦伯对资本主义崛起的解释及对权威类型的分析流传了下来并在一个世纪之后仍然可靠(尽管不是没有批评之声),就证明了它们客观上是很有生命力的。如果是伯恩斯坦,他可能会说,我们可以承认,理论或叙事手段——不同的水平话语——蕴含着特定的片面性(one-sidedness),这反映着研究者的场景性(situatedness),但不必因此就承认,这种片面性是理论的唯一特征,或者说相关事实就因此必然是有偏差的。因为视角是复数的并不意味着语法——依据它们做出判断的规则——就一定是弱的。对于韦伯和科林伍德来说,解释性理论与事实是可以分开的,而任何可解释的研究要想发生,也必须分开二者。在其最著名的著作《新教伦理与资本主义精神》(*The Protestant Ethic and the Spirit of Capitalism*;Weber 等,2002)中,韦伯指出,我们(我们必须假设当时他指的是"我们欧洲和美国")必须和如下事实达成协议:"在且只有在西方文明中,文化现象似乎在发展进程中展现出了普适的重要性和有效性。"

就像韦伯所说的,凯撒的思想并不依赖于我们所问的问题(Turner,2011:237)。但我们怎么知道我们知道了正确的凯撒的思想呢?这里我们看到了"放弃认知"的不幸后果。如果预设在某种程度上不能从观察性的理解或阐释中分离出来,那么就没有资源可以指导或引导直接的理解行为了,也就没有任何人的理解可以比别人的"更好"或"更坏"了。知识离开了;专门知识也离开了。随着将预设分配给偏见,就没有什么认知基础留给专业观察了。这是站不住脚的,可以考虑专业性强的一些行动的例子。技术熟练的、博学的外科医生知道手术刀要插入哪里,一方面是因为她有专门的解剖学和生理学知识,另一方面是因为她有从经验中获得的实践知识储备。同样,专家型的社会科学家也通过学习学科专门的知识基础以及由熟练能手传授的观察和解释技术逐渐学会如何做社会科学推断。在某种程度上,通过大量的同行评议流程,外科医生和社会科学家的行为都受到一个见多识广的学术社群的监管。这个例子让我们清楚看到,不可分离性(non-detachability)论点产生的影响不仅是将所有社会科学观点都意识形态化,阻碍那些可能揭露意识形态预设的观点,而且更加有害的是,它排斥了专家行为的可能性(Collins 和 Evans,2007;Winch,2010),以及专门知识和由此而来的强有力知识的可能性。

韦伯坚持**预设(价值相关)**和(且不得不和)**学术行为(价值无涉)**可分离,但他从来没有提供一种结论性的观点来说明这一分离为何或如何发生。他的观点最终落在了对社会科学家的职业生涯的解释上,因而说到底是一种道德立场(Weber,1958)。本章的分析是从一种稍微不同的起点开始的。正如我们在简介中所说的,非专门化的与专门化的知识之间的区分绝对是至关重要的。以此来考虑这个问题,它提示我们预设——早于专门化的学术或专业行为——既存在于非专门化的元素中,也存在于专门化的知识元素中。它们同时构成了专门化行为或判断的基础。只有当“前预设”(pre-predicative)的专门化知识被排除在考虑范围之外时,社会科学才能被视为不可化约的意识形态。如果社会科学要重拾专门性以宣称自己为一种强有力知识,它们就必须再次引入卡西尔提出但被海德格尔的追随者们(Heideggerians)打断的任务——即“社会化认识论、认识论化社会性”(socializing the epistemic and epistemologizing the social;Turner,2012:474)。这是另一种表达我们所说的“强有力知识”的社会认识论的方式。

下一个问题是:如何确保非专门化的污染物不挤占专门化元素的空间?在这里,方法论的严谨性(或语法),也就是,由相关的同行社群所监管的方法论的严谨性是关键。我们应该承认,一直到了相对较近的时期,一些社会科学才开始减弱此前对同行评议的怀疑甚至是摒弃的态度(部分源于新康德主义的反智主义),并在什么算、什么不能被接受为社会科学的边界上巡逻时采纳了一些负责任的步骤如严格确保匿名。社会——在这里是学科社群——作为一种执行人、专业或学术判断的保证人回归了。同行团体在巡逻“专门化/非专门化”的边界时越散漫,产生的知识的专门性就越弱,由此产生的知识的公共信任度也就越弱。社会正是通过这种方式来宣判强有力知识和不那么强有力的知识的,而不只是通过其母体知识库的垂直性。

这又能给自然和社会科学之间的区分带来什么呢?很可能这种区分将变成一条红鲱鱼(指转移注意力的话题、与事实不相干的论点)。将"自然"和"社会"二分化的问题在于它必然传递的信息:"非自然的"意味着不仅"不由物理实在决定",而且结果"不完全理性"。换句话说,这种区分将专门化知识和"自然"联为一体,将"社会的"等同于非专门化的知识、风俗、常识、意识形态。从本章采纳的"知识"立场来看,没有必要也不应该在"自然"和"社会"的知识类型之间做出区分。它除了带有化约主义,还会分散我们的注意力,使我们无法关注核心问题。所有的专门化知识社群都有义务加强自己的方法论,它们的伴随理论越牢固,其概念的连贯性就越强。

当然,这并不是要否定我们之前讨论的不同形式的专门化知识之间的差异;不是要宣称其中一些是"不成熟"版本,可能有一天会"追上";也不是否认社会科学和同行达成共识的程度是大不相同的。这些差异反映了不同学科的专门化和非专门化知识的关系程度。在物理、化学以及生命科学里,二者之间的关系在任何实用的目的上都是不可联通的,不仅仅是源于它们使用的数学缺乏模糊性,也是源于它们发展的以精确的数学形式表达概念间关系的能力。在社会科学里,如果我们将卡西尔关于内在局限的观点用于社会现象被概念代入的程度,它永远不会正确。但尽管有这些区别,所有学科处理的都是我们无可逃避的世界的问题,不管是自然还是社会学科。重要的差别是,有些学科——不管它们被普遍接受的概念库有多大——足够强健有力,能够获得公众信任,而有些不能。这是强有力知识的社会学核心。

六、艺术走向何方?

我们从知识是"强有力的",因为它使获得它的人自由并能够想象替代方案和新的可能性这一观点出发,讨论了它的具体案例:STEM学科,以及不同的但同样重要的社会科学包括历史学科。那么，艺术——表演、视觉艺术、文学的情况怎样呢？它们也像我们之前讨论的那样将知识专门化吗？它们也和日常经验分化吗，就像科学和社会科学那样？如果不是，那么就像当前英格兰的一些资助政策和课程政策所暗示的，它们是否应该被丢进历史的垃圾桶？

我们反对这种观点。同时，我们不主张专门化的"强有力知识"和日常经验仅仅在程度上存在不同。当我们酝酿本章的标题时，就将"力量"（powers）作为复数而不仅仅是单数。我们看到了不同形式的专门化知识具有的不同形式的力量。STEM 学科是"强有力"的，因为它们提供了超出任何个体依赖于单纯的日常思考所能得出的预测和解释。社会科学继承了某些这类特征：它们提供了和具体情境（有时微弱地）相联的普遍性（generalizations）；它们生产基于相对客观的同行社群的方法得出的事实。它们的发现成为对政策进行论辩的来源，它们在某种情况下也对一个社会的自我对话有所贡献。还有，它们会做出一些可检测的预测，尽管在大部分情况下是作为可能而非确定性的预测；并提醒政策制定者们和政治家们，其决策的后果可能比自己的意图更加"强有力"。我们认为，只有它们严肃对待自己的论证规则和论据，并将学科之间的边界、专门化和非专门化知识间的边界作为更普遍力量的来源而不是作为创新的障碍，它们做出的解释才可能被信任，而不是被摒弃为仅仅是一系列竞争性的意识形态。

对不同类型的专门化知识的力量做出这些论述后，我们简要分析了"力量"的另一个维度，如想象道德的和审美的可能性的力量，这并不代表着走向了之前我们讨论的"一般化"，但在把人们联接到一个更宏大深沉的人性方面，可能也是有普遍意义的。关于为何这样的力量——表达为文学的、视觉的、音乐的、运动的形式应该同样被赋予所有人，我们是有充足的理由的。它们是专门化的，和日常经验分离的；它们位于专门化专家社群里，这些社群定义着其概念、规则、实践、边界、对象，提供着可能成为创新和创造资源的约束条件。如果它们与其他形式的强有力知识共享着一些共同特征，那么这些特征是什么？为何它在区分自身和市场流行形式上是重要的？

在最近的一次评论中，音乐评论家查尔斯·罗森（Rosen，2012）为我们指出了一个有前景的方向。罗森提醒我们,尽管不能将我们完全从常规意义中解放出来(更别提它们自身就没有常规了),但艺术提供了某种特定的超出世俗确定性与惯例的自由。艺术和科学或社会科学的区别在于,尽管它们也是专门化的,也受制于约束条件以及和其他专门化知识类型有关的边界,但它们不由专业实践者独享。你不需要会弹小提琴就可以欣赏莫扎特(Mozart),不需要写小说就可以阅读简·奥斯汀(Jane Austen),也不需要会跳舞就可以享受莫斯科大剧院芭蕾舞团的表演。在每一个例子中,人们都可能获得某种自由:它超出日常生活的旋律、文本和肢体动作,并使我们能够想象在这些领域的加强版的可能性。

科学是从一般出发和特殊对话,而艺术是在特殊中和普遍对话,而且能使人们感受到部分更宏大的人性。这种自由就是伯恩斯坦所说的学科是"思考不能被思考的"和"没有思考过的"事情的来源(Bernstein,2000)。罗森(Rosen)提醒我们,在人类的先天的审美冲动和每种艺术努力形式的最明显特征之间的联系是,在某些点上,它不可避免地把人们的注意力从具体意义和功能转移到表达形式上,进而引向普遍。艺术和其他形式的"强有力知识"的区别是,尽管它们有常规,它们却明确地被授权去破坏常规,"去娱乐、惊吓、激怒,去原创"。他这里说的其实是艺术的内在的破坏性,也是为何政治体制尤其是独裁体制总是周期性地试图镇压它们的原因。

艺术和其他形式的"强有力"知识有一个重要的相似之处,那就是学科的常规(或边界)提供了跨越它们的条件。这又回到了我们对"强有力知识"的最初定义——它是专门化于、区别于日常性的思考的。同时我们又拓展了"力量"的意义和范围:STEM学科拥有明显的预测力,而有些学科虽不是普遍化或预测的来源,但却是"惊奇、愤怒、震惊"等力量的来源并因而超越了各个方面的局限。这些当然要在课程中占据一席之地。

七、结论

显然,我们没有解决围绕着"强有力知识"的所有难题,但我们希望至少已经阐明了部分。这不仅是因为哲学界还没有找到走出由海德格尔和卡西尔所代表的新康德主义的两种传统间相互割裂这一死路的方法。实证主义以一种没有科学家可以接受的方式定义了科学，排除了其他一切可能，最终失败了。建构主义则是减弱了它暗含的相对主义。

其他尝试例如拉图尔（Latour）的"行动者网络理论"（actor network theory）似乎解决了相对主义的问题，但却同时弄丢了知识和社会性（Turner，2012）。我们从涂尔干那里继承的社会实在论的精神和在此做出的努力在于复兴专门化知识，将之打包带回它所依赖的社会网络中。我们认为，建构主义及未来2投下的阴影可能还得存在一段时间，不只是因为如约翰·瑟尔（Searle，2009：89）所说的，"被社会建构主义说服的人们典型地具有一种深远的形而上愿景和一种并不能解决这种愿景的精细的辩驳能力。"他们的愿景就是为自由创造条件——而他们认为自由受到了"客观性""理性""科学"的威胁。我们也共享这种自由愿景，但对我们而言，只有通过学科边界，真正的自由，以及意料之外的可能性的拓展，才能产生。与此同时，我们能做的只有强调各种形式的强有力专门化知识作为最好的、最公正的做出课程决策的基础的重要性。似乎没有别的选择。

第十章 克服课程理论的危机

一、简介

课程理论应该解决什么问题？我一开始（至少是过去十年中）一直关注的是：不管是在小学、中学、大学还是参加旨在为就业做好准备的职业与专业教育项目中，学生有权学习的到底是什么？这些问题没有一劳永逸的答案；社会在变化，所以每一代人都必须重新询问这些问题——而且它们不好回答。一方面，作为教育者，我们有责任向下一代传递前代人发现的知识。正是这种代际之间的延续使我们有别于动物；它告诉我们，我们永远是历史的一部分。另一方面，课程的目的，至少在现代社会里，并不仅是传递过去的知识，也是使得下一代能够在这些知识的基础上建立和创造新知识，因此人类社会才能进步，个体才会发展。最早的原始社会没有学校，在很多个世纪里几乎都没有变化。但是，我们从这些社会以及第一个开设学校的社会中继承了一个重要特征：尽管这些学校传递的知识大部分是宗教的（而且被认为是固定不变的），但它们清晰地不同于学生的日常经验。本章将在当代背景中讨论这一点。

"传递过去的知识"和"能够使用这种知识创造新知识"这两个相辅相成的目的，以及将这种能力传递给每一代人群中最大比例的成员的期待，为课程理论家们、课程开发者们、教师们提出了非常困难的挑战。它需要挣脱，或者至少"超越"我们从过去继承来的教育中的两种最流行的取向。

第一种以欧洲传统为典型但在世界各地都有类似模式，如儒家传统或伊斯兰教。它继承了课程是"神圣的"（sacred）[1]来源的观点，从 19 世纪开始逐渐世俗化并形成了我们熟悉的大学里的学科以及中小学的科目并逐渐覆盖到了全球（Meyer，1992）。然而，尽管经过了大众化扩张，这些传统所带来的新知识和教育

---

1 我是在涂尔干的宽泛意义上使用"神圣的"一词的（Durkheim，1995），它不局限于宗教，指的是和日常生活中的问题比如获取食物和住所相分离的任何意义。

机会依然没有（至少到现在为止）完全民主化为"为了所有人的教育"（education for all）。结果是，这些传统激发了很多拒绝"神圣"理念的批评和替代品，它们不信任"建立在知识上的知识"，而是看好所有学习者（有些人看好所有文化）的潜在能力。这种进步主义的、学习者中心的传统可以追溯到卢梭（Rousseau），最为精致的形式是受杜威影响的文章[1]。它认为只有学习者摆脱认可"神圣"的束缚，摆脱他们感受到的过去的排他性传统，他们的"自然"潜力才能实现。随之而来的是两种非常不同的阐释教育的解放的可能性的模式。第一种模式信任**知识**，信任知识的内在开放性——我们知道的越多，越能意识到自己知道的太少。这种传统中教师不仅仅是"学习的引导者"（facilitators of learning），而且是他们专业领域的教学权威。这种传统的断层线和弱点与两方面有关：一是知识的形式越来越专门化，对获得机会的限制越来越大；二是它倾向于忘记我们拥有的教育学知识（作为一个专门化领域的知识）其实非常少，且相对而言我们投入在这方面的资源太少了。

第二种模式信任学习者的解放能力——但我们得知道如何实现它啊。它大量地（尽管在我看来走偏了）依赖数字技术推进和加强学习的潜力。一些人认为，只要教师释放机会，允许学习者接触网络上巨大的信息资源，成功的学习就能成为所有人的标配，而不再只局限于少数人。这种看法的说服力很肤浅，我们仍然没有证据能证明信息资源——不管它的范围和进入机会如何——仅凭自身就能够促进真正的（real）学习。所有此类理论的错误是将每个人在经验的或非正式的学习方面拥有的惊人能力作为一种模式套用到非常不同的超出我们经验的任务上去——而这是学校和教师提供给我们的独特机会。

我认为，课程理论的任务是要超越这两种模式。从"神圣的"传统那里，不仅要吸收"知识储备"的理念，也要吸收那些特殊的人类价值：向内探求、执着于本心——这些形塑了学科研究和探究。为了回应对"神圣的"排他性的批评，我们必

1　这不是说杜威没有意识到儿童或学习者中心的不足。但是不能否认，大量他的追随者们是这样阐释他的（Egan，2004），况且不管他写了什么，他本身的实用主义认识论也使他不得不面临这样的批判（Durkheim，1983）。

须指出,学科的排他性不是固定的或者既定的,而是有目的的——是为了发现真理——而这原则上是向所有准备好付出努力并被充分支持的人开放的。当然,这不是说在今天的社会,区分那些成功进阶的学习者和没有成功的学习者的唯一要素是"努力";有大量政治性因素塑造着对机会的分配。我的观点是,课程理论的一项主要任务是识别限制课程选择的约束条件[1]并探索随之而来的教育学启示。

至此,我们已经概述了课程理论的角色——特别是和"通往知识的机会"相关的问题。我认为,这方面的角色因为各种原因被大量忽视了。这种忽视就是本章标题中所说的"危机"。不是说课程理论或者课程研究的主线忽略了知识内容的问题(Deng 和 Luke,2008),而是这种"危机"体现在课程理论不愿意[至少从赫斯特和彼得斯(Hirst 和 Peters,1970)以来]探讨和真理、不同知识形式的可靠性等相关的**认识论**(epistemological)问题,以及这些问题的哲学和社会学维度。

什么是学生在学校里应该获得的重要的知识? 如果课程理论家不能回答这个问题,那么谁能回答? 这很可能会让行政管理者和政治家们的实用主义的和意识形态的决策趁虚而入。接下来,在简要讨论知识问题被课程理论的学者们回避的可能原因之后,我将指出如果课程理论真从知识问题出发的话可能涉及哪些问题,以及这种取向可以如何在学校中得到切实应用。本章结论将简要讨论为何知识问题几乎系统性地被教育者们忽略,而不只是那些课程理论专家——英国尤其如此,当前有关知识和课程的论辩几乎都是由政府的政客主导的(Young,2011)。且这一趋势不只是在英国如此(Yates 和 Young,2010)。

二、课程研究领域的起源

雷蒙德·卡拉汉(Raymond Callaghan)在其天才的但没有太多人知道的著作《教育与效率崇拜》(*Education and the Cult of Efficiency*;Callaghan,1964)中指出,课程理论最初在美国的兴起是为了解决学校校长面临的问题。早期的课程理

---

[1] 在此,我聚焦的是对课程能否使学生获得我们所说的"强有力知识"的认识论约束。同时,课程也由外部约束决定,但它们会将我们带到政治问题上去,将超出课程理论的范围。

论家如博比特(Bobbitt,1918),应用了泰勒(F. W. Taylor)改进工厂生产力的"科学管理",对将在工业中学到的东西成功应用于学校非常有信心。学校的目标——要学什么——被认为是理所当然的,所以课程被理解为对教学资源的指导和有效组织。早期课程理论家及其追随者如泰勒、塔巴都以一种高度规定性的方式来理解教学。对这些模式的批评最早来自阿普尔(Apple,1975)和派纳(Pinar,1978)。他们的早期作品转变了并几乎"解放了"由博比特、泰勒、塔巴模式带来的课程理论领域的僵化与乏味。

在英国,我们很幸运地没有像美国那样陷入对教学目标的痴迷。但是,英国流行的是"博雅教育"的概念以及与之相关的付费"公共"学校如伊顿公学和哈罗公学。在英格兰,"博雅教育"的概念被哲学家赫斯特和彼得斯(Hirst 和 Peters,1970)赋予了更正式的表达——作为一种课程;而"新教育社会学"正是从社会学视角对他们发起的直接挑战(Young,1971)。[1]

20世纪70年代的这些发展以全新的方式促进了课程研究领域的开放,使之走向了多元创新的实证研究(Goodson,1987);同时,它们也让这个领域政治化了,为后来被吸收进激进的、现在依然在教育院系拥有大量拥护者的"批判教育学"(Giroux,1983;McLaren,1995)铺平了道路。这些批判课程理论的长处是它们直观表达了课程不是既定的,而是蕴藏着盛行的权力关系的。我描述它为聚焦"有权者的知识"的课程(Young,2008)。然而,这种传统只从单一维度关注谁有权定义课程,忽视了一些形式的知识比其他知识更能赋予有机会得到它的人更强大的力量,**不管其来源如何**(irrespective of their origins)。尽管有其优点,但关注"有权者的知识"几乎不可避免地将分析学校中的事务转移到了更宏观社会中的权力分配,对教师或寻求一个更平等的课程设置的政治运动来说,几乎没有任何帮助。它认为,作为政治变革的后果,基于"有权者的知识"的现有课程可以被替代——但它没有提供任何新课程的可能线索。如政治家们发现的,在各种背景中(不只

1　更具概念深度的、对课程理论以及教育社会学影响更久远的,是伯恩斯坦的早期作品(Bernstein,1971)。通过一篇一直写到他的生命尽头的分析知识结构的文章(Bernstein,1999),伯恩斯坦早期作品的重要性就可以被完全看到(Moore,2004;Muller,2000;Wheelahan,2010;Young,2008)。

是教育),在历史上少有的几次左翼掌权的情况下,他们几乎都没有替代方案,于是又回到了那些它们之前反对的旧模式的一些变体上。

总结一下目前的观点。在从和早期课程理论相关的教学的技术工具主义模式,走向意识形态批判的过程中,课程理论弄丢了(或正在快速失去)它的主要对象——**学校里教什么、学什么**(what is taught and learned in school)。结果是它失去了其在教育研究中的独特功能(这一点有争议)。这种"丢失对象"——学校的专门性——有两个后果。一是,它将课程理论的大门开放给了一系列领域的学者:哲学、文学、文化研究等等,他们提出了有关现代社会中的文化和认同等严肃问题,但都和专门的学校课程并不相关。二是,政府和课程开发者(至少在英国)越来越少地关注课程理论家在课程领域的专家地位。这可能直观反映了政策制定者和理论家们存在的分歧,但我怀疑它也是课程理论家们放弃其独特的专家角色的一个后果。我们很容易哀叹新自由主义的强势,学术界有时似乎也很习惯批评政府的政策;但在放弃课程理论的研究对象上,我们必须(至少部分)接受责备。尽管教育研究者们无视了教什么、为何这么多学生在学校里学到的这么少等问题,但它们不会自动消失或解决,而且从本质上看,课程理论最有立场解决它们。于是,发展一个更适切的理论就成了本章致力于达成的一个主要任务。

三、课程理论危机的起源

那么,为何会出现这种课程理论危机呢? 我想提出三点原因。第一,也是从前面分析中得出的,是不信任专门化作为任何领域的新知识产生的主要来源——教育研究领域也不例外。英国对精英传统的"博雅教育"的批评(Williams,1961)和美国对狭窄的教学模式的批评都是从质疑它们原本视为理所当然的对知识的假设开始的。但是它们都没有一个可能引领一种不同的课程知识形式的自己的知识(以及课程)理论。因此,它们将该领域的理论焦点从关注课程可能采纳的不同形式,引向了政治性的权力、政治及认同问题(一些人如派纳主张的)。然而,如布迪厄所说,聚焦课程作为"支配性的文化权威的一种专制性的强加"(Bourdieu 和 Passeron,1990:22)

并不能增进我们对课程的知识。在相关学术领域中，这些挣扎于权力问题的理论是存在着一席之地的，但它们没有解决教师和课程开发者无可回避的权威性的局限，所以也不能解决为现代社会找到替代性课程方案这一难题。这需要我们严肃对待课程：它是在两种约束条件下运作的实践和探究的对象——权力和政治的约束以及认识论的约束告诉我们，不管权力的分配如何，知识如何"被筛选、定步调、排序"（此处使用伯恩斯坦的著名短语）对于谁来学校学习、学到什么有决定性的影响。

第二个原因是学校教育的大众化扩张已经以一种自相矛盾的方式导致人们丧失了对它的潜在解放功能的信心。这部分是全球资本主义面临的日益增长的关注教育"方式"（means）而非结果的压力下的一个后果。学生在越来越小的年纪就被鼓励从自己的未来职业来思考什么是成功的学习；或者至少从进阶到下一阶段的教育（小学到中学，或中学到高等教育）的角度来思考。这种对"方式"的关注使学习者的动机从**内部目的**（internal ends）——通常表达为"为了学习本身"，它被摒弃为精英主义，但对于所有学生的智识发展都至关重要——转向了**外部目的**（external ends），比如就业力。教育研究本身也在推波助澜——尤其是教育社会学的一些趋势，告诉我们资本主义社会中学校的作用就是再生产阶级关系；还有福柯（Foucault, 1977）的阐释者们，不断将学校和收容所、监狱类比。不是说这些观念是错误的，或者没有提供重要的洞见；问题是它们太容易成为对"学校做了什么"的单维描述——一种左翼功能主义，没有为考虑政治上没那么"反对"但同样重要的"学校教育能够给所有学生提供什么学习机会"的问题留下什么空间。学校科目，如物理、历史，通常提供着矛盾的可能性。如果学习者要成功，他们就要跟随被外部规定好的规则和顺序，这些可能经历起来都像是被强加的，甚至是异化的；但另一方面，在一个好老师的辅助下，在服从这些规则的过程中，学生才能获得走到别处的机会，才能体会到自身的更大能力。这种"服从规则"和"超越规则"之间的张力在如下课程理论中消失了：它要么摒弃规则，认为它只是权力或意识形态的体现，要么同样具有误导性地，认为学习任何不能获得短期经济收益的东西都"只是理论性的"（merely academic）。

第三个原因是越来越多的教育研究者们接受"知识本身并没有内在的意义或

效度"这一理念。随之而来的是教师面临的问题变成了很局限的"这个课程对我的学生有没有意义?"而不是"这个课程能赋予我的学生通往什么意义的通路?"或者"这个课程能将我的学生带离他的经验,使之能够基于真实世界想象出一些未知的可能性吗?"

我的一些访问过中小学教师的大学同事们都提到他们访问的学校中存在着一种类似"恐惧知识"的现象——要么不提知识,要么视知识为可怕的、专制的东西。于是,如果课程理论家们自己都不拥有一种知识理论,那么教师将学生们中间的文化抵制表现阐释为他们对主体意义和认同的喝彩就毫不奇怪了。这要么导致一种对认同的过分心理学化的解释:关注学习者作为一个个体而不是社会成员(Ecclestone 和 Hayes,2009);要么导致对一些批判教育学的罗曼蒂克的政治化。这些取向忽略的首先是教师不能逃避自身角色的教育学元素。父母将孩子送到学校是期待他们能获得在家得不到的专门化知识的。其次,它没有认识到,尽管知识可以被体验为压迫的或异化的,但它不是知识本身的属性。一种将学习者的承诺与知识关联起来的适切的教育学(Charlot,2012)可以带来不同的结果——它可以解放学习者,使之拥有新思想,甚至去思考那些"没被思考过的东西"。

因此,课程理论和课程必须不是从作为学习者的学生出发,而是从学生获得知识机会的权利出发。课程理论需要一种知识理论(见第三章),如果它要分析、批评现有课程,以及探索它的可能的不同形式的话。课程理论家们不是自己做课程,但至少他们可以拓展课程开发者们可选择的可能性。

我的学科(教育社会学以及更具体的课程社会学)以及我自己的早期工作在政治问题上花了太多时间——谁定义着课程的知识基础?尽管这个问题也很重要,但它已经导致了对知识问题本身的忽略,它没有探讨:一个以"赋权知识"(entitlement to knowledge)为目标的课程可能是怎样的?

四、知识本位的课程取向的假设

我将要描绘的课程理论的框架是首次解决"学校中的学生被赋权获得的是什

么样的知识"的尝试。在此之前,我将简要描述我做出的假设——它既塑造着此框架,也塑造着我如何解决课程知识问题。

- 在所有的探究领域中,都存在着**更好的**(better)、更可靠的知识,更接近我们所居住的世界以及有关人类的真理的知识。同时,这种知识不是固定的或既定的;它永远是可误的(fallible)、可被挑战的。这种认识论宣称为我们提出的难题是如何将下述两种理念结合起来——"存在着更好的知识"和"这种知识是可误的"。可误性(fallibility)并不意味着"怎么都行",而是说任何专门化知识社群都有规则和概念,而这些规则和概念都是向质疑开放的。这意味着为了体验知识的可误性,你必须是这种社群的一部分或者和它有关联。自然科学与人文社会科学的难题相反;在中小学甚至是本科阶段,自然科学的学生必须"不深究"谬误;如果认真对待知识的可误性,他们就不可能在数学学科上充分进步,除了统计学。而在自然科学以外的学科,通常专家们之间很少能在学科的规则和概念上达成共识。然而,即使在这些领域,也很可能有某种程度的对意义的认同,而这是可在学科内进行论辩的,因而也是可误的。这种知识,就是我所指的"强有力知识",尽管它是高度分化的。

强有力知识有两个关键特征,都表达为边界的形式:

- 它是**专门化的**(specialized):它被生产出来的方式(在工作场所、研讨间、实验室)、被传递的方式(在学校、学院、大学里)都是专门化的;这种专门化也表达为学科、科目间的边界——边界定义着其聚焦点和研究对象。换句话说,它不是**普遍的**(general)知识。不是说边界是固定的、不可变的,而是说交叉学科的研究与学习依赖于以学科为基础的知识。
- 它是与学生带到中小学里的经验或者年长的学习者们带到学院或大学里的经验相**分化的**(differentiated)。这种分化表达为学校知识与日常知识的概念边界。

这些"强有力知识"的特征不限于英格兰的 STEM 学科(科学、技术、工程、数学),尽管 STEM 学科和科目表达的强有力知识的特征是最清晰的(Young 和

Muller,2013)。尽管强有力知识不是普遍性知识,它却有普遍化的(推广)能力。这个概念可应用于:

- **伦理学**(ethics),比如康德的著名原则——"人是其自身的目的,而不是达到其他目的的工具"是"强有力的",不是因为它解释或预测,而是因为它接近一个普遍性(一般性)原则:有关人类应该如何对待他人。我们在其他伟大的哲学作品中如儒家经典中可以找到几乎同样的原则。
- **文学与艺术**(literature and the arts),伟大的艺术作品是"强有力的",因为它们和一些感受相联,如内疚、懊悔、遗憾、责任、欣喜等虽是特定情境中的,但又是所有人类都共享的情感体验。
- **历史、地理与社会科学**(history,geography and the social science)。

在每个学科,都有一些人(不是全部)致力于寻找"最好的"、对现象的最可靠解释这一目标;都有一些人献身于共享规则和概念、坚信知识建立在过去知识的基础上不断进步,甚至当这些知识被拒斥时(如现代艺术和音乐学科中的大量案例)都矢志不渝。另一方面,和它们相联系的现象与自然科学关注的现象非常不同,不仅其方法和概念不同,它们不可避免地也没办法宣称相同的可靠性。

我认为如下课程问题——"教什么知识?"既是一个认识论问题,定义着什么应该构成学生在不同年龄阶段、不同专业领域的权利;也是一个社会公平问题:所有学生都有权获得知识,不论他/她是否拒绝它或是否畏难。如果一些知识是"更好的",我们怎么能剥夺所有学生获得它的权利呢?怎么能允许一些学生(就像我们在英国所做的那样)从 14 或 16 岁开始就只学习那些实际上"毫无力量的知识"(powerless knowledge)呢?

五、知识本位的课程取向

怀着这些假设,我将回到设计一个知识本位的课程(knowledge-based curriculum)需要考虑的主要原则。包括以下方面。

（一）专门化形式

　　从"强有力知识"是专门化的这一假设出发，随之而来的是，专门化在大学课程里采取的形式是学科间的边界，这种边界被概念以及包容/排斥、推断、论证、概念排序的规则等定义。相反，中小学的课程的目标是教学而非研究，它们采取的形式是中小学的科目——由大学学科"再情境化"（re-contextualized）而来。

　　在这个意义上，再情境化（recontextualization）指的是（用伯恩斯坦的术语）内容的筛选、排序、定步调，这个过程既考虑到了学科科目的连贯性，又考虑到了学生不同发展阶段能够学习到的程度。换句话说，研究者们和大学教师很大程度上受限于认识论标准，而中小学教师也要考虑教育学标准，以及他们对学生能力、经验、潜力等的认识。这个区别是结构和顺序的区别，不是内容的区别；中小学物理的概念永远是物理学概念的特例（比如，学生将在中小学学习"质量＝力/加速度"，在大学学习"质量＝能量/光速^2"，但前者是后者的一个特例）。再情境化如何完成在不同的学科和科目里有着很大的不同。更进一步来说，学科/科目本位的课程并不妨碍学生获取足够的自信——通过在学科或科目边界内部活动并挑战它。

（二）国家课程与学校校本课程的关系

　　国家课程应该仅限于核心科目的关键概念，而且要和学科专家密切合作共同设计。这种对国家课程的限制保证了个别学校和专家型的学科教师的自主权，并考虑了学校的不同文化和资源、不同历史以及不同的背景（如城乡差异）。同时，它还确保当有一些转学的情况时，所有学生都能有共同的知识基础。

（三）概念性（课程）知识与内容性（日常）知识的差异

　　学校知识（或者说，课程）与日常知识的差异在于它们是由结构和目的都不同的概念组成的。儿童在长大的过程中获得的日常概念使他们能够理解和具体背景相关的身边的世界，它们是情境性的，但也是灵活的且不断地和新情境与新经验相适应的。经验在这个意义上，可以被理解为获得越来越多的情境具体性的概念。然而，日常概念的连贯性是和特定情境相捆绑的，如果没有机会接触学科本位课程的概念，儿童的理解就将只局限在这些情境和经验中。相反，和学科本位课程相联的概念并不与具体情境捆绑；它们和彼此、和相关学科的潜在理论相联，背后由学科专家社群支撑。这种结构上的差异使得有机会获得学科本位概念的学生能够超越自身经验进行普遍化，为课程提供了教育理性，以及和学校教育的更宏大目的之间的联系。这里有一个案例可以阐释这个简单但很抽象的论点：

> 住在大城市比如伦敦的学生——他们知道自己城市的部分事情，比如警察，等等。这是一个学生带到学校去的非学校知识的例子——它在每个学生那里都是不一样的，受限于他们长大的经历。获得这样的知识并不需要去学校。然而，在某些时间点，学生将遇到一位地理老师。地理老师拥有非常不同的有关城市的知识：它们如何特殊、它们的历史、它们如何变迁等。这是学校知识——在这个例子里，是概念性的地理知识——城市是一个地理概念。它并不会取代学生的日常经验，它会拓展这些经验，使学生能够根据它做出普遍化推理。文学和历史也是如此。在科学的例子里，学生可能会带着一些关于自然和物质世界的知识来到学校，但大部分科学并不直接和他们的非学校知识相关，在科学课堂上，实验室的实验为学生们扮演着日常世界的角色，期待学生能从它们中做出普遍化推理。物理或化学概念使他们能够超出在实验室进行的具体操作而进行思考。
>
> ——删减自麦克·扬（Young，2011c）

（四）教学与课程的差异

我在本章所说的教学（pedagogy）[1]指的是教师做什么，以及让学生做什么；但教不只是一项实践活动（或有些英国政客声称的"手艺"），教既依赖于教师拥有的自己学科的知识，也依赖于他们拥有的关于个别学生及他们如何学习的知识——还有

---

[1] 我使用"教学"这一术语是分析性的，而不是描述性的，指的是教师的实践和他们基于的理论（通常是内隐的）。在拉丁语系如葡萄牙语中可能比较容易混淆，因为教学的意义几乎等同于广义的英语单词"教育"。

他们需要自己的学生能够做什么的知识。相反,尽管课程指的是学生被赋权知道的知识,但它并不包括学生的经验。学生经验对于教师和学生而言都是至关重要的学习资源;不论它们如何多样,学生来学校并不是要学那些他们已经知道的东西的。

(五) 作为"向学生和教师提供反馈"的评估与作为"课程驱动者"的评估

非常有必要区分"作为向学生、教师、家长和政府反馈学生进步的评估" (assessment as feedback on pupil progress)与"作为课程和教学驱动力的评估" (assessment as a driver of the curriculum and pedagogy)。教师越来越多地面临如下压力:评估正逐渐从反馈功能转向作为政策或课程驱动者的问责功能。

六、实践启示——一个案例

我差不多有 18 个月的时间一直在和一位英格兰大型综合性中学(有着 80 多位员工)的校长进行讨论;最初是她读了我的书[《把知识带回来》(*Bringing Knowledge Back In*;Young,2008)],提出了一些本章讨论的部分问题。她为学校员工撰写了一篇名为《知识驱动的学校》(Knowledge-driven School;见本章附录)的使命宣言。我不是在说她的想法直接来自我们的讨论。但是,我认为她的宣言确实阐释了一些通常被摒弃为抽象原理的理念在支撑一位校长的课程领导者角色上可以是建设性的;也说明了课程社会学中困难的理论与通常抽象的问题可以被表达为非专业人士也可接受的方式。她的下一步计划是让她的部门主管从自己学科的角度回应这个使命宣言。

七、反对的声音

我描绘的课程图景在英国遭到了广泛的反对,不仅有来自中小学教师的,还有很多来自大学教育者,他们中的大部分都自称是政治上的"左翼"。因此我想通过回应三类对知识导向课程的较普遍的反对声音来结束本章。

（一）实践中的反对

即使在一个发达的、资源相对充裕的国家比如英国，也有相当大比例的中学生在 16 岁时不能获得一个合理的受教育水平。而我所倡导的知识本位的课程（如果学校中的教师数量、教师资历等不变的话）几乎肯定可以增大"学业失败学生"的比例，并将带来更多的厌学、辍学现象。

因而，一些教育家还有很多教师认为这样一种课程在实践中并不适合所有学生。它没有看到教师在让更多而非少部分学生参与这种课程时可能面临的真正困难。很多论点认为，很多学生需要一种和他们的兴趣、能力更匹配的课程。矛盾的是，已经有相当多的证据表明，尽管一些基于孩子的直接兴趣的项目可能让他们在学校里更快乐，但同时，它们剥夺了他们获得如果要继续深造或者有一个理想的就业机会就必需的那些知识的机会。这就是大众化中等教育（至少在西方资本主义社会）无可逃避的实践困境，社区导向的或就业导向的项目并不能完全解决这些问题。不过，这样的项目可以粉饰教育失败的问题，局限了它被解决的可能性：它的本源实质上不是在学校而是在更宽泛的社会不平等。这导致我们超越课程走向了政治问题。这种实践困境代表的更多的是一种对社会类型的批评，而不是对课程理论的批评。

（二）认识论的反对

知识导向的课程理论被一些教育家们从两个不同的方面进行了批评。那些后现代主义和后结构主义知识理论的支持者们认为，所有知识不可避免地都是"有立场的"（from a standpoint），从这样的视角出发，认为某些知识是"强有力的"就和那些精英学校接受主流知识定义的行为没什么两样。[1] 还有，从这样的视角来看，知识导向的课程太意识形态化了。它宣称所有知识都是专制的，知识导向

---

1 我之前提到过这个观点：视课程为"有权者的知识"的表达；换句话说，那些当权者定义着精英学校的课程来满足他们自己孩子的需求，实际上（如果意图没那么直接的话）是在歧视其他人。这种对精英学校的关注很重要，但有必要区分精英学校和精英课程；前者聚焦不平等的机会，后者则宣称知识本身可以被重新建构——比如，一个非精英的公立学校应该和私立学校教不一样的物理。我将在结论部分回到这一点。这是所有社会建构主义的课程取向都无法解决的困境。

的课程也不过是特定利益的一种强加。对于课程来说,学生的兴趣或偏好相比其他,是更好的标准。如我之前所说,否认"强有力知识"的潜在的普遍性和可推广性意味着课程理论唯一能做的事情就是批判了。这样的视角提供给教师的唯一的选项就是他们应该帮助学生找到生活中的一些意义,不管这留给他们的可能性有多小。

一些哲学家对知识本位课程的认识论的反对理由(White,2012)是"学校科目"是过时的,在一个知识变化如此迅猛的世界中是不合时宜的。这是将课程的内容和结构混为一谈了。英格兰的中学生从 1870 年开始就学习历史和物理了,至今仍然在学,这并不代表他们学习的内容一直没变。科目是教育资源,而话题(topics)和跨学科主题(如环境)虽然很重要却永远不能成为教育资源。科目是:

- 对学校、学生、教师来说,稳定的来源。这很重要,因为学校的部分角色就是"传递"前一代人掌握的知识;
- 国家内(及国际间)连贯性的来源。学生可能会因为搬家在一个国家内或跨国转学。科目给予了一种保障(一些科目尤甚):学生可以在另一所学校的相似年龄的班级里继续他/她的学习。而那些参与非科目课程、主题和话题学习的学生,通常会一年年重复同样的东西而无法进步。
- 学生及教师身份认同的来源。对教师来说,他们是在专门性的专业协会中成长起来的,在这里他们可以分享、讨论一些新动向。对学生来说,科目的功能类似,但又有所不同。一开始进入课程的世界时,很多人可能会感到疏离——他们的先前经验并不是以学科为基础的。但是,科目以清晰的边界和规则为他们提供了发展新的身份认同的机会——作为新的学习社群的学习者,随着他们逐渐积极地探求由科目边界定义的问题,他们走得更远,并在一些情况下有能力挑战科目边界。
- 作为一个社会中新知识的主要来源的学科的再情境化(我在前面说过)。科目和学科之间的联系提供了最好的保证:学生在学校里获取的知识不仅依赖于某个教师的权威,而且是基于整个专业化科目社群的。

（三）政治上的反对

在英国，上一任政府的课程提案（DFE，2011）在相当程度上强调了专门化的和较窄范围的科目，有效限缩了学校和学生的选择。如前所述，这些提案几乎被所有的"左翼"反对。它们被视为精英主义的，助长了社会不公和更大的不平等。如之前讨论过的后结构主义者那样，这些批评暗暗接受了一种相对主义论调：不存在这种由科目代表的、应该被赋权给所有学生的"强有力知识"。他们认为，每一代14或16岁之前的学生中大概三分之一可以放弃"获取学科知识"这一优先事项，因为这些学生对此不感兴趣，或者这些对他们来说太难了，或者它对老师提出了不可能达到的要求。我从这种反对声音中看到的是，很多这类批评某种程度上都能把自己对"知识"问题的回避合理化，它们可能不愿接受如下现实：不管要实现任何实践目的，都不能回避认识论局限。

对右翼来说这个困境相对简单：它们不相信不平等会逐步减少（哪怕是可能性）。他们可以接受某版本的"强有力知识"作为课程的基础，并将它可能导致的失败全部归因于个体学生的选择（他们不够努力，或者父母不支持老师）。道德上以及政治上，我并不觉得这些观点能站得住脚；选择的可能性并不是被平均分配的。然而，这并不能帮助那些致力于更平等的左翼解决他们面临的困境。

我自己的观点是，没有课程可以仅凭自己显著地减少教育不平等。在资本主义社会里，学校复制着这些不平等——一些国家更严重一些，一些国家稍微好一些。但是，减少社会不平等主要是一项政治任务，不是教育任务。在英格兰，教育不平等的一个主要来源是有钱的父母有机会为他们的孩子在私立收费学校购买到"更好的"教育[1]——这些学校每年收费3万英镑甚至更高。令人伤心的是，作为主要的左翼政党，工党在他们拥有议会多数席位的1945年和1997年，两次都回避了"私立学校问题"。但是，这是一个政治问题而不是教育问题；对我们教育者来说，这只是身为公民所面临的一个任务。这个社会存在着真实的劳动力分工。我不再像20世纪70年代那样，相信把所有事情都看作政治的有什么用了。我可

---

1 或者至少是给予他们的孩子最好的机会以获取高分、进入到最好的几所大学。

能有自己对私立学校的看法,但我没有政治空间来践行这些看法;工党距离解决这个问题已有几光年远了,不再有可能提供任何社会主义的左翼的或别的什么替代方案了。对于我们课程理论家及中小学的同事们来说,不管我们作为公民有怎样的政治主张,我们的任务就是最大化所有学生获得认识论通路(epistemic access;Morrow,2009)的机会,或者获得任何他们接触的学习领域中最好的知识的机会。因为一些学生觉得很难就剥夺他们获得这种知识的机会,就像剥夺我们教师的希波克拉底誓言(hippocratic oath)一样;而我们的希波克拉底誓言就是——尽己所能使学生能够获得"最好的知识"。至少知识本位的课程可以外化而不是掩盖我们社会中的不平等——那些所谓的职前项目几乎都在掩盖。知识本位课程传递给我们的政治信息是,如果真的要改进教育机会的话,必须减少各种资源分配的不平等——而这在当前的阶段是"一个大挑战"。同时,一个会受到那些相信它的好老师支持的较好的课程,仍然是最优先的选项。围绕学校教育展开的斗争一直都是争取知识的斗争;这才是有关课程的论辩应该关注的。课程理论家是有关知识的教育专家;为此,我们吸收社会学的、哲学的,有时还有心理学的研究。只要政党与他们选举出的政府的课程政策支持如下宣称:让所有人获得平等的受教育机会,他们就需要我们的专业知识——即使他们认识不到。

八、附:知识驱动的学校

为应对结构化变革,我们牢记自己作为教育者和年轻人的守护者的职责。教师专业标准(Teachers' Standards)对我们提出了专业性的期待,但我们应追求什么目的呢?我们是为这个国家的儿童提供强有力的、共享的知识的人。知识来自人类无数世纪的学习,来自大学和学科协会。它是强有力的,因为它能够使儿童解释、控制身处的世界;它是共享的,因为我们的所有孩子都应该能够接触它。它是公平的、正义的,它也应该如此。只有当儿童被提供低质量的、不能使他们脱离经验的知识时,它才是不公平、不正义的。

如下十条请谨记：

1. 知识本身就是有价值的。告诉孩子：永远不要为需要学东西而感到抱歉。

2. 学校代表社会传递共享的强有力知识。我们教给孩子可以用来解释、改进世界的知识。

3. 共享的强有力知识是被学术社群确证的知识。我们需要和大学、研究会以及学科协会保持联系。

4. 儿童需要强有力知识来理解和解释身处的世界。没有它，他们将永远依附于那些拥有它的人们。

5. 强有力知识在认知上优于那些日常生活需要的知识。它超越儿童的日常经验并使之从日常经验中解放出来。

6. 共享的强有力知识使儿童能够成长为有用的公民。作为成年人他们可以理解、协作并共同塑造这个世界。

7. 共享知识是一个更正义的、可持续的民主社会的基石。受到共同教育的公民对于共同利益有着一致的理解。

8. 所有儿童都应有机会获得这种知识，这是公平的、正义的。强有力知识的大门是开放的：所有儿童都必须有机会获得它。

9. 一定程度的成年人权威在共享知识的传递中是需要的。教师传递知识的权威是由社会赋予的，也是被社会珍视的。

10. 教学连接着成年人权威、强有力知识及其传递。我们需要高质量的专业能力来达到所有这些目标。

第十一章　专门化知识的希望与悲怆

所有的社会几乎在任何时候都存在着两种形式的知识：一种是专门化的（specialized form）；一种是普遍化或一般化的（general or generic form）。在所有社会里，专门化形式的知识却是在专门化的目的明确的机构中发展的，在人群中有选择地分布。一般化形式的知识则被分配到任何人，只要他处在该知识的相关情境中。所有人都在某种程度上同时拥有这两类知识；但有些人（通常很小一部分）拥有的专门化知识比其他人多得多。这种在专门化和非专门化知识之间的区分是"组成性"的区分，并不能告诉我们这种专门性是有关什么的专门性（specialization）。对于主导的专门性应该是什么，有一些争论——例如，神学、古代正典，还是科学。还有一些争论是有关专门性本身的，以及它被需要的程度并因此被纳入课程中的价值。所有这些都和社会赋予专门性的价值有关。

在大部分传统社会中，最初的专门化是宗教的或至少是超脱世俗的一种神圣知识形式，这也是为何涂尔干称之为与世俗的或日常知识相反的"神圣"知识的原因（Durkheim，1995）。神圣知识与终极价值问题有关；而世俗知识处理的是如何使用各种各样的有用知识让事情运转。当然，随着时间流逝，所谓的世俗知识也逐渐变得专门化了，但它和神圣知识专门化的方式很不一样。世俗知识在应对特定的外部问题或特定情境中的一系列问题中变得专门化了，随着问题的解决，其灵活动态的理由就不复存在了。而神圣知识解决的是更宏大的问题，最终是普遍的问题，在纯粹的形式上只能经由追问源头的、根本的、不可言说的原则性来回答——它的意义是什么？什么是美德？它到底从何而来？和仅仅有用不同，这些答案解决的是审美（和美有关）、伦理（和善有关）以及后来的认识论（和真有关）问题。有必要强调，这些都只是倾向性的特征，其实现实中，二者聚焦于外部目的的程度或者假定的普遍性或特殊性的程度在不同的背景下是有着明显差异的。我们可以看到，在历史上的某些关键点上，它们变得非常多元和模糊。在这两者之间，还存在着大量多样的混杂形式，就像我们在当代大学里能看到的那样

(Gamble,2009；Muller,2009；Shay 等,2011)。

最早出现非宗教的专门化知识的是古巴比伦和中国,然后是古希腊和埃及；它们是数学和早期学校的发源地。伟大的古希腊学者如欧几里德(Euclid)和阿基米德(Archimedes)在各地游学并在亚历山大传授知识,抽象数学作为一个假设——演绎的体系开始萌芽,逐渐与埃及测量员们使用的实证几何学相分离(Raven,2011)。随后,代数学和三角函数在公元 8 世纪至 13 世纪阿巴斯哈里发时代的巴格达不断繁荣,波斯天文学家纳速拉丁·图思(Nasir al-Din al-Tusi)发明了三角函数,预测了哥白尼的发现(Cohen,2010)。在所有这些发展过程中,从一开始,学者们推崇的就是理论知识而不是其实践应用。机械学与工程学之父阿基米德被新知识的美与力量深深震撼,据传他在公元前 212 年被杀死之时,还在阻止那位罗马百夫长破坏他对圆柱体和球体的计算。[1] 今天,全球数学界的诺贝尔奖——菲尔茨奖的奖章正面就是阿基米德的头像,而背面则是他著名的圆柱体内切球。

在 17 世纪以前,数学、哲学和其他形式的抽象理论知识,几乎没有例外,都和社会精神传统中的道德秩序有关,也由道德秩序赋予其合法性。理论知识有时和专门化的实践知识一起发展,如阿基米德的例子；更多时候是相互分离的。17 世纪以前的知识增长是"在古希腊、中国、中世纪伊斯兰世界,以及中世纪巴黎大学和牛津大学"中发生的,都以一种"缓慢的、不规律的、间歇的增长和大量的停滞阶段交替发生,而其间兴趣不时会转向政治、经济、技术、道德或其他问题"的模式在增长着(Gaukroger,2006：18)。毕竟,在一个神灵安排好的世界,新知识(或者,为了知识本身的知识)的目的是什么呢？ 以这种方式,在所有的文明中,神圣秩序不仅合法化着什么被认可为知识,也限制和削弱着新知识的发展。高克罗格(Gaukroger)称之为"大起大落"(boom-bust)模式；在欧洲,直到 17 世纪这种模式才变为一种稳定的累积性的知识增长模式。

---

1 译者注：据说在罗马士兵闯进阿基米德的家时,他正在地上画一个几何图形,在士兵命令他离开时,他说："别碰坏我的图！"于是他被生气的士兵刺死了。阿基米德的死因之说有众多版本,但他死后的墓碑上仍刻着"圆柱体内切球"这一几何图形。

随着学校以及大学在儒家的东方、伊斯兰世界、拉丁语系的欧洲中的发展（Raven，2011），实践性的与理论性的专门化也在缓慢地、时起时落地发展，导致了手工艺以及学科（以一种不平衡的方式）的产生。在每种情况下，统治着学校的都是有关"内部的"或高一等的世界的学科。什么学科能成为"学科之王"（知识女王）是有差异的：在中世纪之前，中国是历史，伊斯兰国家是法学，欧洲是神学。它们的共同之处是它们都是有关语言和典籍的学科，都和社会的精神价值有着极强的联系，而这赋予了它们一种社会约束，也抑制了其发展的步伐，因为有关内部和外部世界的学科是有着严格边界的，而内部学科或多或少都和世俗原因绝缘。

在中世纪欧洲的大学里，那些实践性的手工艺如造船、书法、疗伤或农业等，尽管有些已经变得非常复杂精细，仍被认为是不值得进入大学的。当神学逐渐退出了霸主地位之后，通过人文主义学者们的艰苦努力，它才逐渐被人文学科——文法、哲学、古典文学与历史等取代。然而，它们也维持着和道德秩序之间的牢固纽带，依然向拥有绝对权威的天主教会负责——天主教会的权威甚至直接施加到早期科学家如伽利略（付出了惨痛代价）身上。道德秩序拥有向所有的世俗性知识（worldly knowledge）授以最终合法性的力量，因为它自身就可以表达至关重要的人类精神的统一性。即使在当时，世俗性的学科也被视为本质上是耗散的，因而是危险的，如果它们不能先切入这个社会的重要的精神性的和统一的核心的话。内部世界高于外部世界，抽象思想先于世俗配置和实用：这是伊斯兰学界以及欧洲大学直到17世纪的科学革命都一直奉行的严格准则（Durkheim，1977）。

到此为止，我试图阐释：我们已知的所有社会中正式知识内部的第一次大决裂就是神圣知识和世俗知识之间的分裂——前者对后者的主导和控制——在几个世纪的时期内逐渐变为抽象知识对实践艺术和工艺的控制和支配。这不是一个静态的非历史的（ahistorical）控制过程。它一直是充满斗争性的，今天我们依然可以看到这样的例子：如当前来自市场的对"相关性"和"实用性"的需求试图告诉我们，理论或抽象知识已经过时了，大学应该越来越聚焦相关的实践性技能（见第十三章）。在此过程中，理论和抽象学科依然与社会的精神传统紧密相联。同时，世俗的经验性的学科退居二线，也以精神传统的名义为自身寻找着合法性。

如经验性的艺术就不被允许和永恒真理相抵触。

然而到了 17—19 世纪，所有这一切都发生了变化，欧洲开始了科学革命。手工技艺的归纳的、实验的程序与"自然哲学"逐渐发展壮大并以最为精密复杂的形式演化为了归纳的、实验的、具有相当精确性的学科，如光学。这和高度发展的数学密切结合，导致了理论性的实验科学的诞生——推理与实验的融合，促进了理论的大发展；并为强有力的新的有关自然的理论性知识能够服务于最发达的手工技术扫清了道路，各类新的应用性知识快速发展，很快就出现了有着越来越强有力的应用科学知识基础的技术类专业，如医学和工程。这就是"科学传道士中的贵族"(Merton，2001：43)——弗兰西斯·培根(Francis Bacon)在一篇有关蜘蛛、蚂蚁和蜜蜂的启蒙寓言(《新工具》New Organon)中所说的：

> 那些操纵科学的人要么是经验主义者(做实验的人)，要么是理性主义者(说教条的人)。经验主义者就像蚂蚁，只是搜集东西并使用它们；理性主义者就像蜘蛛，织出一张身外之网。中间的道路就是蜜蜂，在花园的花朵上采集它需要的物质，但接着以自己的力量转化并消化它。
>
> ——培根(Bacon，1620/1994：95)

培根接着描画了一幅未详细阐述的愿景："实验的与理性的，两者之间达成一个更紧密的、更纯粹的联盟(比如从来都没有实现的那些)，可能会带来很多可期待的前景。"(Bacon，1620/1994：95)

培根不是某些重生的世俗论者。他为《新工具》打造的蓝图是根植于圣经故事的：《创世纪 3》(Genesis 3)中描述的人类的大堕落(The Fall of Man)[1] 导致了知识的损失和人类对自然的控制受到限制的故事。而所谓的"新复兴"(The New Instauration)就是重新找回人类在堕落中丢失的主导权(Harrison，2007：12)，并在这个过程中重振和延续上帝的原意。

后面我们就不再详细分析新科学发展的过程了。但众所周知，它在非常短的时期内快速地在概念以及技术的双重意义上都发展出了惊人的力量，很快就取代

---

1 译者注：人类的堕落，特指亚当在伊甸园中受到蛇的诱惑而吃下果子。

了在当时主导欧洲大学的人文学科，其中物理学——"最受欢迎的清教徒科学学科"（Merton，2001：69）代表着冉冉上升的"自然知识"（现在是自然和技术科学的大家族）成为了科学女王（Cohen，2010）。

我们可能要问，很多基础性突破的发源地中国和伊斯兰国家发生了什么？韦伯的著名解释指出它们缺乏一种清教徒信仰所独有的内在世界的苦行僧式的禁欲主义（参见 Whimster，2004：25-34；Merton，2001）。韦伯的看法是，儒家传统和古希腊一样，鄙夷对世界的禁欲主义态度（参见 Whimster，2004：25-34；Merton，2001）。

这个观点在一定程度上得到了阿尔曼（Elman，2009）的支持，他分析了当时中国耶稣会的瓦解。其他历史学家也提出了农业社会的停滞（Elvin，1983）或缺乏活跃的中产阶级（Needham，1954）等原因。更普遍的看法是，可能源于它们特定的对待神圣世界的传统，这些国家从来没有像基督教国家那样痴迷于自然知识（Cohen，2010）。当然不是说它们没有一些必要的基础性知识；反而在很多情况下它们都做出了首创性的突破，但它们放弃了更大的世俗化的开发机会，将这些发明束之高阁了。历史已经清晰地告诉我们，学术上的发明和发展性的加工并不总是串联发生的。

17 世纪欧洲知识快速增长带来的一些后果值得分析。首先，基于科学的技术首先在西方（且都属于北部）而不是东方或南部更不是非洲加速发展。随着技术科学成为全球创新经济的基础，它们逐渐扩张到了东方和南部。其次，理论科学与基于科学的专业比如医学、工程学生产新知识、站在既有知识的基础上并替代它们的速度越来越快。这个过程还伴随着一类新的应用知识的快速演化：理论预测被用于设计有用的手工制品——科学驱动的实践知识。它预示着传统上强大的、严格遵循归纳逻辑、通常为了保护自己而拒绝记录传统的手工业的结束。

专门化知识在新的学科"女王"——数学、物理，接着是化学的基础上以指数级速度爆增，改变了从伦理到审美到认识论的反思性知识轨道内部的权力平衡。从此，有"真理"认证的知识比那些没有的拥有了更大的权重。这不是一夜之间发生的，很大程度上是因为清教徒的精神而达成的：通过赞颂上帝这一信条保持着对知识专门化的整体的但越来越小的控制。但它确实意味着西方科学知识的道德基础开始被替代了,这带来了逐渐燃起的科学知识合法性的危机——知识增长必须付出的代价。实际上,也有一批有名的评论家因此责怪知识专门化本身,认为它要为科学世界图景的"祛魅"(disenchantment)负责。韦伯本人就是代表,他有一句名言:"专家没有精神,感觉论者没有心灵;这种退化的景象反映的却是一种前所未有的文明程度。"(Whimster,2004:33)这种对专门化的反感在今天非常普遍。

尽管人文主义者们做出了一系列殿后措施,[1]但他们再也没有能够重建自身的绝对合法性,最终被驱逐到了学界的边缘位置。很遗憾,今天依然如此,这可能能够部分解释对专门化的厌恶。所以,尽管不是立即发生的,但随着科学逐渐占据统治地位,认识论和伦理——此前一直是知识的道德担保人——之间的联系先是拉紧,然后就断裂了。

这种断裂的重要性不应该被轻视。现代科学依赖于如下事实:我们的命运掌握在非个人的、建基于数学规律之上的因果规则,而不是神的意志手上。对于一些有宗教偏好的人来说,这至今都是令人震惊的,甚至是冒犯的;举一个例子,美国的很多州都或多或少成功地反对有关进化论和智慧设计论[2]的问题进入学校课程。但是这一断裂还有第二个后果:主导的专门化自然科学和神圣形式的解锁使得一个潜在的、复杂的张力凸显了出来——一边是专门化,另一边是社会融合和统整;迄今为止,伦理—精神的联结或多或少都成功约束住了这一张力。在一个快速专门化的世界,没有内在的伦理约束,我们就面临如何达成社会整合的问题。在一个越来越异质、低团结的世界,什么才能阻止持久的社会关系让步于短视的交易和"规范的缩水"(normative shrinkage;Archer,2013)呢? 当阻碍专门化滑入碎片化、阻碍有意义的社会联结被腐蚀的力量被废止时,我们对社区和国家的

---

1 "科学战争"(Science Wars)也涉及人文学科以建设性的术语对科学发现的再描述,本质上是在重新宣称一个人类中心的世界的首要性——这一世界最初是由上帝设计的,就像《创世纪》里描述的那样。这是人文主义的本质信条,它在19世纪的浪漫主义思想中发展的最充分。科学家们则视之为对他们的客观真理的攻击,视之为一种认识论挑战。论辩无休止地继续,越来越晦涩难懂,越来越涉及艰深的认识论和心智哲学;但目前,人文学科已经被有效驱逐了(参见 Phillips,2000)。

2 译者注:智慧设计论,反对自然选择,认为宇宙及生命的复杂性是智慧以至高造物主的形式造就的。

构想如何才能可持续？后面将进一步讨论这个问题。

在回到价值和科学问题之前，可能有必要反思一下在当代世界，知识被留在了哪里。如果我们之前的简要回顾是有价值的，那么除了最重要的想象未知的能力之外，"神圣—世俗"这一区分至少为我们认识这个世界提供了四条象征性的知识道路：

- 演绎的，为回答纯粹的、不管是否由经验确证的概念性问题：概念性知识（conceptual knowledge）；

- 演绎的，通过利用原则来生产新的有用的和实践的知识：应用性的概念性知识（applied conceptual knowledge）；

- 归纳的，由一些概念性知识支撑，通过程序性和实践性知识归纳而来：原则性的程序性知识（principled procedural knowledge）；

- 试错的日常知识——由熟练而产生的知识：程序性知识（procedural knowledge）。

概念性知识丛根植于在一个统领性理论之下相互关联的一系列概念；程序性知识丛根植于实证经验并由其附加目的粘合为一体。更有意思的形式是中间两个。我们教育机构中存在的大部分正式知识都是这两种。有一个很浅显的关键点：程序性知识和概念性知识都可以被原则化，但是所基于的基础不一样。在原则性的程序性知识里，原则从程序本身浮现出来：原则是粘合程序的东西；但它只能放在实践中去看，依然要在实践中被学习。在概念性知识中，原则来自不同概念在一个理论体中相互联结的方式。

区分中间两种知识丛的动力来自如下事实：因为使它们保持生机的原则来自不同的根基，所以它们结合在一起的方式是不同的。这对基于这些不同知识类型建立课程有重要的启发，因为它们分别拥有不同的课程构造和融合需求。

要学习的知识越和情境相关，它就会越强调嵌入在专门实践中的知识类型；要学习的知识越和概念相关，它就越强调符合概念与理论框架的知识。任务越需要具体细节的熟练度，课程就越需要和具体情境相关和一致；知识专门性越强，它就越需要和概念相关。

这对课程设计和开发有很多启示（Shay 等，2011；Muller，2009）。如果说在早期，专门化是神圣/概念知识的地盘，而世俗知识是低一等的依附于经验的为了特定目的的特殊知识，但现在早就不是这样了。现在，知识专门化规律性地发生在所有三类知识领域中，尽管它们整合概念的方式不同。知识积累有可能主要是由经验驱动的，比如一些实验化学和医学或药学学科；也可能由理论突破驱动；或由两者的结合驱动。但是，概念化依然是知识专门化的关键，不同知识形式之间的边界可能被打破了，但它依然是专门化的"金丝线"。

为何专门化会激起一些负面反应？其中一种反应可以追溯到经久不衰的一种抱怨：人文学科自从被从"学科女王"的位置上废黜之后就一直反对自然科学。这一观点依赖于最初"三艺"对"四艺"的压倒性优势——认为它为那些良莠不齐的科学提供着道德准绳，没有"三艺"，这些"四艺"的实践者们将成为，用韦伯的话说，"没有精神的专家和没有心灵的感觉论者"。这个观点也蕴含在李维斯（F. R. Leavis）对斯诺（C. P. Snow）的经典批判中（被称为"两种文化"之争；Muller，2011：211-212）。伯恩斯坦沮丧地将他看到的技术与专业知识的分离表达为"与内在本质（inwardness）的分手"（Bernstein，1996：87；也可参见第十二章）。涂尔干也警告过，仅仅关注外部世界的科学会切割掉自身和意义的联系，从而变得荒芜（Durkheim，1977：337）。所有这些观点都提醒我们专门化特别是科学的工具性危险。但只有一些极端声音对专门化全盘抗拒。

人文学科里存在着一种"专门化厌恶"，它基于知识的不可分割性（indivisibility）这一中世纪基础，时不时地和对"学科"的厌恶一起，支持交叉学科或泛学科（pan-disciplinary）。科林·布罗（Colin Burrow）在他对詹姆士·特纳（James Turner）的哲学著作的评论中就反映出这两种看法：

> 在学术心灵的黑暗的底处，存在着一种建构自我的形式：越来越复杂的历史细节的累积作为理解的代理人，创造了一个小区域——在其中，学者们相信他/她自己才是唯一的拥有正当知识的那个人。

> ——布罗（Burrow，2014：37）

而且，"学科对想象力来说是一只湿袜子"（Burrow，2014：37）。这些都是和古老的"院系之争"（contest of faculties）以复杂形式密切相连的"专门化厌恶"的各种形式。它们都谴责在科学革命觉醒和专门化知识世俗化过程中的"精神的丧失"，不管是真的还是它们假想的。

有三点值得一提。第一，专门化知识永远是被有选择地分配的。这里涉及公平问题：要决定每个学习者为了每个合目的的资格认证需要学习多少专门化知识（Wheelahan，2010），接着还要践行政治意愿确保它被合理分配下去。当然，这不是一个新问题，但持续发展的专门化使之不断更新。这事关社会公平——本书的核心议题。教育学研究非常看重这个议题，也将持续描画使弱势群体儿童学习机会最大化的教育学条件（Hoadley 和 Muller，2010）。但又有一个不可回避的事实：专门化的门槛越来越高，越来越少的学习者公民有足够的资源和能力能够一直坚持并走到顶峰。对于一些人来说，这是一个由它自身导致的负面后果，我们应该谴责它。在将这些问题和专门化知识的精神内核问题联系起来之前，下面我将简要分析专门化知识带来的伦理后果。

第二，在一个可预见的未来，专门化知识的重要性仍将持续增长而不是衰减。那么就会带来一个新的问题：我们的学校要如何对待那些因为各种原因对专门化知识没有兴趣的学生，或者那些选择不付出成功所需的必要努力的学生呢？我们的教育要如何对待那些在认识论上对专门化知识感到不满的人呢？过去他们被转到低专门化的轨道去学习；但今天，那些轨道的专门性也开始越来越强了（Yates，2013）。

我将回到认识论和道德的分裂，回到看起来彻头彻尾的主流知识概念的世俗化。这一概念将价值问题化约为认识论问题，并和对经验确证与实用应用的追求融为一体。结果出现了一个强有力的自我阐释的社会—认识论引擎，它在指导性的道德—伦理规则之外运作，除了科学的基本规范（Merton，1992；Turner，2007a）。是什么赋予了这个引擎超出其科学的优雅性和技术的实用性之外的精神的、超然的理性以及显然极大超出了其初衷的德性？对于 17 世纪英格兰的清教徒来说，科学就是对"神圣理性"（divine Reason）"上帝智慧"（Wisdom of God）

的发现;伊斯兰世界的学者至今如此(Cohen,2010;Muller,2011)。在西方科学的堡垒里,潜藏于这种联系之下的意义历时很久才逐渐消失。

或者,真的消失了吗? 我们需要更谨慎。上面引述的弗朗西斯·培根坚持实验性的自然哲学的宗教的或"高级的"使命。这种观点在 17 世纪的科学界成为基本规则,认为科学就是一门宗教性的职业(a religious vocation)。如波义耳(Boyle)曾说:自然哲学是"对上帝的哲学的崇拜"(引自 Harrison,2007:15),牛顿也在《光学》(Opticks)第四版里说:"自然哲学,或科学,扩大了道德哲学的界限,揭示了'第一动因'(first cause)——上帝的本质。"(引自 Harrison,2007:15-16)

至于科学带来的物质利益,则被认为不过是基督教慈善在起作用。当然,这种观点在当时主要是一定程度的公开嘲讽——来自那些感到世俗的自然知识不是过于琐碎就是太危险,或者两者皆有的人。政治评论家詹姆斯·哈灵顿(James Harrington)在评论新科学的"民主"权威对国王的神圣权力的挑战时写道,新科学家擅长"两件事:削弱英联邦,以及繁殖寄生虫"(引自 Harrison,2007:2),这是第一个污蔑;第二个污蔑提到了人们卑微的对实验主义者的关注。托马斯·沙特维(Thomas Shadwell)写了一部戏剧——《大师》(The Vituoso)来取笑科学的无用,而斯威夫特(Swift)的《格列佛游记》(Gulliver's Travels)则粗鄙地抨击了科学学院。

反对的声音来自各个领域,当然也不都是平和的。一些人认为亚里士多德的自然哲学比新哲学有更坚实的伦理基础。而另一些人则正确地看到了科学未来对知识阶层而非对神学(随着时间发展渐渐和宗教合二为一了)权威的挑战要更大。培根主义者(Baconian)将救世理想与清教徒的虔诚相结合,被证明是一个很好的、有效的粘合剂——将新兴的科学的认识论力量与一个出世的更高的道德追求焊接在了一起。

到了 19 世纪,自然哲学几乎已经完全变形为现代科学,且已经(至少从修辞上)摆脱了外在的宗教困境。这也带来了不幸的影响:科学从内在信仰"断奶"了,与内在世界的联系丢失了。正如哈里森(Harrison,2007)指出的,科学这次获得了自己站起来的自信,随着它的专业化(professionalization),科学家们义无反顾地努力和宗教远离,在这个过程中创造了一个不幸的、误导的、一直延续到今天的科学与宗教两极化的趋势。哈里森也指出,不只是科学,宗教这次也改变了其特征,随着"宗教"实体化为一种有组织的信仰体系,带来了一种"对内在气质的客体化"(objectification of the inner disposition;Harrison,2007:19),结果是宗教开始物化,可能也造成了这种两极化的迅速发展。

还有一个问题不能被忽略。那就是在政治领域,科学有着它最为专门化的、自由主义的形态,是统治性的信仰体系。如果西登托普(Siedentop,2014)是正确的——平等和正义是真正的基督教道德遗产,那么基于权利的政治就立基于神圣的基础之上。这为那些奉行自由政治的国家带来了一个具体问题:社会和文化的差异不断浮现,如果没有一定形式的国家主导的"捕获"支持者的努力,一个国家如何才能确保适当程度的忠诚和合法性呢?但这种努力不是因此违背了它的"自由"信条吗?努斯鲍姆(Nussbaum)近期对这一问题的阐释认为,这一问题只能通过代表正义征用情绪(情感)来解决。

一些试图重新引入宗教精神,将它和国家治理及社会整合匹配起来的努力遭遇了无情的失败;而宗教和科学的机构形态的变化是部分原因。罗伯斯庇尔(Robespierre)试图用"对至高无上的存在的崇拜"(cult of the Supreme Being)取代基督教,但没有实现;大部分思想家沿着首位社会契约理论家卢梭开启的"公民宗教"(civic religion)线索,苦苦思索这一问题。最著名的是实证主义之父奥古斯特·孔德(Auguste Comte)发明的充满仪式陷阱的"人道"的世俗宗教——英国生物学家朱利安·赫胥黎(Julian Huxley)称之为"去基督教的天主教";它也受到了米尔(J. S. Mill)的激烈批评——而米尔在别的方面都赞同孔德。卢梭和孔德都想象自己的公民宗教是等级性的、灌输服从的,在卢梭那里更是强制性的(Nussbaum,2013)。如努斯鲍姆评论的,这正是那种我们不想要的东西,她反而称赞赫德(Herder)的更"女性化"的强调互惠和陪伴的立场。

针对努斯鲍姆的观点,我要说:在现代工具性的自由社会里,留给公民自身的只有一点"有限的共情心"(Nussbaum,2013:3),一种自私的、竞争的个人主义,和社会整合以及对共同命运的理解恰是对立的。这种理解和共情要如何激发呢?

努斯鲍姆的答案是通过爱以及它的载体——艺术（Nussbaum,2013：388）。

　　尽管努斯鲍姆的著作评论了从卢梭开始的契约传统，但她似乎想通过独一无二的"情感"中介达到国家层面的相互依赖。涂尔干也同意通过共同的仪式在当代机构中加强情感因素，但他逐渐意识到，在一个专门化的世界，社会整合最好通过专业协会的力量来协调实现——只有它能增进终极美德，也就是专门化组织内部的合作。

　　毫无疑问，这是一个未竟的事业，思想家们必须重新思考一个不存在于宗教教条之中的共同的精神联系。德沃金（Dworkin,2013）关于"没有上帝的宗教"的著作、对"世俗的无神论"的祈愿就是一个例子。这就像一条陡峭的、布满山石的道路。同时，对社会公平的呼吁带来了一个教育哲学在专门化诞生之初就曾正面应对过的问题：专门化知识是否对平等主义构成了特殊挑战？在何种程度上我们应该认为它是不公平的，没有提供平等的专门化知识的获得机会？专门化知识的进路越来越严格的事实是不是对自然人权的侵犯？对许多评论家来说，仅仅是"严格的进路"这一事实就标志着它的不公平。但果真如此吗？

　　平等的问题非常棘手，因为妨碍平等的因素不是单一的。它们分别基于不同的价值，有时为了实现，可能还需要做些交易。争议是复杂的（可参见 Brighouse,2014 年的精彩描述）。本章关心的是，解决最需要的或者价值权重最高的那些问题，可以帮助我们规划未来与专门知识相关的教育公平问题的走向。比如，什么可以最有效地促进求职机会平等？是让所有的求职者都有机会获得工作需要的相同的专门化知识吗？还是让所有孩子都有机会获得相同质量的基础教育，使得他们都能够发展智力并能利用后续机会继续发展自己的才能吗？斯坎伦（Scanlon,2004）支持后者。"机会的实质性平等……基于的是国家为所有公民提供特定类型的教育的责任"（Scanlon,2004：29）。换句话说，当前的契约论者的立场是，教育公平与平等的首要问题呼应了综合教育的理想，以及更古老的对"普通学校"（common school;Scanlon,2004：29）的理想。尽管专门化知识的严格准入机会很难说公平，但一个更严苛的、高要求的对共同基础教育的需求更难实现——并且，我们敢说，没有它，任何对统整的社会联结（不管是宗教的或世俗的）

的期待都将落空。这不是危言耸听。

　　本章描述了专门化的一些特征及其在当代社会中引发的种种不满，并权衡了问题危急的程度。这是专门化的希望与悲怆：其潜能既是解放的，也是疏离的；既打开了新世界，也在创造新的不平等。它来自我们的文化在演化过程中的连续分裂，因而也是这种分裂的难以分割的一部分。正如德里达（Derrida）在解释"药"（pharmakon）时说的，它既不完全是解药，也不完全是毒药。[1] 要把它完全看作一种东西——毫无保留地表扬它，或者彻彻底底地诋毁它，都是"通过矛盾地依照它自己已经隐约实现的未来发展来解读它，而将它化约为了其中一个简单的要素"。德里达进一步说："因此，这样一种解读式翻译是暴力的，同时又是无力的：它破坏了通往它的道路……同时又禁止自己通往它，将它完好地留在了那里。"（Derrida，1981：99）因而，专门化的悲怆也是一种罗曼蒂克，并且它的故事远没有被充分讲述。

1　译者注："pharmakon"一词来自德里达对《斐德罗篇》（*Phaedrus*）的长篇精读。他注意到柏拉图的古希腊文"pharmakon"这个词的多重意义，包含了"一剂毒""一张方子"，以及"一种解救"。

Curriculum

第四部分

大学、专业与
专门化知识

第十二章 知识体

一、简介

　　教育社会学从来没有过一种令人满意的谈论知识的方式。它最关切的一直都是社会行动：嫁接到课程与教学之上的社会力量及它们的分配性后果。对学习这类"东西"的关注并不被认为与社会学理论或研究密切相关。在很多情况下，甚至包括伯恩斯坦主义者（Bernsteinians）圈子（Tyler，2010），都持类似看法。正如伯恩斯坦曾经说的，受布迪厄的影响，教育社会学大量关注传递，而不是被传递的东西。

　　这种对学习偷偷摸摸的态度部分可以从社会学分析的传统对象来理解——行动，而不是思维。但某些行动和其他行动相比，是不是更深思熟虑（thoughtful）——博闻多知（knowledgeable）或专业（expert）一些？是什么导致了上述不同？或者说，要做到不同的话，我们需要拥有什么？社会学家并不问这些问题。至少他们会同意，不是遗传的智力导致的；这是一片未知的领域。他们似乎假设，既然"知识"得是某种东西，那么可以说它是一类被默会地获得的并被注入到了神经突触上的能力（一些质疑可参见 Perraton 和 Tarrant，2007；Kotzee，2012）。社会学家看重的是学习者的社会位置——它控制着学习者在最终考试中能否展示出来他们知道什么，并因此控制着持续的不平等。这似乎和他们要学习什么东西毫不相关。

　　因此，在教育者们感到焦头烂额的课程应该包含什么的问题上，教育社会学家并没有提供什么帮助。但哲学家和心理学家的帮助也不大。前者似乎正被追随维特根斯坦（Wittgenstein）的实用主义蛀虫四面咬噬；在维特根斯坦看来，知道（knowing）什么就是遵循一定的规则做（doing）什么。重要的是学习者做了什么。一群实践导向的心理学家们出现了，受到了社会学家们及其多元实践社群的追捧。"知道如何"（knowing how）占据了哲学家们的脑袋，"知道什么"（knowing that)似乎被逐出了学术研究议程。

这一标志性的向实践的摇摆,在所有的社会学、心理学、哲学变体中都可以被诊断到。在伯恩斯坦研究圈中,一种批评的声音不断累积:实践中心的取向将所有知识问题都化约为了社会立场。用摩尔的简洁有力的表达来说,这"把知道什么与谁知道——知识与知者"混为一谈了(Moore,2012:345)。当然并不是所有的实践观点都是如此,但它确实描绘了一种社会科学里占据理论高地的趋势(Beck,2002;Reckwitz,2002)。对摩尔和扬来说,这导致了相对主义,尽管有民主意图,但却削弱了对知识的强有力看法,同时削弱了为所有人赋权强有力知识的社会公平之路。对他们来说,否认某些知识相比其他知识更"强有力"恰恰证实了我们有平等分配教育机会的社会公平的需求,并让我们看到了其分配的不公;而正是对强有力知识的否认使得不公平不可见了。

对于另一类更关注课堂的伯恩斯坦主义者来说,跟随学术中期的伯恩斯坦,实践转向的结果将一种隐性的教学体制(invisible pedagogic regime)自然化了。更通俗地说,关注学习者及他们能做什么许可了一种转向:从学习者被赋权学什么转向关注他们应该能够练习哪些技能——这种关注合法化了并将持续合法化课程在技能及结果导向方面的规定。结果不可避免地会带来一种规定不足的课程、信号不足的教学,这将直接损害那些本就处于弱势的学生;第二届伯恩斯坦研究论坛及其他学术研究报告的一系列概念依据充足的实证研究已经为我们生动揭示了这一事实(如 Muller,Davies 和 Morais,2004)。

伯恩斯坦当然有预见地涉及过这个问题。对他来说,一般化的"技能话语"(skills-talk),他称之为"一般化模式"(generic modes),源于继续与职业教育,已经拓展到了非常广泛的领域,"部分是为了回应未来越来越难以预测的世界对功能化教育的潜在需求"(Beck,2002:89)。一般化的技能话语贡献着一种知识边界的弱分类,是对工具主义关切的一种新的接受:目标不是专门化,而是"可培训"(trainability),一种对未来需求的空白(emptiness)的开放性。这种"空白"有两层意义:一是,概念性空白,也就是没有内容;二是社会性空白,一般化技能的去情境化也切断了技能持有者和所有实践共同体的联系。

　　最具批判性的是,正如贝克(Beck)指出的,一般化技能模式"隐秘地压制对自身话语基础的认识,即,它们压制对如下事实的意识:尽管宣称要基于实践,但它们自身潜隐地根植于理论"(Beck,2002:90;Bernstein,2000:53)。但这种理论是什么? 为何它如此坚韧? 本章将探讨这一问题,而不仅仅摒弃它为一种意识形态谬误。

　　从 20 世纪 90 年代伯恩斯坦的著作发表以来,被当前全球性资格证书框架的潮流推动,这种技能话语趋势越来越显著。这种资格证书框架宣扬新的实现"可迁移性"(transferability)的"教育学权利",要求将学习规定为"结果",意味着规定为一般化技能而不是知识(Allais,2012)。一般化技能被诟病为将具体的知道如何的知识去情境化:它分裂了学习内容,因而削弱了连贯性,并有效掩饰了到底要学什么。相应的批评涵盖了一般化技能规定对学科知识的影响(Jones,2009)、对职业证书的影响(Brockmann,Clarke 和 Winch,2008),以及对博士学位项目的影响(Gewirtz,2008)。课程中的技能话语——规定你应该能够做什么,而不是你应该知道什么——已经成为主导。

　　正是为了对抗这种潮流,伯恩斯坦基于他对"一般化模式"的批评,在 20 世纪90 年代中期发表了他对话语与知识结构的社会学分析,对如下问题进行了探讨:知识在成为课程之前是什么? 其中包含了"从属于教学转化的话语"(Bernstein,2000:155)。他的答案如今已被大家熟知,但我还想从一个不同的视角再次回顾一下。

　　在此之前,我想回到"博学多识的行动"(knowledgeable action)这一观念,因为,技能话语的所有坚韧性中,离我们最近的是理解"当我们能,或不能做某事时,我们拥有的是哪类知识?"每当我们思考在学校或大学里表现得好到底是什么意思时,这个问题就会出现;但当我们考虑专业与专业性的专家知识时,它会变得更引人注目;博学多识的专业或高技能的手工艺人到底是指什么? 是专家一样地做事,或者创新地做事? 当我们知道如何做某事的时候,我们到底是知道什么? 某类概念知识? 某些程序性知识? 还是某些混合的东西?

　　下一部分我将回到一些哲学争论上,向大家展示,从上述分析来看,那些痛斥

"知道如何"的知识的本质的观点并不那么令人吃惊。我将再回到伯恩斯坦，来看一下为了处理"博学多识的行动"的社会性分配的衍生后果，他的分析是否迫切需要被解读。

二、知道如何与知道什么，或为了能做某事你必须知道什么？

考虑一下：

1. 一个不识字的农场工人亨德里克斯（Hendriks）先生，没有受过正式培训，却能够设计他的农场具体需要的货车。当被问到他是如何做的时候，他只是回答他将新设计"形象化"了。他能够应用那些没有正式学习过的知识，并且能够创新，但这些都是基于什么，我们并不清楚（Muller，2000）。

2. "工业化的小鸡孵化者能够可靠地通过观察就把刚孵出来的幼鸡分成雌性或雄性，不用有任何到底怎么做的想法。只要经过一定的培训，他们就能做到"（Brandom，1998：375）。

3. 棒球运动员诺布洛克（Knoblauch）被认为是他所在时代的最快的二垒手。但当被要求反思并重现他到底如何做的时候，他竟神奇地失手了（Dreyfus，2006）。

这些例子略有不同，但都提出了这一问题：当我们能做（或不能做）某事时，我们到底知道（或不知道）些什么？小鸡孵化者们宣称他们的精确判断基于的是直觉而不是知识。而倒霉的诺布洛克并不知道他知道什么，直到他被要求想一想——然后他就失去了他不知道自己有的那些东西。并不只是手工艺或专业领域中的专家表现可以透过"熟练行动"（fluent action）的透镜来审视（Kotzee，2014）。如果格拉德韦尔（Gladwell，2005）值得相信，库克郡（Cook County）的医生们就已经掌握了对心脏疾病的直觉性的诊断艺术（Gladwell，2005）。他们不用反思，只是诊断。格拉德韦尔宣传这种被称为"薄片撷取"（thin slicing）的方法，认为它是一种普遍的、有效的、节约识别时间同时维持精确性的方式。

有某种信念的哲学家们使用一些类似的例子来说明，在更专家型的行动中——如德雷福斯(Dreyfus)可能会说的——是熟练行动或"知道如何",而不是"知道什么"或概念性知识,统治着我们的行为。实践而不是理解带来"完美",重要的是技能而不是知识。事实上,在有这种信念的哲学家们看来,知识或对知识的思考(或如德雷福斯反对的,专家行动的知识与对专家行动的思考)肯定是行动的阻碍,如诺克洛克的例子;或至少,对知识的言语表达是阻碍——认知心理学家称这种现象为"语词遮蔽效应"(verbal overshadowing;Stanley,2011:159)。

这里值得简要回顾一下这种思维方式的起源——吉尔伯特·赖尔所做的区分(Ryle,1945:6)。他是这样看待这个被李维斯·卡罗尔(Lewis Carroll)称为"龟兔赛跑"(Hare and the Tortoise)的古老困境的:

> 一个学生没有跟上一个论点。他理解了前提,理解了结论,但他没有看到结论是从前提得出的。教师认为他笨,但试图帮他。所以他告诉他,这里有一个暗藏的命题他没有考虑到,也就是,**如果此命题为真,则结论为真**。学生理解了这个,并忠实地背诵了出来……但他仍然没有看到。此后依旧如此。他接受了理论规则,但这并不保证他能应用到实践中。他考虑了原因(reasons),但他不能推理(reason)。
>
> ——赖尔(Ryle,1945:6)

赖尔总结道,知道一个规则意味着知道如何推断而不单单是能够陈述规则:"规则,就像小鸟,在它们被喂食之前,必须是活生生的。"(Ryle,1945:11)。一众分析哲学者们追随赖尔进行了分析。最好同时看待"知道什么"和"知道如何",没有"知道如何","知道什么"就只是惰性的。或者,如彼得·温奇(Winch,1958:58)之后所说:"学习推断不是被教出来的,不是教外显的命题之间的逻辑关系;它是通过做某事学到的。"

关于这一点,有必要简要回忆一下这一观点反对的两个主要立场:理性主义与经验主义。它们都信赖"头脑中的"概念性知识,也就是认为一个人知道些什么才重要。理性主义者(rationalists;有时被称为理智主义者或笛卡尔主义者)认为知识是一系列逻辑关系,一系列有关世界的命题。它们是推理的结果,能被带回到经验去影响经验。而在经验主义者看来，知识是一个人从经验中吸收的东西。几个世纪以来，双方都在推敲用语、彼此指责：理性主义者忍受着"对精神的迷思"(myth of the mental)的指控；经验主义者则被指责为"对既定的迷思"(myth of the given)。然而，他们都丝毫没有怀疑，知识最终以命题的形式栖居于知者的信念中，而真理是参照的，这些命题是"关于"某些我们能检查与确证的事物的。但追随赖尔主义者(the Ryleans)[1]和维特根斯坦，我们有了另一种可能性：知识是一种技能或能力，知识是由它可以做什么决定的。所有"知道什么"都是某种"知道如何"。

有两类赖尔主义者，我们应该有所区分。第一类追随现象主义，相信哲学家们花了太多时间考虑"上层概念"(conceptual upper floors)，忽视了处理具体的"地面上"发生的事务。对德雷福斯来说，诺布洛克的例子不仅展示了言语"遮蔽"行动，而且展示了"思维"是"专业性的敌人"(Dreyfus, 2007：354)。在这个意义上，"实践知识"哲学家的这一分支是反智的，也与"默会"知识的支持们如舍恩(Schön)和波兰尼(Polanyi)有密切关系(Kotzee, 2014)。如科兹进一步展示的，这种分析不能解释专业表现在专家与新手之间的不同，但更重要的是也不能解释非专门化的日常生活中的专长知识形式如熟练开车，与高度专门化的专业表现形式如复杂的外科手术之间的不同。除此之外，反智主义者能为课程专家提供什么帮助呢？我们又回到了技能话语的核心问题。

第二类是实用主义，它更有意思，对于一个社会学分析来说更有希望。这是罗伯特·布兰登(Robert Brandom)及"匹兹堡学派"(Pittsburgh School)的推断取向。布兰登(Brandom, 2001)的复杂立场大量来自黑格尔的分析传统。如果说德雷福斯的现代护卫者们定义所有的智力行动为"熟练"的话，那么布兰登及其同事麦克道尔(McDowell, 1996)则定义所有的行动为"拥有概念性内容"：用麦克道尔的话说，所有行动都是"有心智的"(minded)，或用布兰登的话说，所有行动都发生"在理智的空间内"。

---

1 译者注：哲学家赖尔的追随者们。

"理智游戏"(game of reasons)使得"心智性"(mindednes)变得稳定和客观。概念性知识在这个意义上就是那些能够作为理智被供给的；并且，它自身就迫切需要理智。·

> 理解或抓住这种命题性内容就是"知道如何"的一种类型，或者说，就是对给予、寻求理智的游戏的实践性精通：能够辨别什么是理智，能区分好的和坏的理智。

——基勒(Keeler,2004：250)

能够"玩游戏"(play the game)就是能够在你及其他玩家致力于从事的并被赋权的事情上得分。评估某个宣称就意味着要理解它将如何改变得分规则。这设置了一个推断关系链，直观地用布兰登的话来说就是一个"概念结构"。得分记录保障了概念的可靠性。因此，理性活动就是一个完完全全规范的，也就是社会的活动。

这一点可以引发很多有意思的讨论。如果说理性推断者们将所有的"知"都变成了"知道什么"，那么推断主义就将所有的"知道什么"变成了"知道如何"——为了给出理由。这完全是一项社会活动，可以吸引社会学家们寻找一个用社会学术语定义知识的客观方式。它也强调概念关系的系统化特征。有两篇有启发性的文章试图说服我们，这其实恰好是我们思考课程与教学所需要的。德里(Derry,2008)描绘了推断主义观点与维果茨基及其对人类实践的文化—历史性解读的紧密联系。对于一些人如沃茨奇(Wertsch)不喜欢的维果茨基的"抽象理性"(abstract rationality)，德里认为我们应该把它视为概念的客观性与系统性。德里说道，"有效教学涉及给学习者提供机会，使之在理智的空间里使用某个概念。"(Derry,2008：58)也就是布兰登所指的理解"在概念使用中暗含的规范"(Derry,2008：60)。很明显，推断性解释能够提供一种工具来具体呈现伯恩斯坦暗指的垂直话语的"再情境化原则"——也就是将概念与某知识结构粘合。

温奇(Winch,2013)将这一分析带到了对课程的描述中。如果"知道某概念"最好被描述为一项"认识论能力"，那么，课程必须做的就是描述一个科目的系统化概念要素以及它们之间的关系，"同时要以获得和确证知识所需要的程序来进行"（Winch，2013：13）。温奇指的是，个体概念不（仅仅）拥有经验参照；更重要的是，它们指的是在意义上与其深度牵连的其他概念。知道哪些概念参照着哪些其他概念，及其相互影响，才是"知道一门科目"的真正含义。所以，投身"兜售概念"（concept mongering）——知道如何自信地在理智的空间出入——才是教育的核心任务。

这能解决智力行动（intelligent action）存在的问题吗？很难看到布兰登能为诺布洛克提供些什么，它只能为赖尔例子中的校长提供一些无用的安慰——那位校长知道学校的男孩不会推理，但不知道为什么，除了说"有些东西他不能做，而不是不知道"。最重要的是，我们应该清楚，客观性是一回事——哈贝马斯（Habermas，2000）称布兰登的立场为一种"客观的理想主义"，但如所有的实用主义者一样，布兰登放弃了真理。恰当地推理的客观性取决于它最终得到了什么。概念只能推断（infer），不能指涉（refer）。实用主义者说"恰当"，理性主义者说"为真"。如福多尔和莱波雷（Fodor 和 Lepore，2007：470）反驳的："雷声在闪电之后，并不是因为我们在玩语言游戏，而是因为气象规律。"或者如贺拉斯（Horace）很久以前更冷酷地指出的："你可以用一把干草叉驱赶自然，但她还会回来的。"

推断主义帮助我们将注意力转到概念的联合的本质以及这种联合的社会基础上。伯恩斯坦学派的知识概念要如何应对它呢？我们需要推断主义来救急吗？通过定义概念性知识为推断能力，能帮助我们解决本章的两个主要问题——智力行动的问题，以及如何以"非惰性"的、不回到技能话语的方式书写课程专门化的问题吗？或者最首要的：伯恩斯坦学派的框架能够恰当地处理这些问题吗？我们下面来讨论。

三、知识研讨中的伯恩斯坦

这一部分将从上述有利位置来看伯恩斯坦审视知识的理论工具。让我们先看一下伯恩斯坦的第一个区分：水平话语与垂直话语。水平话语是"情境依赖的和具体的"(Bernstein,2000：157),并由碎片化组织的"策略"和"程序"组成；而垂直话语是"原则性的"(principled)。推断主义从两方面质疑这种"程序的"和"原则性的"知识形式的区分：所有知识,无论水平或垂直,都是概念性的；不管知识有多"原则",总是某种形式的"知道如何"。第一个点对伯恩斯坦理论来说不是一个问题。每个碎片可能都有概念承载,但在水平话语中,碎片之间是功能性而非概念性地相互关联的。它们的统整形式是**功能性的**(functional)。垂直话语的知识统整"字节"则是在意义层面上的：统整的形式是**概念性的**(conceptual)。因此,**统整的原则**(principle of integration)——功能性的或概念性的——是区分水平话语和垂直话语的关键。这可以用"可代入度"(subsumptability)来衡量,在卡西尔之后有道林(Dowling,1998)的话语饱和度,或梅顿(Maton,2010)的语义密度(semantic density)；都指向水平或垂直话语的统整或内部关系的其中一个特征。

　　根据此分析,伯恩斯坦并不是常规意义上的推断主义者,尽管他对内在符号关系的分析和相对主义者所说的"陈述性知识"(declarative knowledge)比较相近。对推断主义者来说,关联性原则就是推断网络。对伯恩斯坦来说,关联性原则说的是话语的"外在"而非内在关系。它通常在句法或语法性(grammaticality)的力量、以及近期的语义重力的概念下被讨论,但也可以从伯恩斯坦的"外部描述语言"(external language of description,ELOD)角度来考虑。"外部描述语言"描述的是那些相比自身,更是一种经验的或文本的"所指物"(referent)的东西。两个概念(语法性与外部描述语言)描述的都是内在符号结构与具体情况、经验事例、情境的实例化之间的联系。我想指出,我们可以将某一专业(医生、教师、律师)的智力行动的方式想象为和我们做研究的方式是相同的。比如,外科医生是在将他/她对人体解剖学的相关知识和某一个真实的身体实例进行联结。

　　做这些事的专业性(expertise)在于严格回溯：一个尽可能坚定的、可靠的链条必须在概念群的"不变"(invariants)与经验实例的"变化"(variabilities)之间被建构。在研究中,理想状态是稳定住实例的情境以使不可预见性最小化。可以采取一种特殊构建的环境如实验室的形式。在自然发生的研究中,实例的情境不能被轻易稳定,于是总产生意外。类似地,手术室的设计也是为了使外部环境变化最小化；当然，心脏可能还是会在错误的位置。法庭远不是稳定的，在这里，对立的双方都想制造意外。在这样的例子中，智力行动需要一种推断性的顺从，我们称之为"站在对方的立场上想问题"。同样地，精算师和工程师也需要直面并精确处理那些变化性的最极端情况。

至此，我已经按照句法回溯的方式从概念群到实例讨论了智力行动。这可以被看作是推断链。不管哪一种，只要成功实施，都被称为智力行动，或者专业性（expertise）。这里的指导性理念是**精确度**（accuracy），也就是在内部消除符号关系上的错误、在外部消除变化性，同时在它们之间建立形态良好的联系。但精确度是一个可复制的指导性理想。在研究中，理想是生产**创新**（novelty），即使真正的创新可遇而不可求。类似地，专业或智力行动也经常呼吁创新，比如在建筑设计中。换句话说，知识群与稳定的情境看起来似乎过于决定论了。生产真正的创新的可能性到底在哪里（Ramognino，2011）？

我认为我们可以在三个地方找到它，而它们都是在智力行动中探索科学创新与超越精确度的核心，是考虑精湛技巧（virtuosity）的基础。它们是：概念群的生产能力（generative capacity）；话语空隙（discursive gap）的生产能力；知识实践的社会基础的生产能力。

四、创新与精湛技巧

有关等级性知识结构，伯恩斯坦说道：

> 最后，还是理论说了算：它既决定了其想象性概念投射能力，也为此投射的经验力量负责。
>
> ——伯恩斯坦（Bernstein，2000：164-165）

"想象性投射"（imaginative projection）是伯恩斯坦追随涂尔干提出的，他认为理论的理想化能力中，其预测可能性的能力还未被思考过。换个说法就是，拥有一定的普遍化力量的理论通常拥有推广到一个还未被想到的情况上的能力。

今天的计算机软件和智能手机的各种应用程序实现了这种可能性,而它根本上是在 1936 年被解锁的:那一年,阿兰·图灵(Alan Turing)还是一位本科生,他解决了莱布尼茨(Leibnitz)的数学逻辑的"判定问题"(decision problem)并开发了图灵"通用"(universal)机来实现它。这就是理论的"力量"的证据。

"话语空隙"这一术语通常和外部关系相关。如摩尔所说,"外部描述语言"试图"弥合概念与数据之间的话语空隙"(Moore,2006:38)。因而,"弥合空隙"是研究行为中的一个规范性时刻(normative moment)。它可以被拓展到智力性专业行动的范围。外科医生必须通过在正确的部位开刀,来"弥合"生病的身体与概念驱动的诊断之间的"空隙"。因此,弥合空隙是实现规范的精确度理想的一个前提条件。

和精确度规则相伴的第二个规范性时刻,是伯恩斯坦在和约瑟夫·所罗门(Joseph Solomon)的访谈中描画的某种程度上不同于话语空隙的观点(Bernstein,2000;也参见 Moore 和 Muller,2002)。他强调,"外部描述语言"和经验世界的相遇总是会产生"盈余"(surplus),这种盈余中包含着生产潜力。在理论模型的审视下,经验对象永远会生产、或有潜力生产比模型本身所需要的范围更大的信息(Bernstein,2000:209)。这是由:

> "模型所规定的规则与转化信息的实现规则之间的话语空隙"引起的……这种空隙使得某些东西能够宣告它自身,能够重新描述模型自身的实现规则并因此改变它。

> ——伯恩斯坦(Bernstein,2000:209)

因此,自由与危险的区域既存在于离情境最远的地方——理论的最前沿,也存在于最接近它的地方——和情境交互作用的点;既存在于边界最紧绷的时候,也存在于边界的出口被打破的时候。后者和智力行动最相关。这在专业运动领域可以最直观地看到:运动员回应的不是被抓拍进某个理论模型的世界,而是一个动态变化的世界。观察一个熟练的运动员毫不费力地应对这些情况就是观看竞技比赛的一大乐趣。同样还有一些专业每天都要应对"盈余",也就是各种情境性的突发状况。医院和法庭类的电视剧就是典型的例子,我们观看专业人员抛弃个人闹剧(大部分时候,并不总是这样),处理或大或小的各种意外情况。这就是专业的浪漫。

所有这些都表明,如果不对"现有概念群或概念库"和"与情境性实例的碰撞中不断产生的一例一例的知识(如,案例法、判例、医疗案例、新软件代码、专利等)"之间的或多或少的动态作用进行分析的话,就不能恰当地解释某个专业领域的"知识",如法律、医学或教育。这种知识具有填补认识论彩虹(概念群作为几种主要颜色)之间的空隙的潜力。为了看到问题的严重性,我们需要再次回到伯恩斯坦对水平话语中创新是如何被吸收进"蓄水池"中的分析。

五、专业知识的社会化与社会基础

如伯恩斯坦在分析水平话语时所指出的,处理情境性事件(dealing with context)通常但并不总是孤独的。教师在教室、医生在门诊室……偶然邂逅创新。这种创新如何传播?——只有通过减少隔离和排外。"任何对传播的限制都会使知识专门化、分类、私有化"(Bernstein,2000:158)。私有化越严重,"常规剧目"(repertoire)和"蓄水池"(reservoir)之间的循环就越不畅;私有化越严重,"社会基础就越弱"(Bernstein,2000:158)。

这里需要强调一下。促进"常规剧目"和"蓄水池"之间的循环与社会基础的强弱以及由此而来的专业的社会权力之间有着直接关系。想象一下不同专业处理来自情境性偶遇的知识的不同方式。外科、法律、工程、建筑、生物技术、交通被经济学家认为是"结构性进步的"领域,因而在水平话语的基于案例的创新与垂直话语的概念群之间有着卓有成效的互通。相反,教育被认为是"结构性反进步的"(Foray,2011),也就是说,教育领域中被圣典化的概念"蓄水池"很小,它非常缓慢地被基础研究更新;并且教学的情境性意味着很难做出一些语法稳定的、基于证据的、可推广的研究。课堂是创新的富饶场所,但大量教育中的创新并不能走出生产它的课堂(Foray 和 Hargreaves,2003)。它很少被编码,更少通过专注于案例的期刊（如医学和法律那样）被传播出去。情境性创新向概念"蓄水池"的反馈很受限，因此创新只蜗居在教师的私人"常规剧目"上。教师只是从事试错、修补的"工匠"，教学远没有成为一门羽翼丰满的工艺。

由于缺乏一个强健的、动态的知识体系，师范生们学到的通常是从社会科学借来的单一的储藏窖式的"理论"，以及就像贝克之前评论的"压制着对它们自己的话语基础的认可"（Beck，2002：90）的程序性的处方。教育领域理论与实践的统整不是像其他专业那样在母体"蓄水池"中通过同行审查或同事认可等社会化程序进行，而是在"实践"中也就是在私底下进行。在教学这个专业中，情境性创新与知识基础之间的有限的互通，经由那些赞扬"从经验中学习"、批评编码为某种呆板行为的专业认同叙事被认可、被固定。技能话语——手工艺实践的语言，与其背后的反智主义的暗流，正是这一复杂过程的中心。

六、结论

本章认为，推断主义者所称的"知识"最好被看作知识结构的内在关系，也就是"目前"被社会化进垂直话语的巩固了的概念群。推断主义者所称的"推断链"最好被视为知识结构的外部关系——在社会化的"蓄水池"和实践者的"常规剧目"之间的双向互通。分配规则统治着这两个方向的交通：

- 从"蓄水池"到新知识。在这种情况下，分配规则既分配着概念群的内部关系，也分配着概念与其在真实情境中的应用之间的特定联结方式。这就意味着，每一套内部知识关系可能会有不止一条的推断道路；
- 垂直话语中从基于案例的情境性事件到"蓄水池"。如果社会基础没有足够地社会化、分配规则没有发展起来，这种反向的交通会受限，创新将被私有化，专业中的变化也将受限，使变化主要由国家驱动。这里存在国家差异。

创新可以通过内部知识关系的预测力量（推广到那些"未被思考过的"事物上）来产生，但它只能发生在那些分类足够松散、能够处理情境性特例的领域。除非两类创新形式都可以反馈进母体知识结构并相对不受限地循环，否则组成知识结构的社会基础的社会集体及其实践就不会繁荣。

经过这样的分析,伯恩斯坦的理论就可以用来有效地处理智力行动和专业实践的问题了。这毕竟是他的最初意图,如他在"话语"那篇文章的结尾段落中所说:

> 这个分析……展示了话语的内部属性与社会情境之间的内在依赖性……简单地说,"与……的关系"(relations with)和"关系到……"(relations to)应该被整合起来分析。
>
> ——伯恩斯坦(Bernstein,2000:170)

在此视角下,"技能话语"就是一种只关注知识结构的外部关系——仿佛只存在外部关系,而无视内部关系与社会化的知识结构——的对学习问题的解释。在伯恩斯坦看来(Bernstein,2000),只有二者"被整合起来分析"时,我们才能得到一个不可限量的、丰富鲜活的知识体图景。

第十三章　学科、技能与大学

一、简介

在给最近的一卷文集写引言时，编辑们起了一个相当不吉利的副标题——"科学思想的崩溃"。他们试图解剖全球高等教育及研究体系最近的划时代的变化，认为正在发生着"对知识生产的重新组织，大学部门向市场机制开放，使得大学实际上成了全球知识经济中知识的供给者"（Hasselberg 等，2013：2）。这经常被命名为如"学术资本主义"（Slaughter 和 Rhoades，2004）以及"认识论漂移"（Elzinga，1997）。这种变化的核心是科学与其他社会领域的边界的不断模糊，以至于科学的特定规范与兴趣被消解为政治、公民社会和市场的规范与利益。

索斯滕·奈博（Thorsten Nybom）指出，19 世纪科学（或大学）和社会之间的社会契约，是依照"这类"科学和社会之间的如下关系形成的：全部的科学努力都被认为是相关的、有用的（Nybom，2013：26-27）。他认为，我们当前刚好"颠倒"了，"相关"和"有用"逐渐等同于实现不同的社会利益相关者、购买方、主要投资人等的或多或少直接的、通常是短期的需求和需要（Nybom，2013：27）。基础的学科知识被"挤出了"大学——被挤出了迄今为止它一直在课程中占有的优先地位；也被挤出了有荣誉和奖励的研究系列。

冲突在所难免。有用的、应用的、相关的知识，在奈博看来，会损害基础的、概念的、传统的学术。而相反，"相关性"（relevance）的支持者们，则更大声、更固执。这种争论经常陷入一种尖锐的零和博弈，两个极端化立场总是试图胜过彼此。有两种方式：一是它们试图排挤掉那个冒犯自己的立场（比如，用基于问题的课程代替传统课程）；二是某些适合于一方的形态与安排会扼杀另一方的"声音"，甚至是无意的。我们的立场是：以上都不利于大学的长期利益，我们需要超越毫无建设性的僵局，走向第三种立场或者"未来"。

"学科知识"与"相关性强的技能与知识"之间的争论已成为围绕大学的目的、

以及背后深藏的教育的目的而产生的论辩的中心。它提出了如下问题：大学应该是做什么的？它们应该研究什么？应该教什么？如何规定凡此种种？我们将沿着大学发展的足迹——从最开始潜藏在中世纪大学中的张力直到现今的争议，来追溯它是如何变化的。先来看学科。

二、学科的根基

传统上，学科与大学以两种非常不同的方式相互联系。一种是作为为精英阶层服务的博雅教育理念的一部分，大部分表达为经典、历史、哲学、语言与文学等人文学科。在欧洲，自从第一所大学在 13 和 14 世纪建立以来，人文学科（包括神学）一直拥有悠久的、不可动摇的统治地位。人文学科根基于宗教遗产，作为精英教育的主要课程，直到 19 世纪和 20 世纪初，它一直被认为是毋庸置疑的使具有恰当血统的年轻人获得国内外各种权力的最佳路径。其合法性的基础是道德的、智力的；而在古典学科上的高阶训练被认为既是训练心智，也是训练精神。

19 世纪早期德国的改革带来了研究型大学的理念，主要是与科学和技术相关的研究型大学（Turner, 1971, 1975）。自此，大学及自然与技术科学开始被视为高水平知识劳动者（服务于如今我们所说的知识经济）的主要来源。结果是，人文学科逐渐被取代。它们声称要提供"强有力知识"，如今遇到了 STEM（科学、技术、工程、数学）这个竞争对手——由于自然科学在工业与医学中的技术应用获得了令人瞩目的成功，它对政府越来越有吸引力。

今天的学科最好被理解为最初在中世纪大学里建立的"三艺"或"四艺"的世俗形态（Durkheim, 1977; Muller, 2009）。从这些遗产中，我们获得了如"为了自身的"知识和学习以及学术自由的理念。学术自由由两个核心信念支撑。其一和纽曼（Cardinal Newman）提出的"心智自由"（freedom of conscience）有关（Cornwell, 2011）。在这个意义上，学术自由是一种完全不同的受限的自由。它不是做任何事、想任何事的自由，就像有时被误解的那样。它是在特定的学科内、遵循特定规则下的自由。在学术性学科中，这些规则是认识论的——和概念、观点、方法等有关。同时，它们也是道德规则：将学科社群捆绑在一起，并决定着推测与反驳的合理模式（Abbott，2001；Young，2011）。

其二是言论自由（freedom of expression），与追求创新必需的自由和自主有关，它是追求可能无果的智识线索的自由、犯错误的自由，这两者都是真正的学术性创新的不可预判性的一部分。在这个意义上，自由蕴含着制造创新时反抗规则的自由，并带来了拉卡托斯（Lakatos，1976）所说的概念的"可伸展性"。这正是学科发展与变化的方式（Muller，2000）。

学科并不只是和"寻求真理"有关；它们还和权力、晋升、声望等相关。然而，如哲学家波兰尼（Polanyi）指出的，学科的独一无二之处正在于："寻求真理"是其"存在的理由"（raison dêtre）——即使某些时候追求权力、应对实践中的紧急需要似乎占领了优先级（Polanyi，1962）。但是，科学家们频繁地贪污犯戒并不意味着我们因此就被赋权将所有的认知行为都化约为个体利益；如布迪厄所说的，它甚至不意味着我们可以将科学视为"仅仅是另一个权力游戏"（Bourdieu，2004）。

学科探究——在最广泛的意义上的波兰尼式的"寻求真理"，已经在过去的两个多（或更多）世纪被证明是一种在稳定社群中，使用自身规则与内部治理来寻找真理的最持久的组织探究的形式；而它寻找的真理既"经受得起时间检验"，又是任一历史时期我们所拥有的最可靠的知识。

三、一种知识的社会理论

涂尔干追溯学科作为一种课程组织形式的起源，回到了他在研究原始社会[《宗教生活的基本形式》（*The Elementary Forms of Religious Life*；Durkheim，1995）]时发现的"神圣的"与"世俗的"的区分；他认为这一区分在中世纪大学的课程里也有所表达（Durkheim，1977；Bernstein，2000）。对涂尔干来说，"神圣的"及它对"我们是谁"和"我们死后会发生什么"等本质性问题的关切，与"世俗的"也就是和人们如何喂饱自己、找到住处、一天天生存下来等有关的实践性问题之间的区分，能够在所有社会中找到。它是社会进步的条件的基础，也是社会进步的核心中介，与作为新知识来源之一的学科有着密切联系。

对当时的涂尔干来说，"神圣的"知识是那些不和具体情境相联的知识；它是将一个人带离直接需要和经验的知识。相反，"世俗的"知识是和社会的物质生存相关的知识——最初是食物、住处和安全。它是和具体情境相联的知识，在这些情境中非常宝贵，但除此之外只有很有限的可推广性/普遍性。

在涂尔干研究的最早期的社会中，"神圣"知识的形式是宗教，也就是有关死后世界或另一个平行的神秘世界的一般性观念。宗教作为神圣的一种表达形式的社会学重要性并不在于其内容，比如，对上帝或众神的特定信念，而在于它的结构、它不依赖于特定情境的独立性、它的概念间的内部连贯性等。他的看法是，神圣知识的结构不仅提供着对死后世界的看法的基础（如神学），而且，在它变得世俗化的过程中，也可以作为一种超越直接现实的预测性的认知工具：对世界及我们的经验进行普遍化。对涂尔干来说，世俗化并不仅仅意味着宗教可信度的逐渐下降与科学的增长，而且还指神圣知识的转化——它变得越来越适用于那些原来从属于宗教或其他来世解释的自然的、宇宙的领域。通过科学累积的成功，神学在 18 世纪的大学中被迫放弃了对狭窄的来世领域之外的绝对真理的占有。换句话说，社会进步逐渐由世俗化了的"神圣"知识统治，主要是自然科学，越来越少地被原初的宗教性的"神圣"知识控制。这导致了西方社会的一场意义危机，尽管此危机远不像伊斯兰和儒家社会那么严重（Cohen，2010）——我们在此不再讨论。

那么，对涂尔干来说，"神圣"知识组成了他所说的"集体表征"（collective representations），使得一个社会能够发展超越个体经验的共享知识。如上所述，它的独特之处体现在既不受具体情境约束，又有内部关联性——这种内部关联依赖于知识体自身的内在联系而不是外部相关性或实用性。这些为知识体首先稳定地经受时间的、不同人群的考验，然后在印刷术发明之后，又能够传播到那些和其生产地距离很远的地方奠定了基础。这些有组织的知识体成长为不同类型的学科——自然科学（包括理论的、应用的）的理论能够经受严格的测试；社会科学提供的确证合法性较弱，因此为其专业社群之间的较强的、周期性发生的、不可判定的冲突埋下了伏笔；人文学科中，不同形式的人类经验比如文学、音乐、艺术聚焦于沉思、被概念化，并成为专家们之间论辩的对象。

学科，作为涂尔干的集体表征的一种形式，被专门性的社群保存、发展，定义着思考的参数：在不同领域中，在特定的时间，什么价值更大、什么价值更小，什么为真、什么为假。欧几里德的几何学就是一个世俗化了的"神圣知识"例子，它在 2 000 年的时间里一直被视为"真"，直到 19 世纪中期数学家们指出其谬误并发展出非欧几何，导致了空间旅行、地理定位系统与手机等的发明。因此，涂尔干将系统化知识的历史根基置于早期宗教，为我们提供了一个知识的社会理论的基础。但他并没有进一步将它理论化，具体阐释不同形式的知识可能发生的变化的轴心。为此，我们必须简要看一下英格兰的一位研究涂尔干的典范——巴兹尔·伯恩斯坦的观点。

四、两种形式的学科组织：单子与领域

伯恩斯坦以两种方式发展了涂尔干的理论，拓展了知识的社会理论。第一是通过将知识形式的内在属性理论化，这里我们不做深究（Bernstein，2000）；第二是将知识的内部关系与外部关切联系起来的两种不同形式进行了理论化，这和本章有更直接的关系。他分别称这两种形式为"单子"（singulars）与"领域"（regions）。我们可以说，单子代表了来自概念、被经验支撑的符号规则，领域则代表了这种内部符号规则与外部规则之间的融合——一种更直接的实践类型。

（一）单子

单子是学科的一般形式。用伯恩斯坦的话说：

> 单子是那类知识结构：知识的创造者已经为它腾出一个空间，赋予它一个独特的名字、一套专门的独立的话语、一个自己的智识领域——文本、实践、进入规则、考试、实践证书、奖惩分配……单子整体上是自恋的，指向自身发展的，受到强边界与强等级的保护。

> ——伯恩斯坦（Bernstein，2000：52）

它们的核心特征有：

- 它们建构自身、与其他单子以及与日常世界的清晰边界；
- 它们通过"内化"的方式建构专门化的身份认同。在这一点上，伯恩斯坦似乎指的是通过达到精通获得的对学科的符号性认同。内化的身份认同是独特的、高度标准化的。物理学家们不仅相互之间各不相同，更主要的是和历史学家或者随便大街上的某个人不同。
- 基于此，它们展示着很强的内部承诺，既是认识论的又是道德的。因此，一个很强的学科身份认同既需要拥有专门化知识，也要拥有一种专门化的气质及在学科事务上有某种特定的行为举止。如贝克曾指出的，学科间的不同来自它们孤立的力量以及因此而来的成员学科身份认同的力量（也参见Henkel，2000）。

直到 18 世纪，单子一直以学科的形式统治着大学课程；根植于中世纪的三艺与四艺的区分，学科也被区分为分别和内部生活（言语；inner life，of the word）与外部世界（世界；outer world，of the world）相关。此前，大部分科学与所有的技术发展都发生在大学之外。此后，自然科学的单子开始爆发式发展，并且，与此同时，一种新的知识组织形式——"领域"也开始发展。

（二）领域

17 世纪的科学革命带来了自然世界相关知识的快速、迅猛增长；但它的发生并不是一个自我导向的在抽象概念上的跳跃。抽象知识的进步，如三角函数等，更早地是在伊斯兰世界发生的。然而，仅靠抽象概念自身，并没有促进自然科学知识的某种显著进步（Raven，2011；Gaukroger，2008）。自然科学知识的最有效的、最循循善诱的宣传者弗朗西斯·培根描述它为学术"蜘蛛"——抽象理论家们只是织出大脑之网与经验的"蚂蚁"——所有类型的实验主义者们，从街头药剂师到炼金术士如牛顿——的美德的综合。他们结合出了"蜜蜂"的优秀品质，开启了实验科学的道路，尤其是实验物理学。同时，在此之前已经大量以试错的方式在进步，有时也加入了理论知识的力量的（如阿基米德的案例）——更多时候没有——经验式的手工艺也获得了一个全新的推动力,受到科学推动的专业知识领域与纯粹实验科学相伴兴起,其中最突出的就是医学和工程,也就是第一代"专业"。

专业知识展示了一种新的组织形式。在它不断吸收并再情境化科学中的一些情境性知识的同时,它也必然要在内部加入越来越多的基础科学的理论性知识结构。但是,因为它"存在的理由"在于世界中的具体问题及解决这些问题所需要的技术,因此它同时也必须面向外界,与外部合作建构解决方案。"领域是学科(单子)与它们使之成为可能的技术之间的交界面"(Gaukroger,2008:52)。我们可以重述这句话为:领域联结着内部概念规则(单子)与外部建构的规则和技术化的世界。这种逐渐浮现的"领域"与"单子"相比有一系列不同的特征:

- 它们和不止一个"单子"相关——比如,工程涉及数学、物理、化学,新医药则涉及解剖、生理与化学。
- 早期领域的成功和与之相关的专业的增长导致了类似的将社会科学领域化、并使它们服务于商业世界和政府的尝试。新的单子如经济学、心理学和社会学等被组合到一起,形成了新的领域如社会工作、商学、公共管理、教学(teaching),等等。新的社会科学学科与旧的自然科学学科之间的核心差异是其知识基础的相对不可靠性,以及在社会科学学科社群内部缺乏共享的认识论规则共识。这不可避免地带来了其毕业生作为新的、形成中的专业成员的信誉问题。部分由于此原因,这些学科在来自学界同行以及政府的赞助者的挑战和批评面前变得越来越脆弱。这种内部的不稳定性也造成了学科社群自身内部的持续的好战——而这又会进一步导致更多的不稳定。
- 因此,这些二代专业性知识的组织形式很弱;有两层含义:第一,它们向内面对的单子的强健度更弱;第二,它们向外面对的专业体并不具有第一代专业体所具有的政治影响力。新的社会科学专业的边界更弱,并因此在内部及外部都更少有缓冲区,通常在承受来自内部学界及外部市场与政府力量的压力时非常不堪一击。结果是,它们当中经常弥漫着一种身份焦虑的气息[如贝克(Beck,1989,1994)所说]。

- 领域通过将知识投射为某情境中的实践,建构着专门化的身份认同。结果是,在外行看来,其专业认同大量依赖于这个专业能做(can do)什么,也就是一种工具主义的专业认同特征,它(至少部分地)要为市场与政府的教育论述中大量强调"知道如何"或技能负责。技能话语倾向于将专门化的"知道如何"的概念性内容后置,不太看重如下事实:是否拥有专门化技能依赖于先前获得的某种专门化身份认同,因此依赖于专门化的理论知识。我们接下来将用更大的篇幅讨论此观点。

五、学科知识面临的挑战

贯穿所有这些发展的共同线索可能是大学的"学科领导力"——大学里的学科既有单子也有领域。然而,即使是在专业性非常强的研究所,基础的科学学科也倾向于占领认识论与政治高地,和我们上面分析的其中世纪祖先的传统一样。潜在的学科等级秩序越来越面临压力,就像我们在简介中提到的那样。"为了自身的知识"的理念、单子的强边界的自我形象,不再有它之前具有的不被质疑的合法性,而这些学科越来越依据某些"相关性"来合法化自身,而这么做只会削弱自己和世界的边界,进一步削弱其传统力量和合法性。

对其合法性的挑战既来自内部,也来自外部。即使是来自学术界内部,也是要求所有形式的知识(包括纯学科,不管是科学学科还是人文学科)要更多地指向外部。我们将简要讨论其中两种。

(一)新的研究模式?

来自学术界内部的一个突出挑战在麦克·吉本斯(Michael Gibbons)及其同事的著作《知识生产的新模式》(*The New Production of Knowledge*;Gibbons 等,1994)中有很好的体现。

在此书中,吉本斯及其同事既做了描述,也给出了建议。他们描述了基于学科的知识生产模式——"模式一";认为"模式一"正在被跨学科的、交叉学科的模式——"模式二"替代。模式二主要指的是"情境化",也就是科学知识与社会情境的相互贯通,不仅科学"向社会发话",而且社会也要"向科学回话"(Nowotny 等,2001:50)。这意味着知识的各利益相关者将不仅是测试、应用知识,而且也在一开始就影响着知识的形成。而他们据此给出的结论是,宣称模式二在生产现代知识经济需要的那类知识——更问题中心的、更相关的、更有用的知识上更有效。一句话,他们希望知识生产变得不仅更具应用性、更有用,而且要完全跳过传统的基础科学,或者模式一。

模式二吸引了很多国家政府的注意,尤其是那些社会政治经历变革的发展中国家,因为它看起来像是一条将学术严谨性和发展中国家以及工作场所中的实践需求结合起来的道路。吉本斯本人就曾推动非洲大学践行这种模式(Gibbons,1998)。但是,这种雄心勃勃的将模式二作为一种新的创新方式的宣称是很有问题的。彼得·温加特(Weingart,1997)就曾指出这个观点其实一点都不新鲜。詹森等人也指出(Jensen 等,2008),对世俗性问题最感兴趣的研究者们往往也是最高产的基础科学研究的贡献者;两者可以很好地共存,不一定非要一个压制另一个。

吉本斯和他的同事们一开始没有预见到,在从模式一到模式二的转化过程中学科认识论规则的弱化可能会削弱学科知识的特征——而这正是创新的独一无二的源泉(Shinn,1999)。这个问题在自然科学中比在社会科学中更突出:即使是应用领域(如工程)的创新也通常是概念性和实践性并存的。这意味着如果所有研究都转向模式二的直面实践难题,那么创新之泉就可能会枯竭而不是喷涌。然而,此书毫无疑问在激励大学成为更活跃的、更少等级性的、更"参与的"角色方面是标志性的,它也为课程领域的知识与技能之间的论辩提供了一个最新版本。

有迹象表明,吉本斯团队已经后知后觉地意识到了,宣扬从模式一到模式二的大胆转化可能会将自身逼入死角。因为事实上,出人意料地,几乎所有领域的学术盟友都聚集到了模式二的麾下。诺沃特尼(Nowotny)悲愤地指出:

> 如果护理研究员扑向"模式二"从而减少对医学研究的依赖,或者如果全球性的会计公司将"模式二"作为新成立的"商业知识中心"的核心——两者都是实际发生的例子——我们能埋怨谁? 我们已经掉进了自己设下的后现代陷阱。
>
> ——诺沃特尼等(Nowotny 等,2003:180)

最重要的是,事后看,非此即彼的看法似乎是错误的。虽然创新经济确实需要实用的、应用的研究,但大部分研发管理者都理解,它必须发生在基础科学同时进步的基础上。当他们向技术型大学寻求应用性知识的时候,仍会向大学寻求基础概念的突破,如大卫·库珀(Cooper,2011)的实证研究所展示的。还有,唐纳德·斯托克(Stoke,1997)的"应用启发的基础研究"(use-inspired basic research)的概念更精确地抓住了高技术研发实验室的实际做法,而不是像一些如斯蒂芬·河浜(Shapin,2008)的研究所展示的那样,不需要其他学者的支持和帮助。

我们可以做出如下结论:在真实的研究世界中,模式二并没有那么多地取代模式一,新类型的研究群组已经出现,概念性创新的问题依然至关重要。这意味着大学里的单子的完整性应该被捍卫,因为它正是概念性突破浓缩为不断演化的正典并传递给新一代学生的地方。然而,在模式二诱惑、鼓吹"参与"的游说家们(Hall,2010),以及看重"结果"或"问题导向"的课程改革家们的压力下,它们在当前高等教育的很多部门中都饱受威胁。

(二) 结果与技能带来的挑战

尽管这些保留意见已经被一些和创新、相关性有关的学术作品承认(Shapin,2008),但它们并不被教育政策制定者广泛认可,让大学更高效、直接地和外部需求对话等驱动力依然和使学习对学生更具实践意义等意图持续相互作用。一种核心的做法就是课程规定中的"结果导向"(outcomes-based)[1]。它在政策中最为

---

1 这一术语有很多变体,比如"结果""技能""胜任力""毕业生素质""能力""素养"等。如温奇(Winch,2010)指出的,这些术语之间其实有区别,但它们共享的"家族类似性"是它们都指代着某类"知道如何"的知识(Ryle,1945)。

明显，已经影响了很多主要的国际组织比如 OECD、欧盟、世界银行等（如 OECD，2005；CEDEFOP，2008；EU，2012）。

这一向结果的转移看起来至少是由两个不同但相互关联的因素引起的。第一是雇主对于新手员工"能做什么"的持续性担忧：他们能不能"立即上手"？这当然是历史上一直困扰雇主的问题，但似乎在过去十年间在不断加强（Case，2011）。第二是学习理论家和课程与资格证书设计者们的联合：他们共同关注提升学习者的学习机会并鼓吹要促进资格证书之间、国家之间的流动性。一些例子：

- 对引入国家性的、结果导向的、覆盖所有层次（直到博士学位）的资格证书框架的兴趣浓厚。截至上次统计已经有 138 个类似的框架（Allais，2011）。
- 欧洲高等教育领域的管制，目标是保证欧元区所有学位资格证书都指向共同的结果（Brockmann 等，2008）。
- 胜任力导向的课程向高等教育拓展。例如英格兰医学总会（General Medical Council）最新通过的医师专业教育的课程框架——"明日之医"（Tomorrow's Doctors；GMC，2009）。下面我们将检视这一框架。

这一框架将聚焦点放在"学到什么"以及它如何表达在课程里。结果导向的规定有两个要点：一是它们假定，存在掌握某一结果的多种路径，因而摒弃了认识论阶梯作为结果的脚手架的优先性；二是它们优先看重学生**"能做什么"**（知道如何）而不是**"知道什么"**（概念性知识）。二者一起削弱了专门化知识的角色，并随之削弱了与之相联的专门化社群的角色（Allais，2012）。为进一步阐明此观点，有必要简要回顾一下这种趋势的一个突出的概念基础。英国哲学家吉尔伯特·赖尔（Gilbert Ryle）指出了下述困境：

> 一个学生没有跟上一个论点。他理解了前提，理解了结论，但他没有看到结论是从前提得出的。教师认为他笨，但试图帮他。所以他告诉他，这里有一个暗藏的命题他没有考虑到，也就是，**如果此命题为真，则结论为真**。学生理解了这个，并忠实地背诵了出来……但他仍然没有看到。此后依旧如此。他接受了理论规则，但并不保证他能应用到实践中。

他考虑了原因(reasons),但他不能推理(reason)。

——赖尔(Ryle,1945:9)

赖尔是在说,知道课程的内容性知识尽管重要,但它本身并不确保学生的"掌握"(mastery)。命题本身是惰性的。学生也需要"知道如何的"知识来帮助理解这些命题。在维特根斯坦那里,学习者必须知道如何处理这些命题。以这种方式,赖尔提出了其著名区分:"知道什么"和"知道如何",在这个过程中将知识和实践之间的区别复杂化了。

但是,"知道如何"做某事到底指什么? 这到底是一种什么知识、它应该被如何描述? 克里斯托弗·温奇(Winch,2010)在其最近的一本重要著作中,帮助我们描述了两类"知道如何的"知识——它们都超越了命题性知识。而他认为命题性知识是作为学科或科目的基石的"系统组织的知识"的一部分。这两类"知道如何的"知识是:

- 有关命题间的**推断性关系**(inferential relations)的知识。只知道命题本身是不够的。新手要想变成内行,必须也要知道命题的外延和力量,以及如何在命题周围、命题之间自由穿行。这涉及知道哪些规范性规则是不可协商的,哪些允许一定程度的自由裁量(或废止)。这是对待**既有知识**(existing knowledge)的能力;
- 有关评估、测试、获得新知识的**程序**(procedures)的知识。对任一领域的知识来说,这指的是知道如何确保它有效、其作用范围及边界在哪里、如何把它放到新知识生产的评判席上等。这是和**新知识**(new Knowledge)相关的能力。

温奇(Winch,2013)进一步解读了"知道如何"的知识并区分了技术、技能、二级(或"横向")能力以及"项目管理"能力。我们在此不进一步探讨了,但有两点值得强调。第一点是,不同类型的"知道如何"的知识补充并依赖着"知道什么"或概念性知识。它们不是**替代**(replace)它。如果这么做就是本末倒置了。[1] 第二点

---

1 发现式学习(discovery learning)和其他形式的"做中学"(learning by doing)想要通过程序性知识提供学科的认识论通路。在概念或内容丰富的领域,这等于在理解既存知识的规范性结构之前,学习如何认识或创造新知识。"做中学"可能看起来在学习职业类知识上更可信,但它很不幸地经常被作为一种不提供概念性知识的借口(参见 Winch,2010;Wheelahan,2009)。

是,有很多不同类型的"知道如何"的知识,都以不同的方式与概念性内容有关,只有一小部分完全对应着"技能"(skills;Winch,2013)。大量的"结果"话语只是闪烁其词地谈论第一点,而且,通过将所有东西都定义为结果的形式,完全无视了温奇指出的至关重要的第二点。结果经常是将"知道什么"化约为"知道如何",以及由此而来的知识的"声音"的沉寂。

在第一点上,这种闪烁其词可以在宣传结果的政策文本中看到,如最近的OECD的"核心胜任力"项目(Key Competences' project;KeyCoNet,2012)。此文本开头是一个非常宽泛的"胜任力"定义:"知识、技能、理解、价值、态度与需求的复杂联合体。"接着在同一页,又定义"核心胜任力"为"横向的、领域间的;它指的是高阶的心智复杂性,包含对生活的积极的、反思的、负责的态度;它们是多维的,涵盖知道如何的、分析的、批判的、创造的、交流的技能,以及常识"——换句话说,所有东西都是核心胜任力,除了概念性知识。

英国的新医学课程项目——"明日之医"也开始规定本科医学教育的目的为"发展毕业生所需的结果"。有三种宽泛的结果类型,每一种都规定着医生作为某种特定代理人的胜任力:"医生作为一名学者、科学家";"医生作为一名实践者";"医生作为一名专业人员"……在每一种类型下面,依次列出了一系列的子结果,结果1有38项、结果2有53项、结果3有31项。除其中一项外,其他所有都被规定为"能做什么"的条目,比如:"诊断和管理""有效沟通"等。例外的那项是"知道伦理指南"。因此,最高的优先性给予了可以用于所有学习或职业领域的一般化技能,比如问题解决、思维技能、学会学习、交流沟通,等等(Gewirtz,2008)。

因此,这种课程横向列出了200多个"能做什么"的结果,没有优先级,所以也无从判断各项的相对重要性。它也没有一些进阶的标志,所以也看不到进阶需要的高级概念知识内容。换句话说,这些结果列表代表着项目式内容和技能对医学本科课程的强有力"碾压"。很难避免下述结论:在这样的形式下,结果或者"知道如何的"知识试图取代而不是补充或加强概念性的学科知识。还有,如斯蒂芬妮·阿莱斯(Allais,2011)指出的,这种抹除不仅掩盖了"要学什么"这类概念性内容,也损害了专门化知识的基础,并因此损害了学科专门化知识社群的合法性。

六、单子的消亡？

技能导向的课程取向对政策制定者有很强的吸引力。其源头不是我们所拥有的教学或课程知识，更多地是要求相关性、实用性、有效性、成本节约等的压力，以及"为学习者赋权"的社会伦理观念。上面我们讨论过的要求研究更多与情境相关的观点也是如此。其逻辑结果是，这样一种取向可能最终会导致基于学科的研究的终结，并将剥夺大学目前依然保持的大量自主性。而正是这种相对的自主构成了学习与探究的制度基础——学习与探究并不是由外部需求，而是由概念领域及其当前学科的内部构造驱动。

在此，我们想总结一下本章的论点：

1. 我们已经讨论了螺旋上升的专门化确实增加了知识依赖型工业（它们依赖于刚入职的新手的胜任力水平）的焦虑；它转化为了一种对毕业生"能做什么"的焦虑；又反过来使技能/胜任力/素质/能力等概念具有强大的吸引力。

2. 我们进一步讨论了，毕业生确实需要从课程中获得一系列知识"商品"，如温奇所说的，包括"知道什么的"概念性知识以及不同类型的"知道如何"——技术、技能、二级能力、"项目管理"等。最重要地是，"知道如何的"能力**依赖于**该领域的概念性知识——学科领域牵涉到方方面面，其中只有一小部分是机制性的技能和技术。"技能话语"最困扰我们的是这种形式的话语在口头上空喊知识的重要性，但接着就把几乎全部的精力都放在了课程对"知道如何"的需求上。它带来的影响是，将课程中"知道什么"的部分硬挤进"知道如何"的盒子里，模糊了课程对概念性知识的需求——对次序、步调、进阶、难度水平等的需求。这不仅清空了课程的内容，也妨碍了来自弱势教育背景的学习者的知识获取。

3. 我们不否认，创新经济需要创新的实践性知识。我们的观点只是，可持续的创新也需要创新的概念性知识，而这种能力的贮藏室和守护者是当前被媒体和学术界猛烈抨击的学科单子。

换句话说,本章表达了我们的担心：将"相关性"的需求合法化将导致适得其反的大学改革与课程实验效果,而由于它在全球的流行程度,将可能带来极其昂贵的人力及财力代价。

在本章的最后部分,我们想通过回到涂尔干来拓宽对学科的讨论。他的观点(Durkheim,1964)是社会进步依赖于专门化与分化(Young,2011)。大学及其学科组织形式的增长与发展是这种专门化与分化的一个例子,它不可避免地与更大的现代化的进程相关。

大学课程将优先性给予技能而不是学科(不管是通过结果还是技能导向的规定),不仅是消除了课程与课堂中知识的声音,也是一种形式的去专门化与去分化。这有两层意义,一是它模糊了高等与职业教育的区别,掩盖了它们各自的特殊性。二是通过合并技能与知识,它磨灭了"概念性"与"实践性"知识的特殊性及差异——它们是两类专门建立的课程群,被资格证书体系的不同部分(职业导向的与学术导向的)需要(Muller,2009;Shay 等,2011)。最后,它在强调一般化技能而不是专门性内容的时候,也在去专门化。

我们不是要呼吁回到旧的精英主义的、静态的基于学科的院系结构形态。而是,它意味着以基本的专门化知识的标准作为大学课程的基础,不管它是基于"纯"学科(如文学、化学)与"应用"学科的(如工程、教育学)分类,还是采纳自然、社会科学或人文学科的划分。这些标准是为了在日常知识和概念性或专门化知识之间做出一个坚定的区分。任何领域的专门化的、非常识的知识的获取与生产,都定义着高等教育的目的,以及大学生被赋予的认识论通路。这不是要在课程中反对技能、反对应用性知识、反对专业或职业取向,它同等适用于基础学科与应用学科(Wheelahan,2010)。它既认识到当代民主社会需要什么,也看到：大学的最好角色是成为这样一个社会的基础性机构。这不是说大学要维持现状。专门化和分化是一个不断进化的非线性过程,不断分支出新的学科形态、聚合成新的领域与单子,驱动着新的、意料之外的、不断分化的资格证书通路。但它确实意味着,要确保未来大学以及社会的异质性,就有必要拒绝课程及大学中的去分化或去专门化的努力。

第十四章　每幅图景都有故事：认识论进路与知识

一、简介

　　"认识论进路"（epistemological access）这一术语已经成为南非高等教育中的流行语。自从2002年被已故的教育哲学家沃利·莫罗（Wally Morrow）创造出来以后，[1]它已经被无数的文章和出版物使用，作为从物理的或正式的进路走向获得大学"商品"的**有意义的进路**（meaningful access）的一面标志性旗帜。后来，此术语被简化为"认识论进路"，听起来更优雅，但在传统认识论中意味着一些非常具体的部分。但此术语究竟指什么？答案远没有那么直接。本章试图分析此问题。我将首先反思"认识论进路"在南非学术话语中作为一种概念主题的浮现过程，从莫罗的用法开始，来看它为何以及如何与今天的学术社群相关。

　　莫罗的文章篇幅冗长、内涵精妙，尽管其行文带有欺骗性的平静和单调。认识论进路这一观点至少曾以五种不同形式发表。这些文本读起来并不容易。我们必须察觉他在某一特定时期到底在对抗什么，而这一点在不断变化。根据莫罗的说法，最开始它是一小部分学者全力赞同的教学"图景"（picture）；然后变为一个靠不住的观点：教学的概念是浅显易懂的；然后到了莫罗所称的"认识论的铲车司机"（epistemological bulldozer drivers）；再然后是结果导向的教育；然后又是国家高等教育委员会；等等。然而，在这些明显变化的目标之下，有一个一以贯之的主题：澄清**"教意味着什么"**（what it means to teach）。因此，我想解释清楚他的观点的力量与局限，并描绘一条可能更富成效的前进道路。我将指出，莫罗是一位教育研究中的"知识"运动的同行者（Maton和Moore，2010），但他也以重要的方式留下了一些遗产，可能先发制人地阻止了此运动的萌芽。

1　就我所知，罗伯特·默顿（Robert Merton，1993）曾提醒我们"归属"的内在危险；但它很难避免。

二、"俘获我们的图景"：第一部分

> 一幅图景已俘获了我们。并且，我们走不出去，因为它就在我们的
> 语言中，而且语言似乎也在无情地向我们复述着它。
>
> ——维特根斯坦（Wittgenstein，1953：115）

"认识论进路"作为一个批判术语是在 1992 年 10 月出现的——在莫罗在利物浦大学为同事们所做的报告中（Morrow，2007），接着出现在 1992 年肯顿会议的一个报告中——标题为《俘获我们的图景》（A picture holds us captive；Morrow，2007）。这一标题引自维特根斯坦。在维特根斯坦那里（Wittgenstein，1953），"图景"是一个语言的表征（图景）理论：观念（ideas）是或多或少准确符合外部现实的内部表征。这种表征理论从笛卡尔而来，直到康德、逻辑实证主义，在今天依然有影响［尤其是语言学家诺姆·乔姆斯基、哲学家杰瑞·福多尔（Jerry Fodor）以及人工智能社群］。

而这里，莫罗所说的顽固的错误图景是如下观点：只有班级规模够小，学术知识才能被好好地教。一部人物传记或许能解释为何莫罗在早期阶段感到对"好好教"——后来他称之为"体系化教学"（systematic teaching）的主要威胁是这幅图景。早几年前，他从威特沃特斯兰德[1]大学转到西开普大学，面临着当时著名的西开普大学的"开放进路"政策带来的后果：人生中第一次，他站在一个巨大的教室前面，面对着数量巨大的学生。他意识到必须尝试教学策略的变革，于是提出将"体系化教学项目"和远程教育形态协同，以达到更好的效果。然而，他的同事对此却毫无热情。因此，他早期的两篇文章正是在此背景下写出的，针对的是这些顽固地坚持传统的"共同出席"（co-present）的小班教学理念的学者们——他有些嘲弄地称之为"教学的温室图景"（hot-house picture of teaching；Morrow，2007：42-43）。他提供的替代方案是将"要学习的""智识结构"放进"学习包裹"中，而不

---

1 译者注：约翰内斯堡城市。

是由活生生的教师来传达;这在当时的高等教育圈还是一个全新的理念。[1] 关于这种"智识结构"应该是怎样的,莫罗只给了最简单的一点暗示。我后面将指出,作为教育哲学家,莫罗指的是**结构性的哲学程序性知识**(structured philosophical procedural knowledge)。这是维特根斯坦观点的一部分,用科恩和米勒(Cohen 和 Miller,2010:38)的话说,"哲学不是一个知识体。它不是一门学科(discipline)。"

值得注意的是,除了莫罗,当时的肯顿社群中没有人将课程作为一种结构化学习包来讨论;快速看一下肯顿的发展进程就可以发现。莫罗第一次使用此概念的 1992 年正处于曼德拉被释放与 1994 年南非第一次选举之间。这是一段人人心醉神迷的时期,在人们看来,所有的教育弊病似乎都充满着无限的解决可能性,只需采纳正确的政策即可(参见 National Education Policy Investigation,1993)。这些有关大学的讨论担忧学生的"学习",或者学业失败,但没有人担心中小学的学习,更别说课程了。莫罗是第一个发出警告的人,他指出,如果我们在"开放学习之大门"(当时流行的口号)上是认真的,那么就要看到:**正式进路**(formal access)是一回事,**认识论进路**是另一回事——而它们之间"有着直接冲突"(Morrow,2007:19)。

在"认识论进路"的下一个迭代版本中,莫罗的表述更加尖锐。在此版本中,他对"认识论进路"到底"通往什么"提供了首个答案。在这里,他批评的目标不再是学术界抱持的某种图景,而是一个展示为学生的教育需求的"赋权文化"[2]。在这种"赋权文化"里,被大众需求的进路/机会和被视为没有问题的教育及政治一起,翻转了失败的责任压力,视入口要求———切评估标准——为针对进入资格

---

1 莫罗频繁地讲述他的意图,他和内拉克·巴克(Nelleke Bak,1998)一起,在几百人的教育学课堂上,通过远程传递的"系统化学习",教授元理论(metatheory)。巴克为莫罗的分析(Morrow 和 King,1998)加了个"认识论劳动力"概念——如何使知识和语言(使论证有意义)变得"清晰"但不"简单"。巴克和莫罗都没有为他们的课程设计传达了认识论进路提供证据。他们的观点是纯分析性的。

2 此术语呼应了肯尼斯·金(Kenneth King)在 2003 年发表在《教育视野》(*Perspective in Education*)上的文章中提到的"赋权风气"(climate of entitlement)一词。金很直率地警告:激进的民粹主义会降低竭力进入大学的价值。

所"恶意"设置的障碍（Morrow,2009：77）。对莫罗来说至关重要的是，在这种"文化"中，正式进路与认识论进路之间的区分被模糊了，导向了一种成就的贬值、一种致命的自我设置的成功障碍。

对莫罗来说，成就是努力和技能的结果，教育成就是和教育活动有关的成就。"学习如何成为一个学术实践的参与者就是学习这种实践内含的学科及其构成标准"（Morrow,2009：77）。这需要时间和努力，且没有任何外部代理可以取消这些要求：没有人可以替你奔跑；没有人可以替你参加考试。因此，获得进路就是"学习如何成为一个实践的参与者"；而且，因为学术实践围绕着对知识的探索而不断发展，因而，通往学术实践的进路就蕴含着认识论进路。否认它就是"肤浅的相对主义"（Morrow,2009：70）。

在有关"认识论价值"那篇文章中（Morrow,2003,2009），莫罗的口气变得更加激烈。对他来说，认识论的价值是正式的、内容中立的；它们指导着公正、不带感情的探究。它们不能被随意改写，而迈向认识论进路需要对它们有预先的承诺。莫罗觉察到解放后的南非至少存在三种对认识论价值的严重威胁：来自市场的；来自"认识论变革"的动因的（高等教育大众化）；以及最重要的，来自推动学术进路与成功的政治压力的。这些压力都来自威胁要将学术探究的"墓地"连根拔起的"铲车司机们"。

除了极少数例外，莫罗并不关心普遍的学生学习问题，他关心的是教师——也就是西开普大学的那些作为教育学士学生（BEd students）的在职教师。学习当一位老师意味着什么，是莫罗关注的核心问题。因此他大量聚焦专业学习，而不是学术学习："专业知识就是套上某种伦理理念的实践性知识。"（Morrow,2009：78）当讨论成就必需的"努力"的成分时，他首先给出的例子主要是生理性技能——爬山、打篮网球、跑马拉松等。在随后的脚注中，他加入了"如何解决数学问题""如何开展微生物研究"（Morrow,2007：6）。这些"如何……"的共同点是它们都是学习成为实践的参与者的例子，而且因为实践如同讲一门语言那样，根植于"意义的潜在框架"（Morrow,2003：31），所以，只有实践才有完美的意义，毕竟不是所有东西都可以被外显地表达出来。

　　莫罗的"实践"到底是什么意思我们并不完全清楚。斯洛尼姆斯基（Slonimsky,2010：45）帮助我们区分了管制性实践与规范性实践。麦金泰尔（MacIntyre,1981）也有一个有影响力的"规范性实践"的观点，莫罗一定觉察到了。但在他的两个主要作品集中（Morrow,2007,2009），他只是在讨论教学是一种实践的过程中，在其中一个脚注提到了麦金泰尔（Morrow,2009：69），且只是泛泛地谈到他在支撑着规范性实践的观点。讽刺地是，如拉格朗奇（Le Grange）所展示的，麦金泰尔直观地否认了教学是一种实践，基于它没有自己的独特的内部"商品"：数学教学的规范性结构来自数学，而不是来自教学（Le Grange,2010：83）。接下来，我将讨论一个不同的当代哲学流派，以约翰·麦克道尔（John McDowell）和罗伯特·布兰登（Robert Brandom）为代表，其主要观点是"理性是一种规范性实践"。

　　上述分析可能会让我们得出一个结论：莫罗认同的是温奇将专业视为一种"熟练"观点（Winch,2010：138-151）——而这和知识导向的观点背道而驰。这样一种观点会潜在地阻止对知识的讨论，如温奇有些幽默地指出的，"一幅新图景已经俘获了专业与职业教育者：那就是缄默专家（tacit expert）的图景。"（Winch,2010：136）概念是某种可以让你做（do）某事的东西："我们不应该把概念当作一个名词，而应把它们作为实践性思考的规则。"（Morrow,2009：3）他也认为"没有内容的"实践过程是"无意义的"，教科书是供应"体系化学习"的"不可或缺的资源"（Morrow,2009）。可能因为主要关注教师专业化，莫罗更多地聚焦在"知道如何的"知识，而不是"知道什么的"知识上——或者说，所谓的程序性而不是命题性知识。但是，这并不意味着他所分析的知识在概念性上就更弱。我接下来将分析这一点。

　　被高等教育学习社群相对忽视十多年后，认识论进路在 2000 年前后被重新拾起，并很快成为了流行语。从表面看，这一点都不奇怪。20 世纪 90 年代中期，高等教育"开放"已不再是可望不可及的梦想，先前的白人大学此时挤满了被证明缺乏完整中小学教育的学生——到今天依然可以被称为"先前背景弱势的"学生。如何为他们提供他们在中小学教育中就被剥夺的"进路"，就成了这些此前还在白人大学里推动学术发展的教师们面临的头等难题。博伊重新定义了此术语

（Boughey，2003，2005）；柯塔（Kotta，2008）的硕士论文标题里有"认识论进路"，但在参考文献里没有列出莫罗，不过列了巴克（Bak）。到 2011 年鲍泽勒克（Bozalek）、加勒韦（Garraway）和麦肯纳（McKenna）编辑出版《南非基础/拓展课程项目中的认识论进路：案例研究》（*Case Studies of Epistemological Access in Foundation Extend Curriculum Programme Studies in South Africa*）时，此术语已经很明确地被学术界确定接受了（也参见 Lotz-Sisitka，2009；Shalem，2010；Arbee，2012）。2014 年 2 月 5 日，伦敦总部的高等教育研究会（Society for Research in Higher Education）举办了一场有关"认识论进路、强有力知识与高等教育政策的角色"的研讨会。在这里，大量学者都认可[但不是全部，如谢勒姆（Shalem，2010）就是一个例外]"认识论进路"概念是不言而喻的、无须辩驳的。

是什么突然间吸引了学术社群的注意呢？它难道不是"成功的教学实践"也就是"好的教学"的一个好听的同义词吗？除此之外它到底多了什么？我能想到两个可能的原因。第一是"正式进路"和"认识论进路"之间的区别所暗含的力量。这种区别和麦克·扬的"有权者的知识"与"强有力知识"之间的区别[1]有同样的功能：两者都划出了一条清晰的反对反智主义的界线，且都以一种清晰的但可论辩的方式。第二是，同样和"强有力知识"的概念类似，认识论进路也很容易联系到"获得什么的权利"（rights to access），只不过这里获得的"商品"是"社会"或公共商品。因此，它是一个社会公平的讨论中会用到的概念。

然而，我相信，高等教育社群对此术语的接纳有着更深层次的根源。为了将它挖掘出来，我将简单地绕道分析一下"认识论进路"的哲学概念。

三、我们如何知道？

认识论进路指向一个传统认识论的核心问题，也就是：我们如何知道？[2] 我

---

[1] 巧合的是，和扬一样，莫罗也批判知识等于权力的看法（如 Morrow，2007：30）。

[2] 我此处将处理一些科学知识认识论领域的较窄的少量但非常尖锐的核心问题。处理其他当前争议性强的话题超出了我的职责范围，比如"认识论多样性"（如 Siegel，2006）或者"认识论不公平"（如 Fricker，2007）的问题等，尽管它们当然也值得讨论。

们如何确证对某事的信念？基于什么基础我们知道是 X 而不是 Y？什么时候是知识而不是看法？笛卡尔之后的几个世纪中，理性主义者（或理智主义者）的答案一直是——通过在头脑中进行理性的推演。但早在理性主义之前，已经存在一种可以回溯到亚里士多德的经验主义传统：它很有影响力，尤其是在弗朗西斯·培根强有力的鼓吹以及 17 世纪科学革命的带动之下——在科学革命中，现代意义上的"经验主义"（empiricism）崛起并支持着新科学的发展、对抗着笛卡尔的理性主义。在当代科学知识的认识论中，尤其是实验主义科学社群中，观察法依然有着强有力的第一吸引力：我们知道，是因为它对我们来说是直接可确证的——通过我们的（被技术放大的）各类感官。

观察法有一系列优点：

- 它是独立于我们而开展的，因此是稳健的；
- 它允许调整和改善；
- 它允许全程回溯追踪；
- 它允许我们把感知到的和知道的东西联系起来。

经验主义作为一种知识理论引起了大量的反对之声。它的支持者宣称它是通往真理和知识的最佳通路。但它显然存在大量的问题。比如，那些不可观测的对象如数学要如何自处呢？如果不能"看见"它们，那我们可以"知道"它们吗？更不可忽视的是，现代科学的进步正是因为它有效安置了那些"不可观测物"（如夸克、希格斯玻色子），而这种安置本身——"理论"而非观察，也同样需要接受拷问：理论能和观察具备同样的优点吗？也就是，理论能够提供通往认识论进路的稳妥路径吗？（Psillos，2004，2011）

当代认识论一方面和理性主义的霸权斗争，另一方面又在对抗着经验主义。在自然科学哲学中，一系列实在论加入了战斗，带来了一系列"非……"与"反……"的实在论流派。当务之急是处理两个问题：被描述的世界是否独立于我们对它的描述或者理论，以满足观察的首要也是最重要的美德？不可观测的事物——或者甚至是可观测的事物——是否独立存在且真实？

20 世纪 60 年代的一个有影响力的反实在论——来自维特根斯坦，因托马斯·库恩而闻名于世(Kuhn,1962)，在当前已不再统治自然科学哲学，但依然不成比例地统治着社会科学。直白地说，根据此观点，世界不是独立于心智或理论的；也就是，一个人相信什么、知道什么，都依赖于他/她使用的语言游戏。语法提供着将这种语言游戏结构化的核心概念。科学就是一种语言游戏，有着不同的子游戏(或"范式")。科学实践是内在于这些游戏的，也就是说，它们并没有为拥有者提供一个独立的认识世界的支点。在这种观点看来，因为科学并不是关于这个世界的，它追求的并不是"真理"或"知识"，而是谜题解决(游戏的概念性构造所结构化的谜题)。另一方面，科学实在论则视**世界为已被结构化的**(world as already structured)；它与我们已有的理论短兵相接，并或多或少地牵引着它们前行。

　　科学实在论认为，认识论进路就是通往实在或有关实在的知识的通路；而维特根斯坦主义的反实在论认为，认识论进路是通往实践或其语法的通路。所以可以理解，莫罗可能被认为是一位反实在论者。在一篇《圣经与实践》(Scripture and Practise)的文章中(Morrow,2001,2009)，他对实践的看法最接近维特根斯坦主义的或管制性的；他在此文中反对结果导向的教育，并提出了替代方案——引入实践网络。然而，必须说，从认识论进路占据的有利地形来看，莫罗是一位奇怪的反实在论者。他在此所说的"认识论进路"中的"认识论"似乎指的是"正在玩的游戏中的概念之间的逻辑"，一种没有任何实在或其结构等外部认识论基础的内部自洽的逻辑。然而，莫罗主要是为了指出教师专业性的逻辑，而对于这些概念或其内部关系可能是怎样的，他很少给出具体内容。相反，他似乎将一个四面楚歌的实在送给了学术探究实践，而这可能受到不同类型的"铲车"的攻击。同时，他又异常严肃地对待这些攻击。对他来说，这不是一个简单的"谜题"，也绝对不是一场通俗意义上的"游戏"。如果他在某种状态下真是一位非实在论者的话，那么他绝对是一位非怀疑主义的非实在论者。

　　这种观点被高等教育的学者接受是不是有点令人迷惑？如果他们对学术熟练度或专业性也抱持库恩的语言游戏的看法的话，就不难理解了。我就不阐释此看法在高等教育研究中的普遍性了，但它确实非常普遍。再次给出一个例子：赫伯特、柯娜娜、沃克文和马歇尔(Herbert,Conana,Volkwyn 和 Marshall,2011)引用苏族·麦肯纳(Sioux McKenna)的话说:"唯一最重要的影响大学生学业成功的因素就是学生从中小学带过来的**获知方式**(ways of knowing)与大学课程要求他们具备的获知方式之间的差距。"(Herbert 等,2011:8)不难想象,这样的学术研究处理的是"获知方式"的实践而不是知识。为何说"而不是"呢?因为它认为失败存在于实践中,而实践的知识基础本身被假定为无需探问的。我们可能要问,到底是关于什么的实践?实践取向太容易使知识"黑箱"化了,而实践其实是知识的一种表达。

这在我看来完全是可理解的。毕竟,高等教育研究之所以重要,其理性根基就是教学问题而非认识论问题:难题在于教与学的实践而不是知识逻辑或其课程再情境化。毫不奇怪,大学中的大部分工作都倾向于遵循"实践"图景,聚焦获知的模式与教学的模式,而不是更麦金泰尔式的聚焦学科要学或教的规范性"商品"。下一节我将简要描绘南非"基于知识的"取向的发展历程及其在高等教育学界中采纳的一种形式,接着回到它必须面对的某些新问题。

四、"俘获我们的图景":第二部分

"基于知识的"视角进入南非教育社会学界始于 1994 年英国教育社会学家巴兹尔·伯恩斯坦访问开普敦大学并就其新作开展的一系列高级工作坊。它们后来被编辑出版(《教学、符号控制与身份认同:理论、研究、批判》*Pedagogy, Symbolic Control and Indentity: Theory, Research, Critique*;Bernstein,2000)。这些工作坊的内容被视为伯恩斯坦的"知识"的社会学理论的早期版本,后来对教育界有着深远的影响。

第一次共振应该是在这些工作坊启发下产出的博士论文:《中小学艺术的结构》(Bolton,2006)、《劳动力法》(Breier,2003,2004)、《橱柜制作》(Gamble,2004)、《早期识数》(Reeves 和 Muller,2005)等,以及一篇研究建筑知识的硕士论文(Carter,2011)。随后还有一些博士论文,包括波特莱姆(Bertram,2008)对中小学历史、约翰逊(Johnson，2010)对中小学生物，以及阿比(Arbee，2012)对市场营销的研究。调整后的伯恩斯坦理论为第一期《课程评论 2005》(Review Committee，2000)奠定了基调，它发布了一系列课程分析，指出了知识与课程结构对学习的重要影响：波特莱姆对历史(Bertram，2009，2012)、登普斯特等人(Dempster，Hugo 和 Johnson，2006；Dempster 和 Hugo，2011)对生命科学的分析。还有一些对大学历史(Shay，2011)与社会学(Luckett，2009)的研究。这些只是一部分。[1]

这些研究各有不同，但都有一个核心的共同预设：日常知识与专门化的或学科化的知识的区别——用伯恩斯坦的术语来说，水平话语与垂直话语的区别。库恩的理论看到了范式之间在文化甚至意识形态上的差异，而基于知识的取向则看到了在专门化和非专门化话语形态之间的基础性的社会认识论的不连续性。于是，分析的焦点就变成了需要讨论的特定的专门化形态。

早期有几篇重要文献曾用伯恩斯坦来检视高等教育课程(如，Ensor，2006)，但第一个将不同类型课程的知识结构置于高等教育实证分析的中心的主要研究是舍伊等人的研究(Shay，Oosthuizen，Paxton 和 Van der Merwe，2011)。舍伊与她的合作者们分析并比较了纳尔逊·曼德拉城市大学(Nelson Mandela Metropolitan University)高等教育课程中的知识成分，覆盖了学术、专业部门。它拓展了先前穆勒(Muller，2006，2009)与甘布尔(Gamble，2009)的研究，展示了不同课程在情境性知识与概念性知识的结合上有何不同，实证地展示了其他学者如汉拉汉(Hanrahan，2010)提到的观点：这两种成分并不是构成了一个连续谱，而是两个。舍伊(Shay，2013)此后也利用梅顿(Maton)的理论重新描述了这一观点。

这里提出了一些重要问题。第一个与概念性知识有关。在伯恩斯坦之后，概念性知识的标志性结构被认为是物理式的，也就是，从宽泛的特例到更普遍的

1　这些受伯恩斯坦启发对知识和课程的关注在某种程度上也是不多见的。直到伯恩斯坦去世，他的经验研究主要是看教学与控制话语的分类与架构的价值——也就是，对基础教育研究很有影响(参见 Hoadley，2007)，但从未真正在高等教育研究中流行起来(参见 Case，2011)的一种取向。

一套解释性命题的等级性进步,形成我所说的"概念群"(conceptual pile)。很难避免下述推测:所有其他学科结构在某种程度上都是这种自然科学理想型的野心更小的版本;而这导致了社会科学与人文学科对知识的"荒凉山庄"式的看法(见第九章)。这是伯恩斯坦的"图景"的困境之一,与笛卡尔主义和逻辑实证主义有一定的密切关系(Nagel,1961)。不管多么无意,这样一种观点都为非自然科学知识的增长画出了一幅不那么乐观的图景。毕竟,当穿过长廊,发现的是一个肃穆的、规整的、从最特例到最普遍有逻辑地排列的命题性知识的帝国时,谁还愿意无奈接受一种争吵不断的语言的横向堆积呢——如人文学科被描述的那样(Maton,2010)。

甘布尔(Gamble,2004b)有关手工艺的知识结构的文章提出了尖锐的实践性知识中的命题性内容或原则的问题,也就是实践性知识如何能被模式化的问题。实践性知识只是有很多原则的水平话语吗?只有命题性内容能赋予它"垂直性"吗?很多人确实是这么看的。而在同时高度需求概念性知识与实践性知识的"基于知识的"专业中,这种看法考虑地不够长远。

那么,将知识结构作为一种层次或高或低的命题群的"图景"只需要再进行一些完善。当然,将概念群模式化并检视如何通过教学来呈现它是一个基础性的起点。大量基于学校的研究展示了,当采纳某种实践导向的视角时——结果导向的教育、只有技能的课程等——课程会成为巨大的灾难;在这些视角中,第一步的工作被忽略了,或者概念阶梯被压制了(如,Muller,2006)。不过,高等教育课程与学习中的一些新趋势又带来了如下问题:这就是全部吗?莫罗不会同意。为分析其原因,我下面将简要呈现当前的一些直接回答此问题的,和伯恩斯坦不同的研究。

五、知道什么与知道如何

英国哲学家吉尔伯特·赖尔(Gilbert Ryle)对笛卡尔的理性主义提出了异议,指出了如下困境:

　　某个学生没有跟上一个论点。他理解了前提，理解了结论，但他没有看到结论是从前提得出的。教师认为他笨，但试图帮他，所以告诉他，这里有一个暗藏的命题他没有考虑到，也就是，**如果此命题为真，则结论为真**。学生理解了这个，并忠实地背诵了出来……但他仍然没有看到。此后依旧如此。他接受了理论规则，但这并不保证他能应用到实践中。他考虑了原因，但他不能推理。

——赖尔（Ryle，1945：9）

　　赖尔此处指出的是，知道命题性知识虽然很重要，但还不够。命题本身是惰性的。学习者要想避免恶性的无止境的倒退，也需要有**知道如何**的知识，以真正掌握这些命题。用维特根斯坦主义的话来说，学习者必须知道如何运用这些命题。由此，赖尔提出了他的著名的"知道什么"和"知道如何"的区分，并在此过程中将知识与实践之间的区别复杂化了。

　　然而，"知道如何"做某事是什么意思呢？到底什么是"知道如何"的知识？应该怎样描述它？温奇（Winch，2010）在他的一本重要著作中，帮助我们梳理了两类"知道如何"的知识，它们都超越了他认为"系统组织的知识"不可或缺的命题性知识，它们是学科或科目的基石。它们是：

- 命题间的**推断性关系**的知识。只知道命题本身是不够的。新手要想变成内行，必须也要知道命题的外延和力量，以及如何在命题周围、命题之间自由穿行。这涉及到知道哪些规范性规则是不可协商的、哪些允许一定程度的自由裁量（或废止）。这是对待**既有知识**的能力；
- 有关评估、测试、获得新知识的**程序**的知识。对任一领域的知识来说，这指的是知道如何确保它有效、其作用范围及边界在哪里、如何把它推到生产新知识的评判席上等。这是和**新知识**[1]相关的能力（Winch，2012）。

1　发现学习与其他形式的"做中学"想要通过这类程序性知识，提供通往学科的认识论进路。在概念丰富的和命题丰富的领域，这等同于在理解既存知识的规范性结构之前，就学习如何认识或创造新知识。"做中学"可能看起来在学习职业知识形式时可行，但在概念丰富的领域，它被本末倒置了；而在职业领域，它不幸地经常被作为一种不提供概念性知识的借口（参见 Winch，2010；Wheelahan，2007）。

在当代一个有影响力的哲学流派中,这被称为游走在"理性的空间"——知道如何玩"给予和索要理性"的游戏(如,McDowell,2007;Brandom,2000)。由此,概念性知识就是能够作为理性被提供的且它本身又迫切需要理性的东西。理解或掌握这种命题性内容就是"知道如何"的一种类型,或是对给予和索要理性的游戏的实践性掌握:能够辨别什么是理性、好的与坏的理性的区别在哪里(Keeler,2004:250)。能够玩这种游戏就是能够为自己及其他玩家所献身和赋权的东西争取得分。评价某一宣称意味着理解了它将如何改变得分。"在不同玩家间得分"的幻想,很有用地带出了"知道什么"和"知道如何"的知识的社会本质与基于它们做出的判断。

哲学中有一种立场——理智主义者或笛卡尔阵营(如Stanley,2011;Stanley和Williamson,2001)——认为所有的"知道如何"都是(或可以被转化为)命题性知识——"知道什么"的知识。而在另一端,联结主义阵营(如Dreyfus,2006;Schön,1983;Polanyi,1966)似乎认为所有实践专家拥有的知识都是具身的、内隐的,通过"熟练的"方式不断被练习,不用经过认知的;因此所有知识都是"知道如何"(Winch,2010;Kotzee,2012)。这两种立场——理智主义与联结主义——都有拥护者,但最终都不能帮助我们解决眼下的问题。如温奇所论(Winch,2010),赖尔主义展示了一种中间立场。总结一下就是:有两类知识,"知道什么"的和"知道如何"的。将其中一个化约为另一个是毫无帮助的;两者之间的内部关联性比前人看到的要深入得多,且都必须在课程中予以考虑。

这帮助我们修正伯恩斯坦的"概念群"的"图景"吗?让我扼要重述一下水平话语与垂直话语分离的基础规则。伯恩斯坦认为,"垂直话语采纳的是**连贯的、直观的、系统原则化的**(coherent, explicit and systematically principled)结构形态。"(Bernstein,2000:157)然而,这种结构是关于什么的结构?什么组成了"此话语"?我上面说过,很容易从伯恩斯坦对等级性知识结构的分析中得出知识只能被定义为理论的、命题性的"知道什么"的知识这一结论:"这种知识形态(等级性知识结构)试图创造非常普遍性的命题与理论。"(Bernstein,2000:161)尽管伯恩斯坦并没有说这是它唯一的功能,但将知识结构与理论混同、把实践性知识交付给水平话语的大门确实被打开了。而这两种方向都是错误的。

温奇劝服我们，两类知识（"知道什么"与"知道如何"的知识）都应该在课程也就是他所说的"科目"中有所描述。科目是"系统化组织的知识"。我们可以做出如下结论：科目是系统化组织的对"知道什么"和"知道如何"的知识的集合。这听起来很天真，但有一系列影响深远的含义：

- 当伯恩斯坦说"一种系统原则化的结构"（a systematically principled structure）时，他是在说垂直话语的两种迭代而非一个：一是**理论群**（theoretical pile）或学科的概念核心；二是**科目**，也就是理论群的再情境化加上"知道如何"的知识的再情境化。当前有一种将理论群作为科目、科目作为理论群的趋势。这种混淆，导致大量要素无法被规定，并为"技能""结果"和其他形式的缺乏知识的实践的回归留了个门。

- 因而，科目由两大认识论领域构成："知道什么"或命题性知识领域；与"知道如何"或程序性知识领域（其下有很多子类型——技术、横向技能等；Winch，2012）。每一个领域都迫切需要课程描述。每一个领域的等级性都可以更强些或更弱些。将程序性知识看作等级性的，可能看起来有点异类，但这可能是因为我们习惯了将程序性知识等同于具体的情境性或实践性知识。然而，伯恩斯坦也明确指出，程序性知识在作为垂直话语的一部分的意义上，也可以是等级性的："垂直话语的程序不是通过情境水平地相连的（像水平话语中那样），而是和其他程序等级性地相联的。"（Winch，2012：160）因而，等级性的程序性知识不是情境性知识。更进一步，这些领域的等级并不需要串联着变化。比如历史中有很多经验性内容，但很少有学科自己的解释性理论，但它却有一个高度精细的、严格的程序性知识的传统，管控着对经验性宣称的评估与权重（温奇说的"不错的"程序性知识）以及由大量特例和事实构成的叙事（温奇所说的推断性知识）。二者都是某种类型的"知道如何"。尽管在最适用于历史领域的理论解释上存在争议，但历史学科有对"知道如何"的传统及它提供的判断的恰当性的广泛共识。所以，我们可以合理地说，历史研究中"知道如何"的知识（推断性的及程序性的）比它的命题性的"知道什么"的知识基础的等级性更强。

- 随之而来的是，**所有知识都含有程序性知识**。不是说程序性知识属于某些领域——如实践性/职业性或专业性知识那样，也不是说它不属于某些领域——如学术性领域。没有它，就将没有论证风格，或者评估新知识的方式。同时，如甘布尔在对橱柜制作的研究中所展示的那样（Gamble，2004），所有适用于教学传递的知识都含有某些理论性知识。

- 不是所有的程序性知识都将成为垂直话语的一部分。程序性知识是否属于垂直话语或水平话语，取决于它是如何组织的。更通俗地说，这些通过外显的再情境化被整合进传统中的程序，通过嵌入垂直话语而被社会化。这些程序是实践者们在具体情境中学到的，是他们的财产；这些从经验中掌握的经验法则通常是内隐的，与具体情境有着功能性联结，因此，从定义上看，它们是水平话语的一部分。它们是专业人士或手工艺人的个体"常规剧目"（repertoire）的一部分——尚未被社会化进权威的"蓄水池"（reservoir）。

回到莫罗：现在我们应该更清楚他和巴克在他们的元理论课堂上通过他们认为的"创新形态"——远程自学——但通过一种外显的、浅显易懂的结构，追求将"认识论进路"还给学生，到底是在试图做什么了。然而，这是有关什么的结构？莫罗确实并没有教学生等级化的哲学命题。在更早的一本书（Morrow，1989）中，他称之为"批判性思维"。通过"认识论进路"，他澄清了他的意图：引导学生获得一种有逻辑论证保障的能力（Shalem 和 Slonimsky，2010：13）。这种能力，他认为，能够服务学生很好地走过其教育生涯。告诉学生各种推理类型属于具体的学科结构的一部分，如知识社会学认为的那样，可能对他毫无意义。他想带领学生进入的"认识论"话语是不看学科的（因而是"元理论"的"元"）。但温奇可能会把它视为**"哲学的程序性知识"**（philosophical procedural knowledge），更具体地来说就是，分析哲学的有关内部推断性关系的知识；而这种做法的智慧性可由如下事实支撑：哲学，和历史一样，相比物理学中的一系列等级性排列的命题，有着更强的/更等级化的——程序性的"知道如何"的知识。温奇可能也会赞同莫罗的基本直觉：为了使进路最大化，它需要被严格地结构化。但他可能会加上一点：为

了使推断性关系有可作用的事物，学生必须至少要学习某些命题性知识或常识性
内容。这一点莫罗应该也会同意。如果说没有程序性知识的命题性知识是惰性
的，那么没有了概念性内容的程序性知识就是盲目的。大部分尝试教过一般化技
能的人都会不得不认可这一不愿面对的事实。

六、结论

本章在回顾了莫罗的不可否认的贡献之外，重述了看待知识、知识变化的形
式及其教育意涵的不同案例。我们给出的建议是：讨论知识的一条主要捷径就是
讨论实践——作为教育事业的主要的或唯一的"商品"的实践。它倾向于聚焦做
了什么，很容易忽略如下事实：做了什么的可理解度——是否通俗易懂地、准确地
或熟练地做事——依赖于已掌握的知识而不是实践：实践只有配合着掌握的知识
才会完美。

应该清楚的是，聚焦做了什么也很重要。但做了什么，至少课程设计关心的
做了什么，只是一种知识形式，或者是推断性的——指某种权威的论证或推理类
型，或者是程序性的——指权衡估量新知识的方式。这是教育事业的核心，但悲
剧的是，我们对它是如何作用、流通、再生产的，知道得很少。而高等教育研究通
过一种好意的对实践的关注，不时地对知识视而不见。这是可理解的。但这不是
唯一的寻找"认识论进路"的解决方案。

最后，我回顾了对"认识论进路提供的是通往什么的道路？"的三个传统答案：

- 关于理论性命题与理论体系的知识。这是理性主义的答案，导致了知识只
  是理论的图景；
- 关于事物本身的知识。这是经验主义的答案，在某些当代神经科学家的宣
  称中可以听到一些共鸣：通过大脑的直接学习，我们可以揭开意识的神秘
  面纱。这导致了一种对知识的自然主义图景——知识只是经验事实。
- 实践，其相关规则、规范与惯例动作。这是实践导向的试图同时回避理性主
  义和经验主义的答案；但它有风险：可能消解知识为实践，并无视它的至关

　　重要的专门性。

　　赖尔和温奇试图同时看到理性主义[1]（作为理论的知识，或"知道什么"）与实践理论家（作为实践的知识，或"知道如何"）的可取之处；我在他们之后，描绘了第四种答案。

　　教育学术陷入一种两极化的对立已经太久了。每一个立场都压制着另一立场的重要方面，导致了教育研究中毫无成效的左右摇摆。这里提出的立场试图通过结合两种立场的优点、回避其缺点来推动论辩前进。第一种立场导致大众教育中理论被作为事实学习，学生根本没有理解。随之而来的就是对填鸭式、死记硬背的学习的反对。第二种立场通过无视理论、强调学习的实践成就来解决第一种立场的学习问题。它为多种形式的教育反智主义、不教理论只教程序的尝试打开了大门，使得那些已经弱势的群体变得更加弱势。它也使职业教育面临瘫痪（Winch，2009）。本章试图指出一条走出僵局的路，一条莫罗在"认识论进路"这一概念中已经刻画出的路——不管它多么抽象、原理化。

　　最后，从此视角出发，可以为"教育弱势"问题提供什么启发？对于"我们应该如何设计课程结构，使弱势学生更能获得进路"的问题，莫罗为我们留下的线索极少。他强调了课程包中被忽略的部分，也就是我上面说的学科中"知道什么"的部分；此洞见被温奇和其他学者进一步发展了。这放大了成果累累的将课程"商品"概念化的伯恩斯坦传统，并通过拓展我们对要学习的知识的不同成分的理解，警告我们：有些地方可能不只是"弱势"学生会迷路。

1　在这里，理性主义和经验主义对课程思考有粗略的相似的影响：它们都支撑着基于事实的传统。

第十五章　迈向专业知识的社会学

一、简介：专业及其知识

　　二十多年前，安德鲁·阿伯特（Andrew Abbott，1993）在对社会学研究的综述中做出了如下评论：专业（professions）相关的研究不正常地统治着宽泛的社会学领域，且在其中，"理论化占主导"（Abbott，1993：203）。尽管有这么多的关注，专业的社会学依然是一个令人沮丧的低专门化的领域，而专业与其他行业的划分标准——专业知识的配置、技术自治、规范导向、社会及物质报酬等（Gorman 和 Sandefur，2011）——并不能毫不含糊地区分专业与其他专门性行业。它们也不比格雷泽（Glazer）在分析那些被描述为"少数"（Glazer，1974）、"软的"（Becher 和 Trowler，1989）或"半专业"（Etzioni，1969）的行业时所指出的"它们毫无希望的困境"好到哪里。对于这究竟是否重要，有不同的意见。按照埃维茨（Evetts，2006，2013）所说，美国研究者群体已经"向前看了"（Evetts，2006：134），不再寻找区分标准了，因为它并不能帮助我们理解某些专业群体的力量，也不能帮助我们理解"当代所有行业对专业主义话语的呼吁"（Evetts，2006：134）。

　　对于欧洲的研究者如休利（Sciulli，2005）来说，它显然很重要：我们还能怎么区分专家型行业如高级定制时装或烹饪，与专业如医学或法律呢？休利认为，看到下面这一点是非常重要的：

> 专家型行业（与专业相比）……并不承担信托责任，它们也不制度化基于理论的教学或持续的沉思。它们通常并不建立和维护同行社群组织——反映为在行为上一以贯之地遵守入门的程序性规范。
>
> ——休利（Sciulli，2005：937）

　　休利这里强调的是专业的"结构化的"或制度化的特征。然而这里有太多的变体，且仍然在不断变化，很难做到整洁清晰的概念区分，休利的结论是（与哲学家罗伯特·布兰登的术语呼应），专业是"提供理性的同行社群组织"（reason-giving collegial formations；Sciulli，2005：958）；这一点也已经被阿伯特阐述过了（Abbott，1988）。

在戈尔曼与圣德福（Gorman 和 Sandefur，2011）所称的专业社会学的"黄金时代"，帕森斯（Parsons）和默顿（追随涂尔干）异常强调专业的社会整合功能，建立起了内在规范性承诺与责任的核心地位。尽管这是看低了涂尔干的贡献，但它确实凸显了专业的内在规范性承诺与其广泛的宏观社会功能之间的关系。为回应这种功能主义描述的潜在的保守主义，一种源自马克思主义、韦伯主义及后来的福柯主义的修正主义的时代紧随其后，质疑专业的优点，反转了帕森斯主义的乐观主义，指出了专业及其意识形态功能的垄断性与守门人行为。在这段批判的时期，研究焦点从"专业作为某行业"转向了"专业主义作为一种意识形态"，同时也质疑专家与专业知识的有效性与价值；这种立场（至少在自然科学研究中还没有完全出现）使我们很难建立"专家知识"的实在性与有效性（Collins 和 Evans，2009）。然而，也正是在这段时期，阿伯特建立了专业形态的正式的抽象原则，如上所述。

随后的一段时期，帕森斯主义的价值又被重新引入，又回到了对黄金时代的规范性的强调（如 Friedson，2001），但是以一种"更平衡、更谨慎"的方式（Gorman 和 Sandefur，2011：138）。这一时期有大量的案例研究，但似乎更多地是在研究那些有问题的行业性职业，而不是在说专业是什么以及专业如何发挥作用。埃维茨（Evetts，2013）看到了专业的行业结构中出现的一个变化：公司或组织（不管公立或私立的）越来越成为所有类型的专业——历史悠久的专业如医生、律师、工程师、会计师等，以及那些"新专业"如社会工作者、教师——的工作场所。在埃维茨看来，这似乎导致了自主权与自由裁量权的萎缩，因而推动了对"去专业化"甚至"无产阶级化"的研究。这一点并不是欧洲学者的主要关注点，除了英国。

我们从当前的专业社会学研究中可以提取出两点值得一提的特征。第一，在当前"知识经济""知识工作"与"专家行业"等盛行的风气下，同时有一种对专业判断的风险增加的担心——编码与标准化给传统的"博雅"专业的自主性与自由裁量权带来的威胁；以及对所有专业与专业判断的公正性与可信度的残存的怀疑。很难说这是反映了越来越博闻的、多疑的公众对专业的可信任度和价值的看法，还是在这个有明显的反智的余波的世纪，长久遗留于公众态度中潜在的对知识的怀疑论。第二，结果是，专业知识的本质已经不再引起学术界注意了，当它被谈论时，是在说专业性的专家判断，以及专业人员能用知识做什么。知识是专业人员要成为专家必须获得的那些东西——它到底是什么，已经基本上没有学者关心了。

这给我们留下的悖论是：在当今"知识"作为一个附加在大量范畴与行动上的限定词的时代，专家型行业不断增殖、"专业化"的合法性话语全面覆盖了行业光谱上的所有行业，而**知识本身**（knowledge itself）却几乎没有被提及过。这一悖论换一种说法也适用："知识"一词也越来越多地被社会学研究作为一个合法性限定词使用——而知识本身却基本上被无声地忽略了（第四章）。

本章追求的是将专业知识的社会学研究放在对专业及其形态的研究的学术中心。作为教育社会学者，我们也经常反对讨论高等教育及课程的目标时的学术性缺漏（见第十三章）。我们注意到，对知识等式的"能做"一端的过度强调——在设计国家资格证书框架时牺牲知识、强调技能和胜任力（Young 和 Allais，2013），以及对中小学国家课程中的结果的过度强调（第四章；Muller，2007），会扭曲由此而来的教育产品，损害教育供给。本章异常关注的是，在问题解决与其他知识实践中使用的不同类型的知识体的独特的社会认识论属性。

这并不是要严格地分裂开知识与行动；在专业知识的案例中，这将会带来一定的反面效果。确实，如本书展示的，在它们之间有一个光谱，很容易模糊界线。我们期望打磨的区分是分析性的。当前有一类有意思的相关研究，关注"知识参与与学习"（Jensen，Lahn 和 Nerland，2012：5），描画了理解专业工作的知识本质的新视角。但它虽然以我们的视角与核心关切为起点，却在"能做"和基于知识的专业的"实践"这一方向上走得太远，很少关注这些实践中涉及到的"专门化知识"。这个视角与本章有明显关系，也体现在大卫·凯尔（David Guile）的贡献中——他是第一个试图在两种兴趣之间架起桥梁的学者。还有其他的一些文章也反映了这种架设桥梁的尝试,如阿芙达尔(Afdal,2012)、诺兰与卡瑟斯(Nerland 和 Karseth,2015)的文章。我们对此很在意,也很赞赏,但下面不再继续直接讨论它们了;未来一定还有机会。

强调"知识"与强调"专长"之间的差异并不容易解决,在专业中,这一点更是至关重要。因为专业人士同时拥有,并需要同时拥有专门化知识以及实践专长,也就是"知道什么"的知识与"知道如何"的知识。另一方面,尽管所有专业都涉及某些"实践专长",但你可以在所有行为上表现为一位"专家",但不具有专业相关的专业知识与特长——比如精彩的扑克牌玩家或某些智力竞答节目的赢家。这种区别有时和"抽象""纯的""理论性"知识与"应用性"知识之间的区别,以及理论与实践之间的区别类似,但如我们将展示的那样,很多相似的说法只是混淆而不是澄清了事物。

英国哲学家吉尔伯特·赖尔(Gilbert Ryle,1945)为此论辩写下了特别形象的一笔。赖尔针锋相对地反对笛卡尔的理性主义的观点——所有知识的本质都藏在其命题性内容中;在他的带动下,很多教育家开始指责"仅有内容"的课程,反对"事实、事实、事实"[如葛擂梗(Gradgrind)在狄更斯小说《艰难时世》(*Hard Times*)中令人难忘地指出的]的危害性(Taylor 和 Vinjevold,1999)。赖尔的观点是:命题本身是惰性的。学习者必须同时知道如何用命题做某事。以这种方式,赖尔发表了他的著名的"知道什么"和"知道如何"的区分,并在此过程中将知识与实践之间的区别复杂化了。

但"知道如何"用命题做某事是什么意思呢?这种知识到底是什么?应该怎样描述它?克里斯托弗·温奇(Christopher Winch,2010)在他近期的一本重要著作中,有益地描述了两类"知道如何"的知识,它们都超越了他认为"系统组织的知识"不可或缺的命题性知识,是学科或科目的基石。它们是:

- 命题间的**推断性关系**的知识。只知道命题本身是不够的。新手要想变成内行,必须也要知道命题的外延和力量,以及如何在命题周围、命题之间自由穿行。这涉及到知道哪些规范性规则是不可协商的,哪些允许一定程度的自由裁量(或废止)。这是对待**既有知识**的能力;

- 有关评估、测试、获得新知识的**程序**的知识。对任一领域的知识来说，这指的是知道如何确保它有效、其作用范围及边界在哪里、如何把它推到生产新知识的评判席上等。这是和**新知识**相关的能力。

在当代一个有影响力的哲学流派中，这被称为游走在"理性的空间"——知道如何玩"给予和索要理性"的游戏。由此，概念性知识就是能够作为理性被提供的且它本身又迫切需要理性的东西。理解或掌握这种命题性内容就是"知道如何"的一种类型，或对给予和索要理性的游戏的实践性掌握：能够辨别什么是理性、好的与坏的理性的区别在哪里。能够玩这种游戏就是能够为自己及其他玩家所献身和赋权的东西争取得分。评价某一宣称意味着理解了它将如何改变得分。"不同在玩家间记分"的幻想，很有用地带出了"知道什么"和"知道如何"的知识的社会本质与基于它们做出的判断。

哲学中有一种立场——理智主义者或笛卡尔阵营（如 Stanley，2011；Stanley 和 Williamson，2001）——认为所有的"知道如何"都是（或可以被转化为）命题性知识，或"知道什么"。而在光谱的另一端，倡导"熟练"的理论家如德雷福斯（Hurbert Dreyfus，2006）似乎认为所有实践专家拥有的知识都是具身的、内隐的，通过"熟练的"方式不断被练习，不用经过认知的；对他们而言，所有知识都是"知道如何"。这两种立场——理智主义与熟练理论——都有拥护者，但最终都不能帮助我们解决具体问题。如温奇所论（Winch，2010），赖尔主义展示了一种中间立场。总结一下就是：有两类知识，"知道什么"的和"知道如何"的。两者之间的内部关联性比前人看到的要深入得多，且都必须在专业课程中予以考虑。

温奇认为，这三类知识（"知道什么"与两类"知道如何"）都应该被描述进课程也就是他所说的"科目"中（Winch，2012）。科目是一种"系统化组织的知识"。我们可以做出如下结论：科目是系统化组织的对"知道什么"和"知道如何"的知识的集合。这对当前的分析很有帮助，但我们在考虑专业知识或专业人员与学校课程的区别时，还需要另一个区分。专业教育学生不仅需要获得"知道什么"的知识、科目的命题，还需要获得"知道如何"的、命题如何在科目中应用的知识；他们还需要命题"如何"能或不能解决实践领域的具体问题的知识。这一点我们后面再讨论。

首先让我们回到通常被提到的"纯的"与"应用性"知识之间的区分,以建立考虑专业知识的本质的起点。这里不是对"理论"与"实践"的一种不同的区分感兴趣。我们感兴趣的是先前那种形成了专业课程中被教的内容的那类知识,与形成了所有专业决策与判断的认知基石的知识之间的区别。在技术哲学中,经常说"纯的"/"应用的"区分太简单(Meijers,2009),很容易想当然。那么应该怎样来看待它呢? 我们从一些理论澄清开始:

1. 依据伯恩斯坦的分析(Bernstein,2000),有两类理论知识。它们在阐释发展的方式上有差异:或者是**"等级化的"**(hierachically),也就是通过不断拓展的概念大厦,不断发展出更大的普遍性和一般性,进行着真实的法则式的预测;或者是**"水平化的"**(horizontally),即通过新的理论语言来发展,这些理论语言形成了新的理论分支,和原有分支通常是平行的、对抗的。伯恩斯坦并没有进一步指出专家是如何在每一个新的理论分支内部(within)发展概念的,但我们假定他认为这是显而易见的——原则上和等级性知识结构的概念发展是同一种方式。(有一些侧面的对概念内涵的填充,但只是装饰性的而非阐释性的。)所以,我们可以暂时得出结论:在伯恩斯坦的框架中,所有在知识结构内部推动概念进步的尝试都是**等级化的**,不管知识结构本身是等级化的还是水平化的。因而,我们将不再区分概念内核的等级性是强还是弱;当我们说"概念内核"时,我们同时指的是这两类知识结构。

2. 通常有人宣称,不同专业之间的差异主要来自它们对自身知识基础的控制力不同。从我们的视角来看,根据上述分类,我们可以区分出两种专门化知识的主要类型,它们共同构成了专业知识的基础。有时会有人认为只有编码进学科的概念性知识才是专门化知识——因此,实践性或"知道如何"的知识是内隐的、可以被摒弃的。这是另一种误导的二元论。只要稍微做一回顾,就可以发现事实并非如此。早在基于科学的专业如工程、医学出现之前就存在的手工业行会是知识传统的高度戒备的守护者,它们绝对不是非专门化的。当伽利略试图阐释木星周围有卫星时,他是从理论演绎得出的预测,要想验证它,只有通过一定精度的光学望远镜来实现——而这是通过磨镜工人的专门化知识造出来的。今天,光学镜片打磨是由机器操作的,是光学工程的一部分,而它是从牛顿及其他 17 世纪科学家的科学成就中发展而来。如果理论性知识/概念大厦可以被视为**"为了概念性推广的专门化知识"**,那么镜片研磨与其他中世纪手工艺专门化形式及它们的当代形式就可以被视为**"为了某些目的的专门化知识"**——为了达到某一具体目标、或解决某一情境性问题。所以,一方面,存在着"为了概念性发展的专门化"知识;另一方面,也存在着"为了情境性目的的专门化"知识。在 17 与 18 世纪的科学数学化以前,这些知识类型之间的联系(如伽利略的案例那样)很少见(Collins,1998)。然而,这是专业的关键,特别是以科学为基础的那些专业。

有必要强调一下,这两类不同专门化类型的区分凸显了知识的一个特征,也就是,它们阐释发展的方式——其终极目的或"认识论命运"。为回答"为何阐释发展此知识"这一问题,理论知识暗暗回答:为了拓展普遍性,建成概念大厦;而为了目的的知识则回答:为了更优雅、更有效地解决技术问题。

这两类专门化形式在 17 世纪加入了共同的事业,共同为科学的腾飞(被称为科学革命)创造了条件(Gaukroger,2006;Cohen,2010;见第十一章)。二者都选择了对方的一部分来达到自己的目的——科学知识加入技术方案,来改善仪器工具;为了目的的知识吸收理论知识,以支撑对越来越复杂精细的技术方案的探索。二者都导致新的专门化知识的子分支以及新的智力劳动力分工形式的产生。这意味着当前的为了目的的"专业"知识已经嵌入了不同种类的概念内核;同时,大量当代理论知识也根植于技术方案,而为了解释它,也触及到了基础科学的进步。在想象专业知识的基础的独特成分时,当代专门化知识的这种不可逆的变化似乎给我们带来了很大的难题。

3. 有时有些文献会提到"系统化知识"。我们在这里使用它时,指的是专门化知识的不同成分，它们共同组成了某个通往专业资格的课程。温奇称之为"科目"，但不要和中小学的科目混淆了；它和"学科"不同，学科是母知识结构，通常是一个重要的蓄水池——从它里面，"科目"的知识内容被筛选、调整、排序、定步调。然而，这并不能区分开发中小学与大学课程中涉及到的不同的再情境化过程；更重要的是，也不能区分科目内部（比如物理学课程）的再情境化，和专业（比如涉及到工程科学的物理学）的再情境化。

尽管某一科目如物理或历史涉及到"知道什么"的知识以及温奇所说的两类"知道如何"的知识，但专业课程中的系统化知识可能需要的"知道什么"的知识并不少（要看是什么专业）；此外，还需要新形态的"知道什么"的知识，以及通过实践获得与积累的知识。这指向了比简单的"应用"或"应用性知识"更复杂的再情境化。

重要的是，课程"科目"最好同时包含前面提到的两类专门化知识。事实上，如温奇展示的，我们可以进一步区分构成一门课程的专门化的"知道如何的知识"的不同子类型。但是，"科目"组成一门"课程"也具有重要意义——作为一条通往需要融合不同专门化知识与专长的资格认证的路径——它可以根据概念主导或情境主导的连贯性原则来安排（Muller，2009）。主导的连贯性原则的不同区分着不同的资格认证：学位、文凭、证书，等等。它们被设计出来，是出于不同的目的，为了使不同的知识基础以及由此而来的新手的专长被专门化，同时它们也创造并局限着未来学习与就业的机会。据此，任何课程都反映着一定的倾向，或偏向概念连贯性，或偏向情境连贯性（Muller，2009）。

大致描述了专业知识领域的一些学术争议之后，我们接下来可以审视一下知识社会学在支持"知识"与支持"专长"或"实践导向"的视角之间的论辩。为了更示意化地呈现这种论辩，有必要比较一下巴兹尔·伯恩斯坦与唐纳德·舍恩（Donald Schön）的观点。

二、舍恩与伯恩斯坦：比较性回顾

为了比较这两位非常不同的思想家，有必要提一下他们的来历与非常不同的研究项目。很少有读者能同时深度了解这两位的作品。舍恩在成为麻省理工大学的教授之前，有 15 年的时间是一位组织学习方面的管理咨询师。但从 20 世纪 70 年代开始，随着他出版《教育反思性实践者》（*Educating the Reflective Practioner*）一书，他的主要工作开始对从建筑和城镇规划到医学、教学等一系列专业的专业发展产生深刻的、越来越全球性的影响（Schön，1990）。现在很难遇到某一个专业发展项目不在某种程度上提到舍恩的"反思性实践者"理念的。不管我们对他的理论有何保留意见，就本章的目的而言，无疑他抓住了任何一个专业的新手成员在面临他的第一位客户——不管是病人还是学生时体会到的窘境；他们不知道做什么，在大学里学到的似乎没有任何帮助。尽管并没有直接涉及到专门化专业知识的问题，他的理论仍是我们至关重要的起点。这是对他的洞见的致敬。

至于伯恩斯坦，我们必须承认其地位：他是自涂尔干之后两位最杰出的教育社会学家之一（另一位是布迪厄）。但是他的国际声望（自他 2001 年去世之后持续增长，而非降低）主要来自对学校知识、语言、教学的研究。因而，我们选择他的作品来建构一个专业知识的社会学可能看起来有点奇怪。但是，就像我们之前论述的，专业知识的独特特征是它是专门化的，而专门化知识的社会学是伯恩斯坦的核心工作，即使只是在他的最后一本书里（Bernstein，2000）——在这本书里，他将专门化知识与专业的起源与未来联系了起来。我们首先来检视一下舍恩的立场。

三、舍恩的"实践认识论"（epistemology of practice）

舍恩的起点是"专业工作是在现代社会的不确定和复杂的条件下做出判断"。他认为，每个领域都有一些专业成员能成功处理这些条件，尽管主流专业教育模式有着本质"缺陷"。舍恩总结了传统专业教育模式的几大要素：（1）支撑性的学科或基础科学成分，有了它们专业实践才得以发展；（2）应用的或"工程"的成分，有了它们，专业面临的日常程序或问题解决才有可能达成。他指出的这种"技术理性"模式对于工程或医学专业的毕业生来说会很熟悉(Schön,2001)。

　　舍恩提出了此模式的两个问题。第一,在工程学等这些假设条件似乎至少是适用的领域中,"这是正确的模式吗?"第二,那些教育、城市规划、社会工作等条件并不适用的"专业"使用此模式会发生什么呢? 在这些行业领域中,很少有稳定的情境或共识性的系统知识。舍恩的替代方案是认识到了如下这一点才提出的:即使在工程及其他基于科学的专业中,真实世界的问题也很少被完善解决;它们是复杂的、很难定义的,涉及到很多不同类型的混杂着技术问题的因素。在这些情况下,传统的"问题解决"方式并不适用,专业人士必须更像研究者,要参与到通常他们并不能解释或描述的探究活动中。在舍恩的方案下,暗含着他对"实践认识论"(Schön,2001)的看法。它联合了杜威和波兰尼的观点,据舍恩所说,真理是默会的、潜藏在日常的"反思行动"的实践中,对于所有人来说都是如此。这种立场与我们前面提到的一些人从赖尔的理论中得出的反智主义立场有些相近。但是,它也可以被视为一种怀旧的向中世纪手工艺行会的实践的回归——但是缺乏它们的专门性。讽刺的是,在舍恩这里,可以看到的通往专业的专门化知识的唯一道路就是通过他的模式所排除的专业教育与知识的方式。他宣称,尽管专业实践者,如物理学家、管理者、教师等,和我们所有人一样也在行动中反思,但他们的反思是和专业实践的特殊特征相关的。

　　对舍恩来说,专业人士建立的处理某类情况或案例的经验,构成了作为其专门化知识的基础的经验库。正是这些储存下来的经验与从中获得的教训,而不是任何编码的专门化知识,形成了专业人士的专长与判断的基础。在这样一种模式下,新知识的进步或发展是有限的,仅限于从一个人的错误中学习——尽管很有吸引力,但却是高度个人化且本质上保守的方式;且这种方式在19世纪早期基于科学的专业出现之前的手工业行会中就已体现出了局限性。我们可以回想很多维多利亚时代的小说中出现的医生,经验、某些令人半信半疑的技术就是他们所需掌握的全部了。舍恩最有可能认可的超出个人经验的专业知识的观念是,他提议"有抱负的实践者们将学会看到不熟悉的实践现象与他们可能在课堂中学过的经典问题的相似之处"。(Schön,2001:16)换句话说,在舍恩看来,具体案例通常比一般化知识的力量更强大。

在概念化专业知识这一目标上，舍恩带给我们的又是什么呢？他的作品的巨大受欢迎度要求我们严肃对待它；而且确实，他对"技术理性"模式的批评是令人信服的。但是，关于如何区分专业实践和判断与日常判断，舍恩并没有说太多。似乎，虽然专业课程是这种"技术理性"式的，但还是有一些人成为了反思性专业人士，尽管我们并不知道这到底是如何发生的。他的基于判断的实用主义被布兰登及其他人取代了，只给我们留下了一种没有内容或历史的经验主义。它很有吸引力是因为它传达的信息：一位好的专业人员的"皮囊"之下，是一位善于自我反思的好人——对医生、律师或教师来说，当然有其他更糟糕的生存价值观。然而，"在行动中反思"的理念作为一个道德准则提供给社会学家的远少于涂尔干对专业伦理的分析——在涂尔干的分析中，专业人员作为社会道德的具体体现的观点是其社会理论的一部分。舍恩的理论的部分吸引力在于它和大量专业发展领域中的虚假研究所抱持的反智主义有契合之处。如果在行动中反思是所有专业的普遍特点，那么从事专业人士发展的人员就不需要担心未来的专业人员必须掌握的专门化知识了，不管他们是工程师、精算师，还是教师。

舍恩的分析提醒我们，专业不只是知道某些事情，还是做事情。但是他们是以和我们其他人不同的方式在做事，因为其拥有专门化知识。正是由于拥有这些知识，今天的专业才比它们的"前辈们"能为我们提供更多的服务。舍恩的不情愿超越经验与记忆，不情愿涉及定义着专业工作的特征的专门化知识，局限了他留给我们的答案。因此，我们将回到第二位思想家，巴兹尔·伯恩斯坦。他在专业教育与专业知识领域的知名度比舍恩小得多——直到近些年才被认识。

四、伯恩斯坦的"领域"

在伯恩斯坦的最后一本书里，且几乎是以旁白的形式，他做出了如下含义模糊的评论："内部建构是外部建构的一个保障。在此我们能找到专业的起源。"（Berstein，2000：85）贝克与扬将它解析为简短的一句话："内部性与承诺塑造着外部世界的实践参与的条件。"(Beck 和 Young，2005：7)。他以一种典型的简略方式，压缩呈现了专业知识社会学的可能起点。在本章的简介中我们介绍了伯恩斯坦对理论知识类型的分类。它们是基于先前的理论与实践(或常识)知识的分化，或者用他的术语来说，垂直话语与水平话语的分化的；所有理论性知识都是垂直话语的不同形式。但是，他在后期著作中指出，这些二元范畴，尽管有启发价值，但并没有恰当地捕捉现代社会中越来越主导的知识形式。专业知识既是"理论的"(普遍的、不变的)，又是"实践的"(有目的的、情境性的)。当代的专业是和做事有关的，但做复杂的事不能只依赖于经验，像手工艺那样。因为专业实践总是在某一情境中，有着外在于它本身的某一目的，所以专业知识总是部门性的，不是普遍的，如传统学科那样；它和具体行业性部门如健康、交通、教育等相关。尽管他没有直接这么说，但可能是因为这个原因，伯恩斯坦引入了"领域"的概念；用他的术语来说，它指的是在一个社会内部塑造着某一专业的专门化知识的某一"实践领域"的活动。所以它是**领域性的**(regional)——应用于某些领域而不是其他；而不是**普遍性的**(general)——如物理学，应用于所有的物理现象，或社会学(至少对涂尔干来说)，应用于任何社会现象。但是，专门化的学科知识被分化为不同领域，如数学、化学、经济学等；它们在专业知识如化学工程、精算科学的形成上都发挥着重要功能。所以伯恩斯坦引入了另一术语，**单子**，因为它们各自处理着自然或社会现象的某个单一的(分离的、有边界的)类别。

　　单子强调"内部性"的知识关系。更通俗地说，内部性指的是"为了自己本身的知识"，为了追求真理，没有外部(领域的或情境的)利益的介入。最接近单子的"内部性"的就是学术学科。以我们之前介绍的术语来说，如温奇所论，单子涉及"知道什么"的知识以及两类"知道如何"的知识。

　　领域是当前与未来专业知识的来源。第一，它们整合了(或"再情境化"了)几个实践领域的相关学科，如建筑或医学。它们使得专业人员能够将真实世界的实践与流程以新的方式、为了新的目的再概念化。这意味着专业知识既包含作为从单子中筛选出来的内容的基础的"知道什么"的知识(如工程师不需要知道所有物理学内容)，也要包含将它们融为一体、发展基于实践的"知道如何的"知识所涉及到的"知道如何"的知识。第二,领域也启用那些过去被视为神圣的、权威的专门化专业知识体;它们代表着从先前"应用性"研究中积聚起来的稳定的蓄水池,可以不时地增强专业的知识基础,并为某一母体单子增加新知识。

这类专门化的领域性知识不是来自具体情境的知识,在一些稳定的专业领域如工程领域,可以拥有自己的原型学科形态——如,工程科学,有自己的科学文献、科学社群,以及对工程师认证的全球性裁决体系(Hanhrahan,2010)。所以,比如,工程学生学习的热力学至少有两种不同形态:一是科学的单子的(物理、化学),因为最近的科学家们已经掌握了有关热量及其与能量的关系的真理;二是工程科学的,在这里,热力学被再情境化为相关问题,比如核反应堆的热量(Smit,2012)。这种专业课程的双重作用要求学生学同样的科学概念,但完成从单子向领域模式的转变——这可能使学生头疼。

伯恩斯坦的创新是将一个老问题——理论与实践的关系以一种新的方式概念化了,这也使得我们能够阐释这种位于专业知识核心位置的关系。在此过程中,他拓展了常见的对"理论"和"实践"的二元区分,发展出了一个三维分类:

1. **单子**,代表着指向内部的知识关系(或结构)——定义着一门学科(如社会学或生理学)的规则、方法与边界;

2. **领域**,结合了学科(对知识的筛选、定步调、排序)及其在实践领域的特定目的(如,结合部分生理学和物理学,以及从情境中获得的稳定的知识,形成了生物医学——理疗师专业课程的一部分);

3. **实践场域**,是专业实践的专门化实践情境——也就是,作为专业人员,通过利用(通常是内隐地)他们掌握的专门化专业知识库存,练习基于知识的、理性的判断(Stanley,2011:184)。

因此,我们可以将一位有抱负的专业人员为了合格必须跟进的专业工作和专业课程,作为一个领域来分析。领域从来不是固定的,通常"面临两条路"——朝着它们的单子;朝着它们的实践场域。它们总表达着一种在学科需求(持续地寻找新的、更普遍的知识)与实践场域的需求(不断面临新的、通常是更复杂的实践问题)之间的张力。后者可能直接来自客户、病人或顾客;也可能来自部门研究项目中来,并成为部门研究项目的追求;也可能来自政府的需求——减弱某领域的自主性,更多地控制它的"实用性"。当然,不要忘了还有领域,或专业本身的"利益",它(至少在成熟专业中)也拥有着相当大的权力。

如果要发展专业知识的相关理论,伯恩斯坦的取向所指出的研究任务是相当可观的,不仅仅是因为它需要社会学家熟悉要研究的任一专业的专门化知识,以获得柯林斯和伊万斯(Collins 和 Evans,2009)所称的"交互式专长"(interactional expertise)这一胜任力。伯恩斯坦对单子、领域性与实践场域的区分,和他对理论知识类型的区分一起,都是建构专业知识理论大厦的基础。下一步的工作可能涉及到对两个光谱上的专业知识类型的分类;理论知识的不同类型;理论与实践的三种关系——单子、领域、专门化专业实践的"真实世界"。对我们来说最清楚的一点是,这一任务才刚刚开始。

参考文献

Abbott, A. (1983) 'Professional ethics', *American Journal of Sociology*, 88(5), 855 – 85.

Abbott, A. (1988) *The System of Professions: An Essay on the Division of Expert Labor*, Chicago: The University of Chicago Press.

Abbott, A. (1993) 'The sociology of work and occupations', *Annual Review of Sociology*, 19, 187 – 209.

Abbott, A. (2001) *Chaos of Disciplines*, Chicago and London: The University of Chicago Press.

Afdal, H. W. (2012) 'Knowledge in teacher education curricula', *Nordic Studies in Education*, 3 – 4, 245 – 61.

Allais, S. M. (2007) 'Why the South African NQF failed: lessons for countries wanting to introduce national qualifications frameworks', *European Journal of Education*, 42(4), 523 – 49.

Allais, S. M. (2009) 'Smokes and mirrors: what's really informing the growth of national qualifications frameworks internationally?', paper presented at UKFIET Conference, Oxford, 14 – 17 September 2009.

Allais, S. M. (2011) 'The impact and implementation of national qualifications frameworks: A comparison of 16 countries', *Journal of Education and Work*, 24(3 – 4), 233 – 58.

Allais, S. (2012) 'Claims vs. practicalities: Lessons about using learning outcomes', *Journal of Education and Work*, 25(3), 331 – 54.

Allais, S. (2014) *Selling out Education: NQFs and the Neglect of Knowledge*, Rotterdam: Sense Publishers.

Althusser, L. (1971) *Lenin and Philosophy and Other Essays*, New York: Monthly Review Press.

Apple, M. (1975) *Ideology and Curriculum*, London: Routledge and Kegan Paul.

Apple, M. (1993) *Official Knowledge: Democratic Education in a Conservative Age*, London: Routledge.

Apple, M. (2004 [1975]) *Ideology and Curriculum*, London: Routledge Falmer.

Arbee, A. (2012) 'Knowledge and knowers in the discipline of marketing at the University of KwaZulu-Natal', unpublished PhD thesis, University of KwaZulu-Natal.

Archer, M. (2013) *Solidarity and Govermance*, Mimeo: Ecole Polytechnique Fédérale de Lausanne.

Azzouni, J. (1997) 'Thick epistemic access: Distinguishing the mathematical from the empirical', *The Journal of Philosophy*, 94(9), 472 – 84.

Bacon, F. (1620/1994) *The New Organon*, Book 1, Chicago: Open Court.

Bak, N. (1998) 'Organising learning in large group teaching' in W. Morrow and K. King (eds), *Vision and Reality: Changing Education Training in South Africa*, Cape Town: University of Cape Town Press, pp. 204 – 13.

Baker, D. (2009) 'The educational transformation of work: towards a new synthesis', *Journal of Education and Work*, 22(3), 163 – 93.

Baker, D. P. and LeTendre, G. K. (2005) *National Differences, Global Similarities: World Culture and the Future of Schooling*, Stanford: Stanford University Press.

Bakhurst, D. (2005) 'Il'enkov on education', *Studies in East European Thought*, 57, 261 – 75.

Bakhurst, D. (2012) *The Formation of Reason*, London: Wiley Blackwell.

Bates, A. and Poole, G. (2003) *Effective Teaching with Technology in Higher Education*, Indianapolis: Jossey Bass.

Becher, T. (1989) *Academic Tribes and Territories*, Milton Keynes: Open University Press.

Becher, T. (1994) 'The significance of disciplinary differences', *Studies in Higher Education*, 19(2), 151 – 61.

Becher, T. and Trowler, P. R. (2001) *Academic Tribes and Territories*, 2nd edn, Milton Keynes: Open University Press.

Becher, T. and Trowler, P. (2001) *Academic tribes and territories: Intellectual Enquiry and the Culture of Disciplines*, New York: McGraw-Hill International.

Beck, J. (2002) 'The sacred and the profane in recent struggles to promote official pedagogic identities', *British Journal of Sociology of Education*, 23(4), 617 – 26.

Beck, J. (2012) 'Reinstating knowledge: diagnoses and prescriptions for England's curriculum ills', *International Studies in Sociology of Education*, 22, 1 – 18.

Beck. J. , Jenks, C. , Keddie, N. and Young, M. (eds) (1977) *Worlds Apart: Readings for a Sociology of Education*, London: Collier Macmillan.

Beck, J. and Young, M. (2005) 'The assault on the professions and the restructuring of academic and professional identities: a Bernsteinian analysis', *British Journal of Sociology of Education*, 26(2), 183 – 97.

Bengson, J. and Moffett, M. (2007) 'Know-how and concept possession', *Philosophical Studies*, 136, 31 – 57.

Benn, M. (2012) *The Battle for Britain's Education*. London: Verso Books.

Benson, O. and Stangroom, J. (2006) *Why Truth Matters*, London: Continuum Books.

Berlin, I. (2000) *Three Critics of the Enlightenment: Vico, Hammann, Herder*, Princeton:

Princeton University Press.

Bernstein, B. (1971) *Class, Codes and Control*, vol. 1, London: Routledge and Kegan Paul.

Bernstein, B. (1975) *Class and Pedagogies: Visible and Invisible. Studies in the Learning Sciences*, No. 2, Washington, DC: Organization for Economic Cooperation and Development.

Bernstein, B. (1996) *Pedagogy, Symbolic Control and Identity: Theory, Research, Critique*, London: Taylor and Francis.

Bernstein, B. (1999) 'Vertical and horizontal discourse: an essay', *British Journal of Sociology of Education*, 20(2), 157 – 73.

Bernstein, B. (2000) *Pedagogy, Symbolic Control and Identity: Theory, Research, Critique*, 2nd edn, Oxford: Rowman and Littlefield Publishers.

Bertram, C. (2008) 'Curriculum recontextualisation: A case study of the South African high school history curriculum', unpublished PhD thesis, University of KwaZulu-Natal.

Bertram, C. (2009) 'Procedural and substantive knowledge: Some implications of an outcomes-based history curriculum in South Africa', *Southern African Review of Education*, 15, 45 – 62.

Bertram, C. (2012) 'Exploring an historical gaze: A language of description for the practice of school history', *Journal of Curriculum Studies*, 44(3), 429 – 42.

Biggs, J. and Tang, C. (2007) *Teaching for Quality at University: What the Student Does*, Glasgow: Open University Press.

Bobbitt, F. (1918) *The Curriculum*, New York: Houghton Mifflin.

Boghossian, P. (2006) *Fear of Knowledge: Against Relativism and Constructivism*, Oxford: Oxford University Press.

Bohlinger, S. (2007) 'Competences as the core element of the European qualification framework', *European Journal of Vocational Training*, 42/43, 96 – 112.

Bolstad, R. and Gilbert, J. (2009) *Disciplining or Drafting? Rethinking the New Zealand Senior Secondary Curriculum for the Future*, Wellington: NZCER Press.

Bolton, H. (2006) 'Pedagogy, subjectivity and mapping judgement in art, a weakly structured field of knowledge', *Journal of Education*, 40, 59 – 78.

Bouder, A. (2003) 'Qualifications in France: towards a national framework?', *Journal of Education and Work*, 16(3), 347 – 56.

Boughey, C. (2003) 'From equity to efficiency: access to higher education in South Africa', *Arts and Humanities in Higher Education*, 2(1), 65 – 71.

Boughey, C. (2005) '"Epistemological access" to the university: An alternative perspective', *South African Journal of Higher Education*, 19(3), 230 – 42.

Bourdieu, P. (2004) *Science of Science and Reflexivity* (trans. R. Nice), Cambridge: Polity Press.

Bourdieu, P. (2011) 'The school as a conservative force' in S. J. Eggleston (ed.),

Contemporary Research in the Sociology of Education, London, Routledge.

Bourdieu, P. and Passeron, J. C. (1990) (1st edn 1977) *Reproduction in Education, Society and Culture*, London: Sage.

Bourne, J. (2004) 'Framing talk: towards a "radical visible pedagogy"' in J. Muller, B. Davies and A. Morais (eds), *Reading Bernstein, Researching Bernstein*, London: RoutledgeFalmer.

Bowles, S. and Gintis, H. (1976) *Schooling in Capitalist America*, New York: Basic Books.

Bozalek, V., Garraway, J. and McKenna, S. (eds) (2011) *Case Studies of Epistemological Access in Foundation/Extended Curriculum Programme Studies in South Africa*, Cape Town: University of the Western Cape.

Brandom, R. (1998) 'Insights and blindspots of reliabilism', *The Monist*, 81(3), 371 – 92.

Brandom, R. (2000) 'Facts, norms, and normative facts: A reply to Habermas', *European Journal of Philosophy*, 8(3), 356 – 74.

Brandom, R. (2001) *Articulating Reasons: An Introduction to Inferentialism*, Cambridge, MA: Harvard University Press.

Breier, M. (2003) 'The recruitment and recognition of prior informal experience in the pedagogy of two university courses in labour law', unpublished PhD thesis, University of Cape Town.

Breier, M. (2004) 'Horizontal discourse in law and labour law' in J. Muller, B. Davies and A. Morais (eds), *Reading Bernstein, Researching Bernstein*), London: RoutledgeFalmer, pp. 204 – 17.

Brighouse, H. (2014) 'Equality, prioritising the disadvantaged, and the new educational landscape', *Oxford Review of Education*, 40(6), 782 – 98.

Brockmann, M., Clarke, L. and Winch, C. (2008) 'Can performance-related learning outcomes have standards?', *Journal of European Industrial Training*, 32(2/3), 99 – 113.

Brown, P. and Lauder, H. (1996) 'Education, globalization and economic development', *Journal of Education Policy*, 11(1), 1 – 25.

Burrage, M. and Torstendahl, R. (eds) (1990) *Professions in Theory and History: Rethinking the Study of the Professions*, New York: Sage Publications.

Burrow, C. (2014) Are you a Spencerian? *London Review of Books*, 36(21), 35 – 7.

Callaghan, R. (1964) *Education and the Cult of Efficiency*, Chicago, IL: University Press.

Canguilhem, G. (1989) *The Normal and the Pathological*, New York: Zone Books.

Canguilhem, G. (1990) *Ideology and Rationality in the History of the Life Sciences*, Cambridge, MA: MIT Press.

Carter, F. (2011) 'Pedagogic structuring of architectural knowledge: Principles for modelling the design curriculum', unpublished MEd dissertation, University of Cape Town.

Carter, F. (2014) 'On the cultivation of decorum: Development of the pedagogic discourse of architecture in France 1671 – 1968' in M. Young and J. Muller (eds), *Knowledge*,

Expertise and the Professions, London: Routledge, pp. 128 – 42.

Case, J. (2011) 'Knowledge matters: Interrogating the curriculum debate using the sociology of knowledge', *Journal of Education*, 51, 1 – 20.

Case, J. (2013) *Researching Student Learning in Higher Education: A Social Realist Perspective*, London: Routledge.

Cassirer, E. (1943) 'Newton and Leibniz', *The Philosophical Review* 52(4), 366 – 91.

Cassirer, E. (1969) *The Problem of Knowledge: Philosophy, Science, and History since Hegel*, New Haven: Yale University Press.

Cassirer, E. (1996) (1st edn 1923) *The Philosophy of Symbolic Forms, Volume* 4: *The Metaphysics of Symbolic Forms*, (trans. J. M. Krois), New Haven: Yale University Press.

Cassirer, E. (2000) *The Logic of the Cultural Sciences: Five Studies*, (trans. S. G. Lofts), New Haven: Yale University Press.

CEDEFOP (European Centre for the Development of Vocational Training) (2008) *The Shift to Learning Outcomes*, Thessalonika: CEDEFOP.

Central Advisory Council for Education (England) (1963) *Half Our Future*, London: HMSO.

Charlot, B. (2012) 'School and pupil's work' in H. Lauder, M. Young, H. Daniels, M. Balarin, M. and J. Lowe (eds), *Educating for the Knowledge Economy? Critical Perspectives*, London: Routledge, pp. 211 – 23.

Chimisso, C. (2001) *Gaston Bachelard: Critic of Science and the Imagination*, London: Routledge.

Christie, F. and Martin, J. R. (eds) (2007) *Language, Knowledge and Pedagogy*, London: Continuum.

Cigman, R. (2012) 'We need to talk about well-being', *Research Papers in Education*, 27, 449 – 62.

Coffield, F., Borrill, C. and Marshall, S. (1986) *Growing Up at the Margins: Young Adults in the North East*, Milton Keynes: Open University Press.

Cohen, D. and Miller, G. (2010) 'You can't step into the same argument twice: Wittgenstein on philosophical arguments', *Cogency*, 2(2), 19 – 39.

Cohen, H. F. (2010) *How Modern Science Came into the World: Four Civilizations, One 17th-century Breakthrough*, Amsterdam: Amsterdam University Press.

Collier, A. (1994) *Critical Realism: An Introduction to the Philosophy of Roy Bhaskar*, London: Verso.

Collingwood. R. G. (1993) *The Idea of History*, Oxford: Oxford University Press.

Collins, H. and Evans, R. (2007) *Re-thinking Expertise*, Chicago: The University of Chicago Press.

Collins, R. (1998) *The Sociology of Philosophies: A Global Theory of Intellectual Change*, Cambridge, MA: The Belknap Press.

Collins, R. (2000) *The Sociology of Philosophies: A Global Theory of Intellectual Change*, London: The Belknap Press of Harvard University Press.

Commonwealth of Learning and South African Qualifications Authority (SAQA) (2008) 'Transnational Qualifications Framework for the Virtual University for the Small States of the Commonwealth Concept document', May 2008, at: http://www. col. org/ resources/speeches/2007presentations/Pages/2007 - 09 - 22. aspx (accessed 19 May 2015).

Cooper, D. (2011) *The University in Development: Case Studies of Use-Oriented Research*, Cape Town: HSRC Press.

Cornwell, J. (2011) *Newman's Unquiet Grave: The Reluctant Saint*, London: Continuum.

Counsell, C. (2011) 'Disciplinary knowledge for all, the secondary history curriculum and history teachers' achievement', *Curriculum Journal*, 22, 201 - 25.

Crewes, F. (2006) 'Introducing follies of the wise', retrieved from: http://www. butterfliesandwheels. com/14/6/06.

Dall'Alba, G. and Barnacle, R, (2007) 'An ontological turn for higher education', *Studies in Higher Education*, 32(6), 679 - 91.

De Sousa Santos, B. (2001) 'Towards an epistemology of blindness', *European Journal of Social Theory*, 4(3), 251 - 79.

De Sousa Santos, B. (2008) *Another Knowledge is Possible*, London: Verso.

Delors, J. (1996) *Education for the 21st Century. The Delors Report*, Paris: UNESCO.

Demaine, J. (1981) *Contemporary Theories in the Sociology of Education*, London: Macmillan Press.

Dempster, E. R. and Hugo, W. (2006) 'Introducing the concept of evolution into South African schools', *South African Journal of Science*, 102(3 - 4), 106 - 12.

Deng, Z. and Luke, A. (2008) 'Subject matter: defining and theorizing school subjects', in F. M. Connelly, M. F. He and J. Phillion (eds), *Sage Handbook of Curriculum and Instruction*, Thousand Oaks, CA: Sage.

Department for Education (2011) *The Expert Panel's Report on the National Curriculum*, London: DFE.

Department of Basic Education (2009) Report of the Task Team for the Review of the Implementation of the National Curriculum Statement: Final Report, Pretoria.

Derrida, J. (1981) *Plato's Pharmacy. Dissemination* (trans. Barbara Johnson), Chicago: University of Chicago Press.

Derry, J. (2008) 'Abstract rationality in education: From Vygotsky to Brandom', *Studies in Philosophy and Education*, 27(1), 49 - 62.

Dewey, J. (1908) 'What does pragmatism mean by practical?', *The Journal of Philosophy, Psychology and Scientific Methods*, 5, 85 - 99.

DFE (2011) Curriculum and Qualifications, available online at: http://www. education. gov.

uk/schools/teachingandlearning/curriculum/nationalcurriculum (accessed 19 May 2015).

Dowling, P. (1998) *The Sociology of Mathematics Education: Mathematical Myths*, *Pedagogic Texts*, London: Routledge.

Dreyfus, H. (2006) 'Overcoming the myth of the mental', *Topoi*, 25(1), 43 – 9.

Dreyfus, H. (2007) 'The return of the myth of the mental', *Inquiry*, 50(4), 352 – 65.

Driver, R. (1982) *Pupil as Scientist*, Bletchley: Open University Press.

Durkheim, E. (1956) *Education and Sociology*, New York: Free Press.

Durkheim, E. (1964) *The Division of Labour in Society*, New York: Free Press.

Durkheim, E. (1977) *The Evolution of Educational Thought: Lectures on the Formation and Development of Secondary Education in France*, London: Routledge.

Durkheim, E. (1983) *Pragmatism and Sociology* (trans. J. C. Whitehouse and J. B. Alcock), Cambridge: Cambridge University Press.

Durkheim, E. (1993) *The Division of Labor in Society*, New York: Macmillan.

Durkheim, E. (1995/1912) *The Elementary Forms of Religious Life* (trans. K. Fields), New York: The Free Press.

Durkheim, E. and Mauss, M. (1967) *Primitive Classification*, Chicago: The University of Chicago Press.

Dworkin, R. (2013) *Religion without God*, Cambridge, MA: Harvard University Press.

Ecclestone, K. and Hayes, D. (2009) *The Dangerous Rise of Therapeutic Education*, London: Routledge.

Egan, K. (2004) *Getting it Wrong from the Beginning: Our Progressivist Inheritance from Herbert Spencer*, *John Dewey*, *and Jean Piaget*, New Haven: Yale University Press.

Elder-Vass, D. (2010) *The Causal Power of Social Structures: Emergence*, *Structure*, *and Agency*, Cambridge: Cambridge University Press.

Elman, B. (2009) *A Cultural History of Modern Science in China*, Cambridge, MA: Harvard University Press.

Elvin, M. (1983) 'Why China failed to create an endogenous industrial capitalism', *Theory and Society*, 13(3), 379 – 91.

Elzinga, A. (1997) 'The science-society contract in historical transformation: With special reference to "epistemic drift"', *Social Science Information*, 36(3), 411 – 45.

Ensor, P. (2006) 'Curriculum' in N. Cloete, P. Maassen, R. Fehnel and T. Moja (eds), *Transformation in Higher Education: Global Pressures and Local Realities*, Dordrecht: Kluwer Academic, pp. 179 – 93.

Entwhistle. H. (1979) *Antonio Gramsci: Conservative Schooling for Radical Politics*, London: Routledge.

Etzioni, A. (1969) *The Semi-Professions and their Organisation: Teachers*, *Nurses*, *Social Workers*, New York: Free Press.

European Commission (2009) 'New skills for new jobs', Draft Report Expert Group,

Brussels: European Commission.

European Union (EU) (2012) *New Skills for New Jobs. Action now*, Luxembourg: Office of Publications for the European Community.

Evetts, J. (2006) 'Short note: The sociology of professional groups: New directions'. *Current Sociology*, 54(1), 133 – 43.

Evetts, J. (2013) 'Professionalism: Value and ideology', *Current Sociology*, 61(5 – 6), 778 – 96.

Fine, B. (2001) *Social Capital versus Social Theory: Political Economy and Social Science at the Turn of the Millennium*, London: Routledge.

Fine, B. and Milonakis, D. (2009) *From Economics Imperialism to Freakonomics: The Shifting Boundaries between Economics and other Social Sciences*, London: Routledge.

Firth, R. (2011) 'Making geography visible as an object of study in the secondary school curriculum', *Curriculum Journal*, 22, 289 – 316.

Fitz, J., Davies, B. and Evans, J. (2006) *Educational Policy and Social Reproduction*, Oxford: Routledge.

Floud, J. and Halsey, A. H. (1958) 'The sociology of education: a trend report and bibliography', *Current Sociology*, 3(3), 66.

Fodor, J. and Lepore, E. (2007) 'Brandom beleaguered', *Philosophy and Phenomenological Research*, 74(3), 677 – 91.

Foray, D. (2011) 'Knowledge economy and services' industries—a case study of the educational sector' in B-J. Krings (ed.) *Brain Drain or Brain Gain?: Changes of Work in Knowledge-based Societies*, Berlin: Edition Sigma, pp. 33 – 52.

Foray, D. and Hargreaves, D. (2003) 'The production of knowledge in different sectors: A model and some hypotheses', *London Review of Education*, 1(1), 7 – 19.

Foray, D. and Steinmueller, W. E. (2002) *The Economics of Knowledge Reproduction by Inscription*, Paris: University of Paris, IMRI.

Foucault, M. (1977) *Discipline and Punish*, London: Allen Lane.

Foucault, M. (1991) *Remarks on Marx*, New York: Semiotext(e).

Frankfurt, H.G. (2005) *On Bullshit*, Princeton: Princeton University Press.

Fricker, M. (2007) *Epistemic Injustice: Power and the Ethics of Knowing*, New York: Oxford University Press.

Friedson, E. (2001) *Professionalization: The Third Logic*, Chicago: The University of Chicago Press.

Gamble, J. (2004a) 'Tacit knowledge in craft pedagogy: A sociological analysis', unpublished PhD thesis, University of Cape Town.

Gamble, J. (2004b) 'Retreiving the general from the particular: the structure of craft knowledge' in J. Muller, B. Davies and A. Morais (eds), *Reading Bernstein, Researching Bernstein*, London: RoutledgeFalmer, pp. 189 – 203.

Gamble, J. (2006) 'Theory and practice in the vocational curriculum' in M. Young and J. Gamble (eds) *Knowledge, Curriculum and Qualifications for South African Further Education*, Pretoria: HSRC Press, pp. 87 – 103.

Gamble, J. (2009) 'The relation between knowledge and practice in curriculum and assessment', report for UMALUSI, Pretoria.

Gamble, J. (2011) '"Approaching the sacred": Directionality in the relation between knowledge structure and pedagogy', University of Cape Town, Center for Higher Education Development.

Gaukroger, S. (2006) *The Emergence of a Scientific Culture: Science and the Shaping of Modernity 1210 – 1685*, Oxford: Clarendon Press.

General Medical Council (GMC) (2009) *Tomorrow's Doctors*, London.

Gewirtz, S. (2008) 'Give us a break! A sceptical review of contemporary discourses of life-long learning', *European Educational Research journal*, 7(4), 414 – 24.

Gibbons, M. (1998) 'Higher education relevance in the 21st century', paper prepared for the UNESCO World Conference on Higher Education, October 1998, Paris.

Gibbons, M., Limoges, C., Nowotny, H., Schwartzman, S., Scott, P. and Trow, M. (1994) *The New Production of Knowledge. The Dynamics of Science and Research in Contemporary Societies*, London: Sage.

Giroux, H. (1983) *Theory and Resistance in Education: Towards a Pedagogy for the Opposition*, New York: Bergin and Garvey.

Gladwell, M. (2005) *Blink: The Power of Thinking without Thinking*, London: Little, Brown and Company.

Glazer, N. (1974) 'The schools of the minor professions', *Minerva*, 13(3), 346 – 74.

Goodson, I. (1987) *School Subjects and Curriculum Change*, London: Routledge/Falmer.

Gorbutt, D. (1972) 'Education as the control of knowledge: the new sociology of education', *Education for Teaching*, 89, 3 – 12.

Gorman, E. H. and Sandefur, R. L. (2011) '"Golden Age", quiescence, and revival: How the sociology of professions became the study of knowledge-based work', *Work and Occupations*, 38(3), 275 – 302.

Gould, J. (1977) *The Attack on Higher Education: Marxist and Radical Penetration*, London: Institute for the Study of Conflict.

Gove, M. (2009) 'Failing schools need new leadership', at:http://michaelgovemp.typepad.com/files/gove – 2009 – conference – speech – 2. pdf (accessed 19 May 2015).

Gramsci. A. (1965) 'Editorial', *New Left Review*, 1 (1).

Guile, D. (2010) *The Learning Challenge of the Knowledge Economy*, Rotterdam: SENSE Publishers.

Haack, S. (1998) *Confessions of a Passionate Moderate*, Chicago: Chicago University Press.

Habermas, J. (2000) 'From Kant to Hegel: On Robert Brandom's pragmatic philosophy of language', *European Journal of Philosophy*, 8(3), 322 – 55.

Habermas, J. (2001) *The Liberating Power of Symbols: Philosophical Essays*, (trans. Peter Dews), Cambridge, MA: MIT Press.

Hacking, I. (1999) *The Social Construction of What?*, Cambridge, MA: Harvard University Press.

Hall, M. (2010) *Community Engagements in South African Higher Education*, Kagisano, no. 6, Pretoria: Council on Higher Education.

Hanrahan, H. (2010) 'Discussion of "forms of knowledge and curriculum coherence"', presented to the Launch Seminar of REAL, Education Policy Unit, University of the Witwatersrand.

Hardt, M. and Negri, A. (2000) *Empire*, Cambridge, MA: Harvard University Press.

Harrison, P. (2007) 'Religion, the Royal Society, and the rise of science', inaugural lecture, University of Oxford, 14 May 2007.

Hartman, N. (2014) *The Primary Health Care Approach and Restructuring of the MB ChB*, Saarbrücken: Lambert Academic Publishing.

Haslanger, S. (2008) 'Changing the ideology and culture of philosophy: Not by reason (alone)', *Hypatia*, 23, 210 – 23.

Hasselberg, Y., Rider, S. and Waluszewski, A. (2013) 'Introduction' in S. Rider, Y. Hasselberg and A. Waluszewski (eds), *Transformations in Research*, *Higher Education and the Academic Market: The Breakdown of Scientific Thought*, Dordrecht: Springer.

Herbert, M., Conana, C., Volkwyn, T. and Marshall, D. (2011) 'Multiple modes of epistemological access in physics' in V. Bozalek, J. Garraway and S. McKenna (eds), *Case Studies of Epistemological Access in Foundation / Extended Curriculum Programme Studies in South Africa*, Cape Town: University of the Western Cape, pp. 8 – 23.

Henkel, M. (2000) *Academic Identities and Policy Change in Higher Education*, London: Jessica Kingsley.

Hirst, P. and Peters, R. (1970) *The Logic of Education*, London: Routledge and Kegan Paul.

Hoadley, U. (2007) 'The reproduction of social class inequalities through mathematics pedagogies in South African primary schools', *Journal of Curriculum Studies*, 39(6), 679 – 706.

Hoadley, U. (2011) 'Knowledge, knowers and knowing' in L. G. M. Yates (ed.), *Curriculum in Today's World: Configuring Knowledge*, *Identities*, *Work and Politics*, New York: Routledge, pp. 143 – 58.

Hoadley, U. and Muller, J. (2010) 'Codes, pedagogy and knowledge' in M. Apple, S. Ball and L. Gandin (eds), *The Routledge International Handbook of the Sociology of Education*, London: Routledge, pp. 69 – 78.

Huntington, S. P. (1998) *The Clash of Civilizations and the Remaking of World Order*, New

York: Simon and Schuster.

Illich, I. (1971) *Deschooling Society*, Harmondsworth: Penguin Books.

James, W. (1970) *Essays in Pragmatism*, New York: Free Press.

Jenks, C. (1977) *Rationality, Education and the Social Organization of Knowledge: Papers for a Reflexive Sociology of Education*, London: Routledge and Kegan Paul.

Jensen, K., Lahn, L. C. and Nerland, M. (eds) (2012) *Professional Learning in the Knowledge Society*, Rotterdam: Sense Publishers.

Jensen, P, Rouquier, J-P, Kreimer, P and Croissant, Y (2008) 'Scientists connected with society are more active academically', *Science and Public Policy*, 7(35), 527-41.

Jessup, G. (1991) *Outcomes: NVQs and the Emerging Model of Education and Training*, London: RoutledgeFalmer.

Johnson, K. (2010) 'Biology and its recontextualisation in the school curriculum: a comparative analysis of post-apartheid South African life sciences curricula', unpublished PhD thesis, University of KwaZulu-Natal.

Johnson, K., Dempster, E.R. and Hugo, W. (2011) 'Explaining the recontextualisation of biology in the South African life sciences curriculum, 1996 - 2009', *Journal of Education*, 52, 27-56.

Johnson, R. (1979) '"Really useful knowledge": radical education and working class culture, 1790-1848' in J. Clarke, J. Critcher and R. Johnson (eds), *Working Class Culture*, London: Hutchinson.

Jones, A. (2009) 'Redisciplining generic attributes: The disciplinary context in focus', *Studies in Higher Education*, 34(1), 85-100.

Karpov, Y.V. and Heywood, H.C. (1998) 'Two ways to elaborate Vygotsky's concept of mediation: Implications for instruction', *American Psychologist*, 53(1), 27-36.

Karseth, B. and Sivesind, K. (2010) 'Conceptualising curriculum knowledge within and beyond the national context', *European Journal of Education*, 45(1), 103-20.

Keddie, N. (1971) 'Classroom knowledge' in M. Young (ed.), *Knowledge and Control: New Directions for the Sociology of Education*, London: Collier Macmillan, pp. 133-60.

Keddie, N. (ed.) (1973) *Tinker, Tailor ... The Myth of Cultural Deprivation*, London: Penguin.

Keeler, M. (2004) 'Using Brandom's framework to do Peirces normative science: Pragmatism as the game of harmonizing assertions? in K. Wolff, H. Pfeiffer and H. Delugach (eds), *Conceptual Structures at Work*, Heidelberg: Springer, pp. 242-60.

Keen, A. (2007) *The Cult of the Amateur*, London: Nichols Breasley.

King, K. (2003) 'Education policy in a climate of entitlement: The South African case', *Perspectives in Education*, 14(2), 200-7.

Knapper, C. and Cropley, A. (2000) *Lifelong Learning in Higher Education*, London: Kogan Page.

Kotta, L. (2008) 'Affording or constraining epistemological access: An analysis of a case-based approach in a first year process and materials engineering course', unpublished MEd dissertation, University of the Witwatersrand.

Kotta, L. (2011) 'Structural condition and mediation by student agency: A case study of success in chemical engineering design', PhD thesis, University of Cape Town.

Kotzee, B. (2014) 'Expertise, fluency and social realism about professional knowledge', *Journal of Education and Work*, 27(2), 161 – 78.

Kress, G. (2008) 'Meaning and learning in a world of instability and multiplicity', *Studies in Philosophy and Education*, 27: 253 – 6.

Kronman, A. (2007) *Education's End: Why our Colleges and Universities Have Given Up on the Meaning of Life*, New Haven: Yale University Press.

Kuhn, T. (1962) *The Structure of Scientific Revolutions*, Chicago: Chicago University Press.

Kuper, A. (2005) 'Alternative histories of British social anthropology', *Social Anthropology*, 13, 47 – 64.

Lakatos, I. (1976) *Proofs and Refutations: The Logic of Mathematical Discovery*, Cambridge: Cambridge University Press.

Lakatos, I. and Musgrave, A. (eds) (1970) *Criticism and the Growth of Knowledge: Volume 4: Proceedings of the International Colloquium in the Philosophy of Science*, London, 1965, Cambridge: Cambridge University Press.

Lauder, H., Brown. P. and Brown. C. (2008) *The Consequences of Global Expansion for Knowledge, Creativity and Communication: An Analysis and Scenario*, unpublished, University of Bath.

Laugier, S. (2013) *Why We Need Ordinary Language Philosophy*, Chicago: Chicago University Press.

Lawn, M. (2006) 'Soft governance and the learning spaces of Europe', *Comparative European Politics*, 4, 272 – 88.

Le Grange, L. (2010) 'Scripture and practices: a reply to Wally Morrow' in Y. Shalem and S. Pendlebury (eds), *Retrieving Teaching: Critical Issues in Curriculum, Pedagogy and Learning*, Cape Town: Juta, pp. 76 – 86.

Lecourt, D. (1980) *Proletarian Science? The Case of Lysenko*, London: NLB.

Lotz-Sisitka, H. (2009) 'Epistemological access as an open question in education', *Journal of Education*, 46, 57 – 79.

Luckett, K. (2009) 'The relationship between knowledge structure and curriculum: A case study in sociology', *Studies in Higher Education*, 34(4), 441 – 53.

Lukes, S. (1972) *Emile Durkheim: His Life and Work*, New York: Harper and Row.

Lundahl, E. *et al*. (2008) 'Curriculum policies of upper secondary education: the Swedish case', paper presented to ECER 2008 Gothenburg, 10 – 12 September 2008.

McDowell, J. (1996) *Mind and World*, Cambridge, MA: Harvard University Press.

McDowell, J. (2007) 'What myth?', *Inquiry*, 50(4), 338 - 51.

MacIntyre, A. (1981) *After Virtue: A Study in Moral Theory*, Notre Dame: University of Notre Dame Press.

MacIntyre, A. (2002) 'Alasdair MacIntyre on education: in dialogue with Joseph Dunne', *Journal of Philosophy of Education*, 36(1), 1 - 19.

McLaren, P. (1995) *An Introduction to Critical Pedagogy*, London: Longman.

Magalhães, A. M. (2008) 'Creation of the EHEA, "learning outcomes" and transformation of educational categories in higher education', University of Oporto, unpublished.

Malatesta, M. (2002) *Society and the Professions in Italy, 1860 - 1914*, Cambridge: Cambridge University Press.

Malatesta, M. (2005) 'Comments on Sciulli', *Current Sociology*, 53(6), 943 - 6.

Mangez, E. (2008) 'Curriculum reform in French-speaking Belgium', paper presented to ECER 2008 Gothenburg, 10 - 12 September 2008.

Markus, G. (2003) 'The paradoxical unity of culture: the arts and the sciences', *Thesis Eleven*, 75, 7 - 24.

Maton, K. (2010) 'Canons and progress in the arts and humanities: Knowers and gazes' in K. Maton and R. Moore (eds), *Social Realism, Knowledge and the Sociology of Education: Coalitions of the Mind*, London: Continuum, pp. 154 - 178.

Maton, K. (2010) 'Theories and things: The semantics of disciplinarity' in F. Christie and K. Maton (eds), *Disciplinarity: Functional Linguistic and Sociological Perspectives*, London: Continuum, pp. 62 - 84.

Maton, K. and Moore, R. (eds) (2009) *Social Realism, Knowledge and the Sociology of Education: Coalitions of the Mind*, London: Continuum.

Méhaut, P. and Winch, C. (2012) 'The European qualification framework: Skills, competences or knowledge', *European Educational Research Journal*, 11(3), 369 - 81.

Meijers, A. (ed.) (2009) *Philosophy of Technology and Engineering Sciences*, vol. 9, Amsterdam: Elsevier.

Menand, L. (1995) 'Marketing postmodernism', in R. Orrill (ed.), *The Condition of American Liberal Education: Pragmatism and a Changing Tradition*, New York: College Entrance Examination Board, pp. 140 - 4.

Mendick, H. (2006) 'Review symposium of Moore (2004)', *British Journal of Sociology of Education*, 27(1), 117 - 23.

Menter, I. (2013) 'The history of primary education and the curriculum' in D. Wise, V. Baumfield, D. Egan, C. Gallagher, L. Hayward, M. Hulme, R. Leitch, K. Livingstone, and I. Menter, with B. Lingard, *Creating the Curriculum*, London: Routledge.

Merton, R. K. (1973) *The Sociology of Science: Theoretical and Empirical Investigations*, Chicago: The University of Chicago Press.

Merton, R. K. (1992) (1st edn 1973) *The Sociology of Science: Theoretical and Empirical Investigations*, Chicago: The University of Chicago Press.

Merton, R. K. (1993) *On the Shoulders of Giants*, Chicago: The University of Chicago Press.

Merton, R. K. (2001) *Science, Technology and Society in Seventeenth-Century England*, New York: Howard Fertig.

Meyer, J. (1992) *School Knowledge for the Masses: World Models and National Primary Curricular Categories in the Twentieth Century*, London: Falmer.

Moore, R. (2004) *Education and Society*, London and Cambridge: Polity Press.

Moore, R. (2006a) 'Going critical: The problems of problematising knowledge in educational studies', *Critical Education Studies*, 48(1), 25 – 41.

Moore, R. (2006b) 'Knowledge structures and intellectual fields: Basil Bernstein and the sociology of knowledge' in R. Moore, M. Arnot, J. Beck and H. Daniels (eds), *Knowledge, Power and Educational Reform*, London: Routledge, pp. 28 – 43.

Moore, R. (2007) *Sociology of Knowledge and Education*, London: Continuum.

Moore, R. (2009) *Towards the Sociology of Truth*, London: Continuum.

Moore, R. (2012) 'Social realism and the problem of the problem of knowledge in the sociology of education', *British Journal of Sociology of Education*, 34(3), 333 – 53.

Moore, R. and Maton, K. (2001) 'Founding the sociology of knowledge: Basil Bernstein, epistemic fields and the epistemic device' in A. Morais, I. Neves, B. Davies and H. Daniels (eds), *Towards a Sociology of Pedagogy: The Contribution of Basil Bernstein to Research*, New York: Peter Lang.

Moore, R. and Muller, J. (1999) 'The discourse of "voice" and the problem of knowledge and identity in the sociology of education', *British journal of Sociology of Education*, 20, 189 – 206.

Moore, R. and Muller, J. (2002) 'The growth of knowledge and the discursive gap. *British Journal of Sociology of Education*', 23(4), 627 – 37.

Moore, R. and Young, M. (2001) 'Knowledge and the curriculum in the sociology of education: towards a reconceptualisation', *British Journal of Sociology of Education* 22 (4), 445 – 61.

Morais, A. , Neves, I. and Pires, D. (2004) 'The what and how of teaching and learning' in J. Muller, B. Davies and A. Morais (eds), *Reading Bernstein, Researching Bernstein*, London: RoutledgeFalmer, pp. 75 – 90.

Morrow, W. (1989) *Chains of Thought*, Johannesburg: Southern Book Publishers.

Morrow, W. (1994) 'Entitlement and achievement in education', *Studies in Philosophy and Education*, 13(1), 33 – 47.

Morrow, W. (2001) 'Scripture and practices', *Perspectives in Education*, 19(1), 87 – 106.

Morrow, W. (2003) 'Epistemic values in curriculum transformation' in P. Naudé and N. Cloete (eds), *A Tale of Three Countries: Social Sciences Curriculum Transformations in*

Southern Africa, Lansdowne: Juta, pp. 2 - 12.

Morrow, W. (2007) *Learning to Teach in South Africa*, Cape Town: HSRC Press.

Morrow, W. (2009) *Bounds of Democracy: Epistemological Access in Higher Education*, Cape Town: HSRC Press.

Morrow, W. and King, K. (eds) (1998) *Vision and Reality: Changing Education and Training in South Africa*, Cape Town: Juta and Co.

Mortimore, P. (2008) 'Time for bold experiments', at: http://www. guardian. co. uk/education/2008/oct/07/schools. teaching (accessed 19 May 2015).

Muller, J. (2000) *Reclaiming Knowledge: Social Theory, Curriculum and Education Policy*, London: RoutledgeFalmer.

Muller, J. (2006) 'Differentiation and progression in the curriculum' in M. Young and J. Gamble (eds), *Knowledge, Curriculum and Qualifications for South African Further Education*, Cape Town: HSRC Press, pp. 66 - 86.

Muller, J. (2007) 'On splitting hairs: hierarchy, knowledge and the school curriculum' in F. Christie and J. R. Martin (eds), *Language, Knowledge and Pedagogy: Functional and Sociological Perspectives*, London: Continuum, pp. 65 - 86.

Muller, J. (2009) 'Forms of knowledge and curriculum coherence', *Journal of Education and Work* 22(3), 203 - 24.

Muller, J. (2010) 'Social life in disciplines' in G. Ivinson, B. Davies, and J. Fitz (eds), *Knowledge and Identity: Concepts and Applications in Bernstein's Sociology*, Oxford: Routledge, pp. 39 - 53.

Muller, J. (2011a) 'Through others' eyes: The fate of disciplines' in F. Christie and K. Maton (eds), *Disciplinarity: Functional Linguistic and Sociological Perspectives*, London: Continuum, pp. 13 - 34.

Muller, J. (2011b) 'The essential tension: An essay on sociology as knowledge' in D. Frandji and P. Vitale (eds), *Knowledge, Pedagogy and Society: International Perspectives on Basil Bernstein's Sociology of Education*, London: Routledge, pp. 211 - 23.

Muller, J., Davies, B. and Morais, A. (eds) (2004) *Reading Bernstein, Researching Bernstein*, London: RoutledgeFalmer.

Muller, J. and Gamble, J (2010) 'Curriculum and structuralist sociology: the theory of codes and knowledge structures' in P. Peterson, E. Baker and B. McGraw (eds), *International Encyclopaedia of Education*, 3rd edn, New York: Elsevier, pp. 505 - 9.

Nagel, E. (1961) *The Structure of Science: Problems in the Logic of Scientific Explanation*, London: Routledge and Kegan Paul.

Nagel, E. (1982) *The Structure of Science: Problems in the Logic of Scientific Explanation*, London: Routledge and Kegan Paul.

Nash, R. (2005) 'The cognitive habitus: its place in a realist account of inequality/difference', *British Journal of Sociology of Education* 26(5), 599 - 612.

National Education Policy Investigation (1993) *The Framework Report*, Cape Town: NECC/ Oxford University Press.

Needham, J (1954) *Science and Civilisation in China*, Cambridge: Cambridge University Press.

Nerland, M. and Karseth, B. (2015) 'The knowledge work of professional associations: Approaches to standardisation and forms of legitimisation', *Journal of Education and Work*, 28(1), 1–23.

Newman, J. (1996) *The Idea of a University*, New Haven: Yale University Press.

Norris, C. (2000) *Deconstruction and the Unfinished Project of Modernity*, London: Routledge.

Norris, C. (2005) *Epistemology*, London: Continuum.

Norris, C. (2006) *On Truth and Meaning*, London: Continuum.

Nowotny, H., Scott, P. and Gibbons, M. (2001) *Re-thinking Science: Knowledge and the Public in an Age of Uncertainty*, Cambridge: Polity Press.

Nowotny, H, Scott, P and Gibbons, M (2003) 'Introduction: Mode 2 revisited: the new production of knowledge', *Minerva*, 41(3), 179–94.

Nozaki, Y. (2006) 'Riding tensions critically: ideology, power/knowledge, and curriculum making' in L. Weiss, C. McCarthy and G. Dimitriadis (eds), *Ideology, Curriculum and the New Sociology of Education*, London: Routledge, pp. 69–90.

Nussbaum, M. (1999) 'The hip defeat of Judith Butler: Professor of Parody', *New Republic*, 22 February 1999.

Nussbaum, M. (2013) *Political Emotions: Why Love Matters for Justice*, Cambridge, MA: The Belknap Press.

Nybom, T. (2013) 'Power, knowledge, morals: society in the age of hybrid research' in S. Rider, Y. Hasselberg and A. Waluszewski (eds), *Transformations in Research, Higher Education and the Academic Market: The Breakdown of Scientific Thought*, Dordrecht: Springer, pp. 21–37.

OECD (2005) 'Definition and selection of key competences: Executive summary' (DeSeCo), Paris: OECD.

OECD (2012) 'Literature review: Key competence development in school education in Europe' (KeyCoNet), Paris: OECD.

O'Halloran, K. L. (2006) 'Mathematical and scientific knowledge: a systematic functional multimodal grammatical approach' in F. Christie and J. R. Martin (eds), *Language, Knowledge and Pedagogy: Functional and Sociological Perspectives*, London: Continuum Press, pp. 205–36.

Ozga, J. (2009) 'Governing knowledge? Globalisation, Europeanisation and the research imagination', *British Journal of Sociology of Education*, 30(4), 511–17.

Payne, J. (2002) 'A tale of two curriculums', *Journal of Education and Work*, 15(2), 117–

43.

Penrose, R. (2006) *The Road to Reality: A Complete Guide to the Laws of the Universe*, London: Vintage.

Perks, D., Sykes, R., Reiss, M. and Singh, S. (2006) *What is Science Education For?*, London: Institute of Ideas.

Perraton, J. and Tarrant, I. (2007) 'What does tacit knowledge actually explain?,' *Journal of Economic Methodology*, 14(3), 353 – 70.

Phillips, D.C. (2000) *The Expanded Social Scientist's Bestiary*, Lanham, Maryland: Rowman and Littlefield Publishers.

Pickering, A. (1992) *Science as Practice and Culture*, Chicago: The University of Chicago Press.

Pinar, W. (1978) *Understanding Curriculum: An Introduction to the Study of Historical and Contemporary Curriculum Discourses*, New York: Peter Lang.

Polanyi, M. (1962) 'The republic of science', *Minerva* 1(1), 54 – 73.

Polanyi, M. (1966) *The Tacit Dimension*, London: Routledge.

Pring, R. (1972) 'Knowledge out of control', *Education for Teaching*, 89(2), 19 – 28.

Psillos, S. (2004) 'Tracking the real: Through thick and thin', *The British Journal for the Philosophy of Science*, 55(3), 393 – 409.

Psillos, S. (2011) 'Realism with a Humean face' in S. French and J. Saatsi (eds), *The Continuum Companion to Philosophy of Science*, London: Continuum, pp. 75 – 95.

Qualifications and Curriculum Development Agency (QCDA) (2009) The Aims of the Curriculum, at: http://curriculum.qca.org.uk/uploads/Aims_of_the_curriculum_tcm8-1812.pdf? return=/key-stages-3-and-4/aims/index.aspx (accessed 19 May 2009).

Raffe, D. (2007) 'Making haste slowly: the evolution of a unified qualifications framework in Scotland', *European Journal of Education*, 42(4), 485 – 503.

Ramognino, N. (2011) 'Reading Basil Bernstein, a socio-epistemological point of view' in D. V. Frandji and P. Vitale (eds), *Knowledge, Pedagogy and Society: International perspectives on Basil Bernstein's Sociology of Education*, New York: Routledge, pp. 224 – 40.

Rata, E. (2011) 'The politics of knowledge in education', *British Educational Research Journal*, 38, 103 – 24.

Rata, E. (2012) *The Politics of Knowledge in Education*, London and New York: Routledge.

Raven, D. (2011) 'What needs to be explained about modern science?', *The British Journal for the History of Science*, 44(3), 449 – 54.

Reckwitz, A. (2002) 'Toward a theory of social practices', *European Journal of Social Theory*, 5(2), 243 – 63.

Reeves, C. and Muller, J. (2005) 'Picking up the pace: variation in the structure and organisa-tion of learning school mathematics', *Journal of Education*, 37, 97 – 125.

Review Committee (2000) *A South African Curriculum for the 21st century: Report of the Review Committee on Curriculum 2005*, Pretoria: Ministry of Education.

Roberts, M. (2012) 'The work of The Prince's Teaching Institute—insisting that established subjects matter to all pupils'. *Education 3 - 13*, 40, 117 - 28.

Roberts, M. (2014) 'Curriculum change and control: A headteacher's perspective' in M. Young and D. Lamberts, with C. Roberts and M. Roberts, *Knowledge and the Future School: Curriculum and Social Justice*, London: Bloomsbury.

Robertson, S. (2007) *Teachers Matter … Don't They? Centre for Globalisation, Education and Societies*, Bristol: University of Bristol.

Rosen, C. (2012) 'Freedom and art', *New York Review of Books*, 9(8), 10 May 2012.

Roth, P. (1984) 'The art of fiction', *The Paris Review*, no. 84, quoted by C. Simic (2008) *New York Review of Books*, LV, 4.

Royal Society for the encouragement of Arts, Manufactures and Commerce (RSA) (2006) Opening Minds Framework at: http://www. thersa. org/projects/education/opening-minds-old/opening-mindsframework (accessed 19 May 2009).

Russel, B. (1967) *An Inquiry into Meaning and Truth: The William James Lectures for 1940 Delivered at Harvard University*, Baltimore, MD: Penguin Books.

Ryle, G. (1945) 'Knowing how and knowing that: The presidential address', *Proceedings of the Aristotelian Society*, 46, 212 - 25.

Scanlon, T. (2004) 'Why does equality matter?', paper presented to the John F. Kennedy School of Government, April 2004.

Schmaus, W. (1994) *Durkheim's Philosophy of Science and the Sociology of Knowledge*, Chicago: The Chicago University Press.

Schön, D. (1983) *The Reflective Practitioner: How Professionals Think in Action*, London: Temple Smith.

Schön, D. (1990) *Educating the Reflective Practitioner: Towards a New Design for Teaching and Learning in the Professions*, San Francisco: Jossey Bass.

Schön, D. (2001) 'The crisis of professional knowledge and the pursuit of an epistemology of practice' in J. Raven and J. Stephenson (eds), *Competence and the Learning Society*, New York: Peter Lang.

Sciulli, D. (2005) 'Continental sociology of professions today: Conceptual contributions', *Current Sociology*, 53(6), 915 - 42.

Scott, I. (2009) 'Academic development in South African higher education' in E. Bitzer and M. Botha (eds), *Higher Education in South Africa, A Scholarly Look Behind the Scenes*, Stellenbosch: Africa Sun Media, pp. 21 - 50.

Searle, J. (2009) 'Why should you believe it?', *New York Review of Books*, 24 September, 88 - 92.

Sfard, A. (1998) 'On two metaphors for learning and the dangers of choosing just one',

Educational Researcher, 27(2), 4 - 13.

Shalem, Y. (2010) 'How does the form of learning affect systemic learning?' in Y. Shalem and S. Pendlebury (eds), *Retrieving Teaching: Critical Issues in Curriculum*, *Pedagogy and Learning*, Cape Town: Juta, pp. 87 - 100.

Shalem, Y. (2014) 'What binds professional judgment: the case of teaching' in M. Young, and J. Muller, *Knowledge*, *Expertise and the Professions*, London: Routiedge.

Shalem, Y. and Slonimsky, L. (2010) 'Seeing epistemic order: Construction and transmission of evaluative criteria', *British Journal of Sociology of Education*, 31(6), 755 - 78.

Shapin, S. (1995) *The Social History of Truth*, Chicago: The University of Chicago Press.

Shapin, S. (1996) *The Scientific Revolution*, Chicago: The University of Chicago Press.

Shapin, S. (2008) *The Scientific Life: A Moral History of a Late Modern Vocation*, Chicago: The University of Chicago Press.

Sharples, M. *et al*. (2007) 'A theory of learning for the mobile age', in R. Andrews and C. Haythornthwaite (eds), *The Sage Handbook of Elearning Research*, London: Sage, pp. 221 - 47.

Shay, S. (2011) 'Curriculum formation: A case study from History', *Studies in Higher Education*, 36(3), 315 - 29.

Shay, S. (2012) 'Educational development as a field: Are we there yet?', *Higher Education Research and Development*, 31(3), 311 - 23.

Shay, S. (2013) 'Conceptualising curriculum differentiation in higher education: A sociology of knowledge point of view', *British Journal of Sociology of Education*, 34 (4), 563 - 82.

Shay, S. , Oosthuizen, M. , Paxton, P. and VanderMerwe, R. (2011) 'Towards a principled basis for curriculum differentiation: Lessons from a comprehensive university' in E. Bitzer and M. Botha (eds), *Curriculum Inquiry in South African Higher Education: Some Scholarly Affirmations and Challenges*, Stellenbosch: SUNMedia, pp. 93 - 112.

Shinn, T. (1999) 'Change or mutation? Reflections on the foundations of contemporary science', *Social Science Information*, 38, 149 - 76.

Siedentop, L. (2014) *Inventing the Indvidual: The Origins of Western Liberalism*, Cambridge, MA: The Bellknap Press.

Siegel, H. (2006) 'Epistemological diversity and educational research: Much ado about nothing much?', *Educational Researcher*, 35(2), 3 - 12.

Singh. P, Sadovnik, A. R. and Samel, S (eds) (2010) *Toolkits*, *Translation Devices and Conceptual Accounts: Essays on Basil Bernstein's Sociology of Knowledge*, New York: Peter Lang.

Skidelsky, E. (2008) *Ernst Cassirer the Last Philosopher of Culture*, Princeton: Princeton University Press.

Slaughter, S. and Rhoades, G. (2004) *Academic Capitalism and the New Economy: Markets*,

State and Higher Education, Baltimore: Johns Hopkins University Press.

Slonimsly, L. (2010) 'Reclaiming the authority of the teacher' in Y. Shalem and S. Pendlebury (eds), *Retrieving Teaching: Critical Issues in Curriculum*, *Pedagogy and Learning*, Cape Town: Juta, pp. 41 – 55.

Smit, R. (2012) 'Engineering science and pure science: Do disciplinary differences matter in engineering education?', presentation to the 23rd Annual Conference of the Australasian Association for Engineering Education, Melbourne, 3 – 5 December 2012.

Smith, J., Smith, B, and Bryk, A. (1998) 'Setting the pace: opportunities to learn in Chicago public elementary schools', Consortium on Chicago Schools research report, at: http://www. consortium_Chicago. or/publications/pdfs/p0d04. pdf (accessed 1 October 2001).

Sokal, A. (1998) *Intellectual Impostures: Postmodern Philosophers' Abuse of Science*, London: Profile Books.

Stanley, J. (2011) *Know How*, Oxford: Oxford University Press.

Stanley, J. and Williamson, T. (2001) 'Knowing how', *Journal of Philosophy*, 48(8), 411 – 44.

Stokes, D. (1997) *Pasteur's Quadrant: Basic Science and Technological Innovation*, Washington, DC: The Brookings Institution.

Tallis, R. (2014) *Aping Mankind: Neuromania*, *Darwinitis and the Misrepresentation of Humanity*, Abingdon: Routledge

Taylor, N. (2014) 'Knowledge and teacher professionalism: the case of mathematics teaching' in M. Young and J. Muller (eds), *Knowledge*, *Expertise and the Professions*, London: Routledge, pp. 171 – 84.

Taylor, N. and Vinjevold, P. (1999) 'Getting learning right: The report of the President's Education Initiative research project', Johannesburg: Joint Education Trust.

The Independent (2013) '100 academics savage Education Secretary Michael Gove for "conveyor-belt curriculum" for schools', at: http://www. independent. co. uk/news/ education/education-news/100-academics-savage-education-secretary-michael-gove-for-conveyorbelt-curriculum-for-schools-8541262. html (accessed 26 February 2015).

Tiles, M. (1984) *Bachelard: Science and Objectivity*, Cambridge: Cambridge University Press.

Torstendahl, R. (2005) 'The need for a definition of "profession"', *Current Sociology*, 53 (6), 947 – 51.

Turner, R.S. (1971) 'The growth of professorial research in Prussia, 1818 to 1848 – causes and context', *Historical Studies in the Physical Sciences*, 3, 137 – 82.

Turner, R.S. (1975) 'University reformers and professorial scholarship in Germany 1760 – 1806', in L. Stone (ed.), *The University in Society*, vol. 2, Princeton, NJ: Princeton University Press.

Turner, S. (2007a) 'Merton's "norms" in political and intellectual context', *Journal of Classical Sociology*, 7(2), 161 - 78.

Turner, S. (2007b) 'Social theory as a cognitive neuroscience', *European Journal of Social Theory*, 10, 357 - 74.

Turner, S. (2009) 'Many approaches, but few arrivals', *Philosophy of the Social Sciences*, 39, 174 - 211.

Turner, S. (2011) 'Collingwood and Weber vs. Mink: History after the cognitive turn', *Journal of the Philosophy of History*, 5, 230 - 60.

Turner, S. (2012) 'Whatever happened to knowledge?', *Social Studies of Science*, 42 (3), 474 - 80.

Tyack, D. B. (1974) *The One Best System: A History of American Urban Education*, Boston: Harvard University Press.

Tyler, W. (2010) 'Towering TIMSS or leaning PISA? Vertical and horizontal models of international testing regimes' in P. Singh, A. Sadovnik and S. Semel (eds), *Toolkits, Translation Devices and Conceptual Accounts: Essays on Basil Bernstein's Sociology of Knowledge*, New York: Peter Lang, pp. 143 - 58.

Usher, R. and Edwards, R. (1994) *Post Modernism and Education*, London: Routledge.

Verene, D. P. (1969) 'Kant, Hegel, and Cassirer: The origins of the philosophy of symbolic forms', *Journal of the History of Ideas* 30(1), 33 - 46.

Weber, M. (1958) 'Science as a Vocation', *Daedalus*, 87, 111 - 34.

Weber, M. , Baehr, P. R. and Wells, G. C. (2002) *The Protestant Ethic and the "Spirit" of Capitalism and Other Writings*, New York: Penguin Classics.

Weinel, M. (2007) 'Primary source knowledge and technical decision-making: Mbeki and the AZT debate', *Studies in History and Philosophy of Science Part A*, 38, 748 - 60.

Weingart, P (1997) 'From "finalisation" to "mode 2": Old wine in new bottles"?', *Social Science Information*, 36, 591 - 613.

Weiss, L. , McCarthy, C. and Dimitriades, G. (eds) (2006) *Ideology, Curriculum and the New Sociology of Education: Revisiting the Work of Michael Apple*, London: Routledge.

Wheelahan, L. (2007) 'How competency-based training locks the working class out of powerful knowledge: a modified Bernsteinian analysis,' *British Journal of Sociology of Education*, 28(5), 637 - 51.

Wheelahan, L. (2009) 'The problem with CBT (and why constructivism makes things worse)', *Journal of Education and Work*, 22(3), 227 - 42.

Wheelahan, L. (2010) *Why Knowledge Matters in the Curriculum: A Social Realist Argument*, London: Routledge.

Whimster, S. (2004) *The Essential Weber: A Reader*, London: Routledge.

White, J. (2007) 'What schools are for and why?', Impact Paper, Philosophy of Education Society of Great Britain.

White, J. (2012a) 'An unstable framework—Critical perspectives on the framework for the National Curriculum' and Young, M. (2012) The curriculum—'An entitlement to powerful knowledge: A response to John White', both at: http://www. newvisions-foreducation. org. uk/2012/05/03/the-curriculum-% E2% 80% 98 (accessed 26 February 2015).

White, J. (2012b) 'Powerful knowledge: too weak a prop for the traditional curriculum', at: http://www. newvisionsforeducation. org. uk/2012/05/14/powerful-knowledge-too-weak-a-prop-for-the-traditional-curriculum/ (accessed 19 May 2015).

Whitty, G. (1974) 'Sociology and the problem of radical educational change' in M. Flude and J. Ahier, *Educability, Schools and Ideology*, London: Croom Helm.

Whitty, G. (2009) 'Evaluating "Blair's educational legacy?": Some comments on the special issue of Oxford Review of Education', *Oxford Review of Education*, 35(2), 267 – 80.

Whitty, G. and Young, M. (1976) *Explorations in the Politics of School Knowledge*, Driffield, Yorks: Nafferton Books.

Winch, C. (2009) 'Ryle on knowing how and the possibility of vocational education', *Journal of Applied Philosophy*, 26(1), 88 – 101.

Winch, C. (2010) *Dimensions of Expertise: A Conceptual Exploration of Vocational Knowledge*, London: Continuum.

Winch, C. (2012) 'Curriculum design and epistemic ascent', *Journal of Philosophy of Education*, 47(1), 128 – 46.

Winch, C. (2013) 'Curriculum design and epistemic ascent', *Journal of Philosophy of Education*, 47(1), 128 – 46.

Winch, C. (2014) 'Know-how and knowledge in the professional curriculum' in M. Young and J. Muller (eds), *Knowledge, Expertise and the Professions*, London: Routledge, pp. 47 – 60.

Winch, P. (1958) *The Idea of a Social Science and its Relation to Philosophy*, London: Routledge and Kegan Paul.

Williams, B. (2002/2010) *Truth and Truthfulness: An Essay in Genealogy*, Princeton: Princeton University Press.

Williams, R. (1961) *The Long Revolution*, London: Chatto and Windus.

Willis, P. (1977) *Learning to Labour*, England: Saxon House.

Wittgenstein, L. (1953) *Philosophical Investigations* (trans. E. Anscombe), Oxford: Basil Blackwell.

Wolf, A. (2014) *Review of Vocational Education*, London: Department for Education.

Woodhead, C. (2002) *Class War: The State of British Education*, London: Little Brown.

Woodhead, C. (2009) *A Desolation of Learning: Is this the Education our Children Deserve?*, London: Pencil Sharp Publishing.

Yandell, J. (2014) 'Classrooms as sites of curriculum delivery or meaning-making: whose knowledge counts?', *FORUM*, 56(1), 145 – 55.

Yates, L. (2013) 'Revisiting curriculum, the numbers game and the inequality problem', *Journal of Curriculum Studies*, 45(1), 39 – 51.

Yates, L. and Collins, C. (2010) 'The absence of knowledge in Australian curriculum reforms', *European Journal of Education*, 45(1), 89 – 102.

Yates, L and Young, M. (2010) 'Editorial: globalisation, knowledge and the curriculum', *European Journal of Education*, 45(1), 4 – 10.

Young, M. (ed.) (1971) *Knowledge and Control: New Directions for the Sociology of Education*, London: Collier Macmillan.

Young, M. (1998) *The Curriculum of the Future*, London: Falmer.

Young, M. (2006) 'Review of Weiss et al. (ed.) (2006)', *London Review of Education*, 4 (3), 306 – 8.

Young, M. (2007a) *Bringing Knowledge Back In: From Social Constructivism to Social Realism in the Sociology of Education*, London: Routledge.

Young, M. (2007b) 'Qualifications Frameworks: some conceptual issues', *European Journal of Education*, 42(4), 445 – 59.

Young, M. (2007c) 'Structure and activity in Durkheim and Vygotsky's social theories of knowledge', *Critical Studies in Education*, 1(1), 43 – 53.

Young, M. (2008) *Bringing Knowledge Back In: From Social Constructivism to Social Realism in the Sociology of Education*, London: Routledge.

Young, M. (2009a) 'NVQs in the UK: their origins and legacy', report prepared for the International Labour Organisation's Implementation of National Qualifications Research Project.

Young, M. (2009b) 'Curriculum theory and the problem of knowledge: a personal journey and an unfinished project' in L. Waks and E. Short (eds), *Leaders in Curriculum Studies; Intellectual Self Portraits*, Rotterdam: Sense Publishers.

Young, M. (2011a) 'National Vocational Qualifications in the United Kingdom: their origins and legacy', *Journal of Education and Work*, 24(3 – 4), 259 – 82.

Young, M. (2011b) 'The return to subjects: a sociological perspective on the UK coalition government's approach to the 14 – 19 curriculum', *The Curriculum Journal*, 22(2), 265 – 78.

Young, M. (2011c) 'The future of education in a knowledge society: the radical case for a subject-based curriculum', *Journal of the Pacific Circle Consortium for Education*, 22 (1), 21 – 32.

Young, M. (2011d) 'Knowledge matters' in L. Yates and M. Grumet (eds), *Curriculum in Today's World: Configuring Knowledge, Identities, Work and Politics, World Yearbook of Education 2011*, New York: Routledge.

Young. M. and Allais, S. M. (2010) 'Conceptualising the role of qualifications in educational reform', ILO Discussion document, unpublished.

Young, M. and Allais, S. (eds) (2013) *Implementing NQFs Across Five Continents*, London: Routledge.

Young, M. and Lambert, D. with Roberts, C. and Roberts, M. (2014) *Knowledge and the Future School: Curriculum and Social Justice*, London: Bloomsbury.

Young, M. and Muller, J. (2013) 'On the powers of powerful knowledge', *Review of Education*, 1(3), 229–50.

Young, M. and Muller, J. (eds) (2014) *Knowledge, Expertise and the Professions*, London: Routledge.

Young, M. and Whitty, G. (eds) (1977) *Society, State and Schooling*, Falmer: Falmer Press.